中文社会科学引文索引（CSSCI）来源集刊

珞珈管理评论

LUOJIA MANAGEMENT REVIEW

2019年卷 第4辑（总第31辑）

武汉大学经济与管理学院主办

WUHAN UNIVERSITY PRESS

武汉大学出版社

图书在版编目(CIP)数据

珞珈管理评论. 2019年卷. 第4辑:总第31辑/武汉大学经济与管理学院主办. —武汉:武汉大学出版社,2019.12
ISBN 978-7-307-21343-2

Ⅰ.珞… Ⅱ.武… Ⅲ.企业管理—文集 Ⅳ.F272-53

中国版本图书馆 CIP 数据核字(2019)第 285779 号

责任编辑:唐 伟　　　责任校对:汪欣怡　　　版式设计:韩闻锦

出版发行:**武汉大学出版社**　　(430072　武昌　珞珈山)
　　　　　(电子邮箱:cbs22@whu.edu.cn 网址:www.wdp.com.cn)
印刷:武汉市天星美润设计印务有限公司
开本:787×1092　1/16　印张:11.75　字数:279 千字
版次:2019 年 12 月第 1 版　　2019 年 12 月第 1 次印刷
ISBN 978-7-307-21343-2　　定价:28.00 元

目　　录

CONTENTS

1

影响企业家的"企业家精神"：
从能力到能量的跃迁[*]

● 潘 琼¹ 杜义飞² 李 蓉³ 薛 敏⁴

(1, 2 电子科技大学经济与管理学院 成都 611731；

3 山西大学经济与管理学院 太原 030006；

4 西华师范大学管理学院 南充 637002)

【摘 要】在不确定性作为最重要的环境背景时，企业家精神获得了新的关注。本文采用纵向案例研究方法，以著名企业家褚时健为分析对象探索当下企业家精神新的内涵及其形成过程。研究发现：新时代下企业家精神包含能力和能量两个层面，能量层面具有冲突包容性、动态持续性和多层面影响力；企业家与环境互动表现在"进-退"两种行为倾向之间，其中企业家个体的悖论认知及个体对冲突的包容在推动"进-退"转换中起到了重要的作用；企业家精神的能量层面在"进-退"动态循环中形成。本研究给中国本土情境下理解企业家精神带来新的启示。

【关键词】企业家精神 悖论视角 企业家能量 "进-退"过程

中图分类号：C936 文献标识码：A

1. 问题提出

在不确定性作为最重要的环境背景时，企业家精神就一定要被提出来(陈春花，2017)。在新的时代背景下，企业家精神不仅与企业的发展紧密相关，而且在实现国家经济发展的整体转型方面至关重要。之前的研究中，一些定性研究主要用来建立企业家精神的概念性框架(Badguerahanian 和 Abetti，1995；Cope 和 Watts，2000 等)。大量的实证研究集中于企业家精神的影响因素以及对企业发展、社会或者政治环境等的影响(李杏，2011；项国鹏等，2009；朱乾等，2012)，而少有研究关注企业家精神的形成过程。同时，

---

* 国家自然科学基金资助项目："后跳板"情境下后发企业跨国扩张的行为与路径研究：双元视角与嵌入逻辑(项目批准号：71672021)；四川省科技厅软科学面上项目：网络关系视角下国有全资新创企业商业模式内容创新研究(项目批准号：2019JDR0027)

通讯作者：潘琼，E-mail：June0148@163.com。

企业家精神的形成是一个随着时间演化的过程，新时代下的企业家精神与传统的企业家精神相比已经发生了变化。

本研究尝试从企业家与环境的互动过程入手，通过纵向案例研究分析，提炼出新时代下企业家精神新的内涵并分析其形成过程，为此本研究选择了获得广泛社会认可的本土企业家褚时健进行案例分析。2015年，88岁的褚时健再一次进入了公众视野，2014年他被评为"影响企业家的企业家"。其身上高度彰显的企业家精神为企业家和社会所认可。褚时健，1927年出生于云南，1979年开始担任玉溪卷烟厂厂长，其间工作成绩斐然而获得了"全国优秀企业家终身荣誉奖"和1994年"改革风云十大人物"，被称为一代"烟王"。而后因巨额贪污和巨额财产来源不明罪被判处无期徒刑、剥夺政治权利终身，在社会上引起了广泛的争议。然而，获得减刑出狱之后的褚时健仍然选择"做些事情"，并开始在云南哀牢山种植冰糖橙。2012年，褚时健种橙的第十个年头，褚橙首次大规模进入北京市场，销售火爆。每经网2012年度致敬经济人物评选中，年逾八旬的褚时健获得了每经网读者热捧，获得最高票数，排名年度十大致敬经济人物第一名。王石借巴顿将军的名言对他评价："衡量一个人的成功标志，不是看他登到顶峰的高度，而是看他跌到低谷的反弹力。"作为"橙王"重新出现在大众视野中的他影响力空前："每天都有大量的人前来拜访，他们有时候会问很实际的问题，更多时候只是想要一张和褚时健的合影。寻褚，更像一种仪式。"

本研究发现新时代下人们对于企业家精神的界定已经超出了传统的企业家能力层面，并提出企业家精神的另一层内涵：企业家能量。这种能量层面对于应对不确定性、在新的环境下持续生存至关重要，是企业家精神的核心层面。其次，研究基于悖论视角诠释企业家如何实现从传统能力层面到能量层面的转换和突破，对于当下理解本土企业家精神具有一定启示。文章首先对企业家与企业家精神以及悖论视角的相关理论进行了回顾，然后是研究方法的展示以及案例分析过程，最后一部分是研究总结和启示。

2. 理论基础

2.1 企业家与企业家精神

企业家是企业家精神的承载主体。企业家(Entrepreneur)一词最初源于法语，含有冒险家的意思。企业家是企业活动或经济活动的风险承担者，他们通常需要在不确定条件下做出决策(坎蒂隆，1986)。西方学者较早地对企业家进行了系统性研究，并基于不同的角度对企业家概念及内涵进行了解释(Knight，1921，et al)。国内学者认为中文的"企业家"表明了其踮起脚、怀着憧憬、希望看得更远，完成时代和社会使命的人(贾良定和周三多，2006)。

通过对比中西方学者对于企业家内涵的界定可以发现，西方学者着重于将企业家与经济行为相关联，突出阐述其在决策时的不确定性、创新性以及发现机会，利用资本获利等。而本土学者对于企业家的内涵不仅与经济行为相关，还进一步强调了更广泛层面的社会价值甚至时代使命。具体内容参见表1。

表 1 企业家概念界定与内涵

学者	定义内容	关键词
Knight，1921	企业实际上是一种应对不确定性的特殊装置，而企业家则是一个不确定性承担者	不确定性
Schumpeter，1947	企业家的职能是实现创新。企业家常常假定市场处于均衡状态，而他们就是那些打破市场均衡状态而获利的人	创新、打破平衡
Mises，1949	企业家是那些利用资本而导致亏损的概率降临到他人头上的人	利用资本
Kirzner，1992	企业家不是创新思想的来源，只是对现存的机会保持警觉并发现	发现机会
贾良定和周三多，2006	中文的"企业家"表明了其踮起脚，怀着憧憬，希望看得更远，完成时代和社会使命的人	眼光长远、理想、社会使命
刘志成等，2012	首先，企业家具有实现新组合的能力：创造新颖而与众不同的东西，甚至改变社会的价值观。其次，企业家必须能够创造和发现	创造发现、社会价值

在界定谁是企业家的问题上，答案通常描述这类人具有什么样的特征和能力，因此企业家能力在研究中被广泛关注。Man(2001)利用定量和定性方法构建了企业家能力模型，并识别出 6 种能力类别——机会能力、关系能力、概念能力、组织能力、战略能力、承诺能力。

Bird(1995)将企业家能力界定为导致企业产生、生存及发展的一般和具体的知识、动机、特性、自我意识、社会角色和技术等突出特征；Ahmad(2007)将企业家能力界定为个体所具有的、促使企业家获得并保持企业成功的态度和行为特征。于东平，段万春(2012)认为目前企业家能力概念主要分为两种：一种用于区分企业家与非企业家的企业家能力(entrepreneurial competence)概念；另一种用于区分成功企业家与非成功企业家的企业家能力(entrepreneurial competency)概念。

企业家精神在本质上是指企业家群体所共有的特质和价值观体系，它应该与个体行为相联系，主体为企业家个体(靳卫东，2008)。贾良定和周三多(2006)认为企业家精神由知识素养(理论精神)、创新能力(实践精神)和伦理品质(自由精神)三个层面构成。以往研究已在企业家精神(Entrepreneurship)的各个层面和维度做了有益的探索，Plummer(2010)认为未来企业家精神的研究应该注重情境和多维度的研究，同时需要强调多层面或跨层面交互作用，从而揭示各层面要素之间的关联机制(朱乾，2012)。

2.2 悖论思维与本土情景

无论是从传统的企业家能力界定层面，还是当下的时代背景层面而言，应对和拥抱不确定性是企业家精神的核心。研究认为不确定性意味着更多的复杂性和变化性，表现在个体和组织层面则意味着他们处于更大的矛盾冲突之中。悖论视角下，应对和拥抱冲突与变化是促进个体与组织持续性发展的必要过程。Smith 和 Lewis(2011)在过去研究的基础上，给出了一个对于悖论的定义：悖论是同时存在矛盾但相互关联的要素，并随着时间持续地存在。

悖论思维(paradoxical thinking)是个体层面应对和管理冲突的重要方式(Luscher 和 Lewis，2008)。悖论思维能够关注到更多的潜在冲突，已有研究表明那些不断在悖论转移上进行反思的管理者能够更有效地处理冲突情景(Luscher 和 Lewis，2008)。近期，有研究发现进行悖论式思维的能力与认知灵活性相关，即能够在多样化的情景中进行认知控制和转移的能力(Good 和 Michel，2013)。Smith 和 Tushman(2005)认为，建立悖论框架和执行悖论式认知处理能够实现对战略矛盾的平衡。Miron-Spektor，Gino 和 Argote(2011)研究发现，采用悖论框架的个体能够感知意识冲突，并提升整合矛盾的能力，进而促进个体创造力。Smith 和 Lewis(2011)在回顾有关悖论文献的基础上，开发了一个组织悖论的动态均衡模型，该模型揭示了组织如何将潜在的悖论式冲突显性化，并采取接受冲突、分离与整合间迭代的管理策略以驱动对悖论式冲突的良性循环响应，进而促进企业的持续性，而在这个过程中，行为主体特别是企业家和高管的悖论认知能力和对矛盾的接纳包容能力起到了决定性的作用。而近年来关于悖论思维的研究引起了新的问题，比如悖论思维是一种天赋抑或是可以逐渐学习获得(Schad 等，2016)。如果悖论思维是可以培养的，那么未来的研究可能需要探究用什么样的方式培养(Smith，2012)。

相比于西方悖论视角下强调对矛盾双方的接纳，中国传统哲学文化则认为对立面天然共存，正是看似对立的矛盾双方持续运动才有了我们所认识的世界。如《道德经》说道"万物负阴而抱阳，冲气以为和"，又有"天下万物生于有，有生于无"，阴阳天然共存，并且只有这样的对立天然共存才能形成万物和气。此外，东方传统哲学对于变化也有着天然的包含和理解。如《庄子·外篇·秋水》说道："物之生也，若骤若驰。无动而不变，无时而不移"；《庄子·外篇·田子方》也有"至阴肃肃，至阳赫赫。肃肃出乎地，赫赫发乎天。两者交通成和而物生焉"。变化被认为是一种常态。同时，东方传统哲学认为事物总归处于一个相对平衡的状态才能长久存在，因为事物变化之最大通则就是事物如果发展到极点，则必一变而为其反面，此所谓"反"，所谓"复"。如《道德经》中有"反者道之动"，又有"大曰逝，逝曰远，远曰反"。

悖论思维与阴阳哲学的结合不仅仅有利于理解本土情景，而且也能更好地与西方学者进行理论对话，避免了过度强调"本土化"而闭门造车(李海洋和张燕，2016)。近年来已有一些学者基于两者的融合进行了有效的探索。如 Li(2012)采用与悖论视角相一致的基于中国传统的阴阳平衡思维来解释中国的现象，构建基于中国情境的本土理论。武亚军(2013)以华为领导人任正非为案例，发现其思维具有"战略框架式思考""认知复杂性""悖论整合"等特征，这些特征推动了企业可持续竞争优势的产生。

总而言之，悖论思维与阴阳哲学的结合对于理解本土情境下企业家精神的养成过程提供了新的视角。透过这个视角，我们能够解释企业家如何与环境互动，如何在这个过程中获得被高度认可的企业家精神。

3. 研究方法

3.1 研究方法与案例选择

本文的主要研究目的是探究在本土情景下成长起来的企业家如何与动荡环境不断过招，从而形成高度的企业家精神。目前，学界多关注于企业家精神的具体内容，而关于"如何"形成这样的过程还处于探索阶段，适合采用探索性案例研究(Yin，1994)。案例研究可以实现"情景化、生动的描述、动态地建构"(Lee，1999)。此外，基于悖论视角的探索性事件路径分析方法也在案例分析过程中得到利用，这种方法对于纵向过程中的动态矛盾、冲突解析有着很重要的作用，有利于案例分析过程中构念收敛，帮助研究者建立认知框架(杜义飞等，2017)。

本文选择的本土企业家代表案例是褚时健(1928年至今)。这一案例的选择来源于它的稀少和极具代表性，接触到这个案例时，团队成员都认为其具有启示性。首先，他拥有88年丰富、起伏的人生经历，他的命运和中国的政治经济体制过招不断、碰撞不断。作为企业家，褚时健被高度评价——"代表着企业家尊严""作为企业家的褚时健，战胜了时代"。第二是褚时健作为企业家，经历了两种截然相反的身份：前期的国有企业领导，以及后期的自我创业者。两种不同的位置和身份形成鲜明的对比，增加了案例的独特性。最后，现有大量的传记访谈整理资料、新闻报道、图书等材料为研究提供可能。因此，我们认为褚时健这个案例是符合本文要求的研究目标。

3.2 数据搜集与分析

结合研究目的，本研究重点选择1979年作为考察窗口的起点。1979年，褚时健从之前任职的戛洒糖厂调往玉溪，担任玉溪卷烟厂的厂长，开始了作为大型国有企业领导人的企业家生涯。

本研究采用多种途径搜集数据，包括人物历史档案、传记作家访谈材料、人物传记出版物、新闻报道、人物相关企业的历史档案以及时代发展的背景资料，等等。为了保证研究的信度与效度，多来源的数据能够形成"三角验证"(Glaser和Strauss，1967)。比如在他人撰写的企业家人物传记中，对于企业家的评价部分可能带有很大的主观性，而相应的新闻报道或者社会评价就比较客观，对应两种不同来源的数据可以更清楚地了解事实。数据搜集主要围绕案例对象的人生经历过程，特别是作为企业家之后的发展过程，以及与研究对象相关的组织发展状况、外部评价以及人物所处的时代发展经历。各种不同途径的数据根据特征的不同而服务于案例分析的过程之中。在具体的数据收集过程中，研究首先关注了描述比较全面和完整的人物传记，通过对传记资料的整理，初步整理出与个体有关的历史事件库(Van de Ven和Poole，1990)，并进行初步标识和编码。

在上一阶段的建立原始数据库基础之上，本文根据研究问题在时间维度上选择了部分关键事件，如表2中所示。然后，以整理出来的关键事件表为基础，补充每个关键事件的相关线索，最后形成一个纵向的关键事件历史数据库作为过程分析的基础，见表3。

表 2 　　　　　褚时健作为企业家过程中关键事件一览表（1979—2015 年）

序号	年份	事　　件
1	1979	从戛洒糖厂搬往玉溪，担任玉溪卷烟厂的厂长
2	1984	去美国进行考察，并随后尝试建立烟草基地
3	1989	玉溪卷烟厂产量突破百万大关，品牌价值凸显，烟叶水平达到国际水平
4	1990	褚时健被授予全国优秀企业家终身荣誉奖
5	1991	出国考察，谋求海外发展；同时遭遇"批条"问题，苦不堪言
6	1995	红塔集团、玉溪红塔烟草集团有限责任公司成立，担任两个企业的董事长
7	1996	褚时健陷入各种被调查中，12 月在河口被扣
8	1999	云南省高级人民法院做出判决：无期徒刑，剥夺政治权利终身
9	2001	褚时健获得减刑保外就医，回到玉溪家中
10	2002	开始种植冰糖橙，成立新平金泰果品公司，担任品牌"云冠"顾问
11	2004	褚时健获准假释
12	2007	褚时健在果园基地建立了金泰自己的肥料厂
13	2011	在云南橙类市场，褚橙已经占了 80% 的份额
14	2013	金泰公司成立云南实建电子商务有限公司，开始酝酿互联网+的商业模式
15	2015	电商平台销售火爆，褚橙真正走向了全国。"橙王"身份再度引起广泛关注

表 3 　　　　　　　围绕关键事件的纵向历史资料库示例

序号	事件关键词	与事件相关的资料描述
1	初任厂长	"文革"结束之后，我恢复了身份，被送到云南省委党校去学习，这意味着我有新的任命了。在那个年代，就是听从党的安排。我很少想过"自己要怎么样"，"到玉溪卷烟厂对于我来说是一段新生活的开始……我还比较犹豫……但最后想想也没有更多的选择了，所以就去了玉溪卷烟厂" "对于玉溪卷烟厂，从业务上我没有什么担心的……我想反正都是工厂，无非一个是地方小型企业，一个是国家大型企业，格局不同世面不同，但做法上我相信万变不离其宗……提高生产力，努力盈利" "企业的职能是什么，不就是盈利嘛，不盈利不能叫企业，你叫事业算了。事业单位就可以不考虑经济效益，政府需要它存在，亏了政府补……所以企业的职责我看第一条就是要赚钱。" "做企业，种种难处都有。但是人是这样，当你进入某一种境界，再难的事你都觉得很平常了。我在烟厂只有一个追求，就是把生产搞好，把利润和产量搞上去。" 着手改善职工的生存条件，修建职工宿舍和改善伙食 推进生产改革，对工人执行规范要求和制度执行 在工厂推行奖惩制度，由于细节上的奖惩依据缺失，对职工的吸引力不大。而后决定打破"大锅饭"的局面，实行计时工资制度 ……

序号	事件关键词	与事件相关的资料描述
2	尝试改革	1984 年，国有企业的改革进一步深入，从企业领导体制上进行变革，明确企业实行厂长负责制，对国有企业进一步放权。企业可以引进国外先进设备 褚时健立下"军令状"贷款 2300 万美元购买国外先进设备；保证三年还清外汇贷款，利税每年递增 1 亿元 去美国考察烟叶基地，建立自己的烟草基地。按照当时的规定，卷烟原料由烟草公司调拨，卷烟厂只负责生产卷烟，其他环节无权插手 1986 年，国务院下发了《关于深化企业改革增强企业活力的若干规定》……对于我们做企业的人来说，这是一个福音……我们的生存环境还是宽松了很多 1986 年，玉溪卷烟厂在烟叶种植上下功夫……争取到了三合一体制，增长速度明显加快
...	……	……
15	"橙王"身份获得关注	外部评价他"作为企业家的褚时健，战胜了时代" 王石：张维迎老师说了一个词叫"变异"，我觉得企业家身上恰巧是这样。当然，如果是社会允许你了，给你一个机会，你还能成长下去、成长下去，这就是他的反弹力、张力，在非常艰苦的环境下，他能生存下去。真正到了条件好的时候，你还能保持吗？企业家精神就是要有这样一种承受能力和自制力。而且，更可贵的是他要有一种破坏性的创造

根据初步的资料分析和整理，我们发现褚时健作为企业领导者（1979 年之后）的经历可以按照身份状态的显著不同，划分为三个主要阶段：第一阶段主要是褚时健担任玉溪卷烟厂的厂长期间，将玉溪卷烟厂领导为全国的大企业，成为一代"烟王"；第二阶段为获罪服刑阶段，引起社会的巨大争议；第三阶段主要是在释放之后，褚时健作为一个创业企业家，经过十几年的发展，再度获得社会的关注和企业家群体的高度认可。

经过初步的开放式编码，事件被分为经济（外部）环境、个体认知、个体行为、行为结果、外部评价等几个大的范畴标签。根据研究的目的，我们首先关注了外部评价中涌现出的企业家能力与企业家能量两个概念。同时在悖论视角下，我们将企业家与环境互动过程中的个体行为倾向收敛为两种：（1）"进"：倾向于实现个体意识而去改变或者控制周边环境；（2）"退"：倾向于向环境妥协，利用或者适应周边环境。

4. 案例分析

研究内容主要分为两个部分：（1）通过外部对于企业家个体的评价，提炼企业家精神内涵的变化；（2）悖论视角下，企业家如何在与环境的不断互动中实现从能力到能量的跃迁。

4.1 企业家精神的双重内涵

这个部分主要分析外部对于企业家个体的认可的不断变化，这种变化可以反映出人们对于企业家精神认知和评价的不断变化，从而揭示当下本土对于企业家精神内涵界定的发展和变化。表 4 展示了企业家精神内涵发展过程编码。

表 4 　　　　　　　　　企业家精神内涵发展过程编码示范图

发展阶段	材料示范	评价关键词	概念印证/构建
第一阶段	以战略性的眼光，强化资源优势，抓住烟草行业发展的机遇，使玉溪卷烟厂脱颖而出	创造、创新	企业家能力（Schumpeter，1947；Kirzner，1992 等）
	我们评奖是对他们当时成绩的肯定。如褚时健 1949 年参加革命，1952 年入党，被打成右派，1979 年出任玉溪卷烟厂厂长，短短几年，把一个名不见经传的小厂变为亚洲第一、世界第五的现代化烟草企业，贡献不可谓不大	企业经营	
	他使红塔山成为中国名牌，他领导的企业累计为国家上缴利税数以千亿计	利润创收	
第二阶段	有人将这个现象归为"59 岁现象"，而另外一些人则表示惋惜，是国家薄待企业家。律师马军说："为民族工业作出如此巨大贡献的国企领导，一年收入竟不如歌星登台唱一首歌！"	社会身份责任	企业家能力（贾良定，周三多，2006；刘志成，等，2012）
	针对 1999 年的入狱判刑，中央纪委领导对褚时健的评价是功不抵过，过不抵功	道德规范	
第三阶段	经历案件风波，出狱之后褚时健选择创业种橙，继"烟王"之后成为"橙王"。在每经网 2012 年度致敬经济人物评选中，年逾八旬的褚时健获得了每经网读者热捧，获得最高票数，排名年度十大致敬经济人物第一名	持续性创造	企业家能量（建构概念）
	王石借巴顿将军的话对他评价"衡量一个人的成功标志，不是看他登到顶峰的高度，而是看他跌到低谷的反弹力"	冲突包容	
	2014 年，在政府的指导下，褚橙庄园修建完成，褚时健被评价为"影响企业家的企业家"（政府层面）。12 月 18 日，褚时健荣获由人民网主办的第九届人民企业社会责任奖特别致敬人物奖（社会层面）。"每天都有大量的企业家前来拜访，他们有时候会问很实际的问题，更多时候只是想要一张和褚时健的合影。寻褚，更像一种仪式。"（行业、企业家层面）	多层面影响力	

　　第一阶段，从 1979 年担任玉溪卷烟厂厂长以后，1990 年褚时健获得了全国优秀企业

家终身荣誉奖。"企业家"身份得到政府和企业界的高度认可。"我们评奖是对他们当时成绩的肯定。如褚时健1949年参加革命，1952年入党，被打过右派，1979年出任玉溪卷烟厂厂长，短短几年，把一个名不见经传的小厂变为亚洲第一、世界第五的现代化烟草企业，贡献不可谓不大。"1993年，云南红塔山集团有限公司成立；红塔山香烟在当年的全国市场产品竞争力排行榜中，位于香烟品牌榜首。作为企业领导人的褚时健在1994年被评为当年"改革风云十大人物"。很多媒体在评价时说道："他使红塔山成为中国名牌，他领导的企业累计为国家上缴利税数以千亿元计，他以战略性的眼光，强化资源优势，抓住烟草行业发展的机遇，使玉溪卷烟厂脱颖而出，成为中国烟草大王，地方财政支柱。"

通过对相关材料的分析，我们发现第一阶段对于企业家的评价点集中于高度的创造力、创新力、优秀的企业经营和创收能力，以及对国家作出的贡献。这很明显与传统企业家能力的界定相符合。

第二阶段，1999年褚时健因巨额贪污和巨额财产来源不明罪被判处无期徒刑、剥夺政治权利终身，从而在社会上引起了广泛的争议。"中央纪委领导对褚时健的评价是功不抵过，过不抵功。"还有人将这个现象归为"59岁现象"，而另外一些人则表示惋惜，是国家薄待企业家。律师马军说："为民族工业作出如此巨大贡献的国企领导，一年收入竟不如歌星登台唱一首歌！"这一时期，企业家的社会责任和身份地位引起了人们新的关注。政府层面强调企业家的社会责任和道德规范，社会层面则在反思企业家的身份地位，因此在社会上引起了很大的争议。

第三阶段，2001年褚时健减刑为有期徒刑17年。"2001年从监狱出来后，周围的亲戚朋友帮我安排了如何休息养老的生活，但我过不来那样的生活，我不做事不行，天生就爱忙。考虑过好几个行业，最后还是决定种橙。一个原因是农业我一直有接触，熟悉行业，橙子在水果里味道营养都好，但并没有太普及。""大家都劝我莫做了，70多岁了，身体也不是很好，在家和老伴儿种种花养养鸟，安度晚年，别人都这么过，你咋个不行？"2012年，褚时健种橙的第十个年头，褚橙首次大规模进入北京市场，销售火爆。每经网2012年度致敬经济人物评选中，年逾八旬的褚时健获得了每经网读者热捧，获得最高票数，排名年度十大致敬经济人物第一名。王石借巴顿将军的话对他评价"衡量一个人的成功标志，不是看他登到顶峰的高度，而是看他跌到低谷的反弹力。"2014年，在政府的指导下，褚橙庄园修建完成，褚时健被评价为"影响企业家的企业家"。12月18日，褚时健荣获由人民网主办的第九届人民企业社会责任奖特别致敬人物奖。"每天都有大量的人前来拜访，他们有时候会问很实际的问题，更多时候只是想要一张和褚时健的合影。寻褚，更像一种仪式。"

通过分析发现，影响企业家的企业家精神在于褚时健的"谷底反弹力"。从整体过程上讲，它使得企业家完成了在不断变化、不断冲突的环境中持续创造和行动，并产生巨大影响力。我们发现，对于企业家精神的界定经历了从表层的能力到社会责任到底层的精神力量的过程。在这个过程中，能力不断沉淀为能量，而能量不断向外释放，支持企业家持续创造。因此，研究提出当下企业家精神包含的两个层面，具体参见图1。

通过这一部分的分析，本文提出以下命题：

命题1 **本土企业家精神包含企业家能力和企业家能量两个层面，企业家能量具有动**

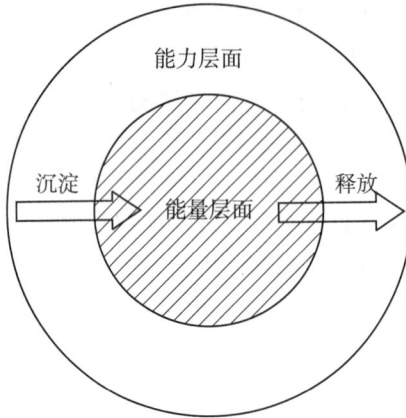

图 1　企业家精神的能力和能量层面

态持续性、对冲突的包容性以及多层面的影响力。

4.2　企业家精神的形成过程

4.2.1　阶段分析

基于上一节对企业家精神不同层次的划分，研究将详细分析不同阶段企业家的行动倾向以及对应的企业家精神形成过程，主要针对过程中的核心关联事件，分析核心关联事件的背景、行动以及结果，各阶段核心关联事件情况见表5。

表5　　　　　　　　　　　　企业家不同阶段的行为倾向及结果

阶段	行为	核心关联事件	事 件 例 证
I	"进"	12条	创新性使用串换的方式换取辅料；说服政府下放卷烟销售权
	"退"	2条	经历"投机倒把"风波，思考作为企业领导者，如何处理企业发展与劳动者关系
II	"进"	2条	启动关索坝大型水电工程
	"退"	6条	褚时健在云南河口被扣，"命运咋个安排我就咋个过"
III	"进"	6条	走工业化产品的路子，把褚橙的品牌、产品真正商品化，"我脑子里面从来没有过退休的概念。我不做事不行，天生就爱忙"
	"退"	4条	顺从年轻辈管理人的想法成立云南实建电子商务有限公司，开始酝酿"互联网+"的运作模式。

（1）第一阶段(1979—1995)

第一阶段主要是褚时健担任国有企业领导人期间。自从1979年成为玉溪卷烟厂的厂长之后，褚时健不断对企业进行改革。比如，打破大锅饭模式提高工人生产积极性，实行按劳分配；购买国外设备提升技术水平，创新性使用串换的方式换取辅料等。褚时健坚信"企业的职能是什么，就是盈利嘛，不盈利不能叫企业，你叫事业算了。事业单位就可以不考虑经济效益，政府需要它存在……所以企业的职责我看第一条就是要赚钱。"进一步地，为了营造更好的经营条件，褚时健也推动了烟草行业的制度改革。比如，自己企业建立烟草基地，推动玉溪范围内实行灵活的"三合一"政策；说服政府下放卷烟销售权等。虽然这并不是褚时健一开始就树立的目标。正如他说道"有人说劝我不要搞那么多事来累……我还真没想那么多，我搞生产就是要搞好"。一系列的实施不仅仅使得玉溪卷烟厂的效益大大提升，在1987年时企业就凭借营业额、利润额、利税等硬指标，成为行业第一，而且推动了烟草行业的提升和发展，获得国家和政府的高度认可，成为当时时期内国家企业发展和改革的经验范本。通过编码，这一时期企业家的主要行为倾向为"进"，表现为企业家不断行动去影响和改变环境。同时，在特定的时代背景和经济发展环境支持下，这种行为的影响力不断扩散，因此这一时期"退"的行为倾向编码较少。

（2）第二阶段（1996—2001）

第二阶段主要是褚时健遭遇调查，被捕入狱时期。1995年由于涉嫌贪污受贿，褚时健遭遇了经济调查。1996年12月被扣进入看守所，之后遭遇起诉获刑。在特殊的历史时期，企业家实践与国家整体制度建设和完善之间确实存在一定的冲突和矛盾，而这一时期就是隐形矛盾已经显性化。在这样的情况下，个体处于极大的冲突之中，比如据朋友描述"褚时健当时几乎崩溃了，在老熟人令狐安面前，他失声痛哭。这是褚时健成人后第一次在人前失控。"对于冲突的极大包容和接纳，褚时健选择了顺应和妥协。比如，他并没有选择走上绝境，而是平静下来，正视现实。"命运安排我咋个过我就咋个过！""既然是具有全国影响的经济案件，我觉得上诉也没有用，也没有任何意义。"在获得减刑假释之后，他回顾了自己前些年的经历，决定还是自己做企业好。因为"自己经营点小生意，有问题自己负责，心里头不慌，挺好"。通过编码，这一时期企业家主要行为倾向于"退"，表现为对冲突局面的接纳、顺应环境、妥协退让。而行为倾向"进"的编码相对较少。

（3）第三阶段（2002—2019）

第三阶段主要是褚时健开始自主创业的时期。2002年，褚时健成立新平金泰果品公司，研究种植冰糖橙。企业家能力同样发挥着持续的作用，他先后解决了果苗问题、水源问题、肥料问题等。但是，褚时健并不满足于简单地种植一种水果，他不断研究，决定走工业化产品的路子——品牌化、商业化，建立自己的销售渠道等。经过十几年的发展，褚橙开始在市场上显山露水，在进入电子商务模式后，销售火爆，走向全国。因为褚橙的成功，褚时健获得了广泛的社会关注和认可，被称为"影响企业家的企业家"。可以看出，这一时期企业家又通过不断的行动与创造改变和影响了环境。

此外，通过关键词识别和编码，行为倾向"退"也同样频繁出现在这一阶段中。比如在2006年，褚时健本着质量最优的原则决定大规模砍树，却与农户的利益发生冲突，权衡之下，褚时健给予了农民相应的补贴；在电子商务时代到来之后，褚时健一开始并没有意愿将产品交给电商，因为他认为"形式无关紧要，品质才是第一位的"。不过后来在与年轻一辈的交流过程中，他开始妥协并接受这种新的渠道；由于前期事件影响而导致与政府保持一定距离的他后来也同意了政府关于建立褚橙庄园的计划，等等。

综合三个阶段的分析，我们将各个阶段涉及的不同行为倾向与结果归纳到表 5 中。可以看出，企业家在与环境的互动过程中先后经历了"进"（倾向于去影响和控制环境）为主，到"退"（倾向于去适应或者利用环境）为主，最后寻求达到"进退"兼顾的过程。

4.2.2 从"进"到"退"的转化

通过案例分析，我们发现很多时候企业家个体具有一种行为惯性，就像传统的企业家能力强调的不断创新、创造，让企业更加获利，即我们构念中的"进"：倾向于不断地影响，甚至掌控环境。然而，无论双元理论（March，1991；O'Reilly 和 Tushman，2004；Gibson 和 Birkinshaw，2004 等）、悖论视角（Shacd 等，2016）还是本土传统的"阴阳"哲学（Li，2012；Li，2014；Chen，2003），当个体或者组织长期处于对立双方力量其中的一方时，很难实现可持续性的发展。企业家如何能够从惯性上的倾向于"进"而逐渐实现从进到退的转化呢？

已有研究表明，个体的悖论认知能够促使隐性矛盾转化为显性矛盾（Smith 和 Lewis，2011）。企业家个体与环境之间始终存在着各种矛盾：个人创造与制度约束，个体情怀与商业市场，等等。很明显，对这些矛盾的清晰感知，可以促进企业家对局势的认识，然而悖论式认知不是天生的，需要在与环境互动过程中逐渐养成。以第一阶段的事件为例，刚上任时的企业家虽然意识到不确定性和变化性，但并不怎么在意，于是开始大胆进行改革整顿。"对于玉溪卷烟厂，从业务上我没有什么担心的……我想反正都是工厂，无非一个是地方小型企业，一个是国家大企业，格局不同世面不同，但做法我相信万变不离其宗。"

对矛盾的漠视带来的结果就是不断地遭遇政策犯规，受挫的经历促使企业家开始反思，并逐渐平衡个体创造与政策规范，强化悖论认知。比如，在经历了因为提高工作时间遭遇被告风波之后，他开始思考作为企业领导者，如何处理企业发展与劳动者之间的关系。而后在进行企业的激励制度改革时，他谨慎从事，在实施这项改革之前，做了很多工作，在上下都一致支持的前提下才开始试水。"毕竟是两种体制的交替期，企业领导权限的天花板低，作为一心想做事，一心想改革的人来说，难免会碰到天花板把自己弄伤。"

企业家个体的悖论式认知的发展与面临的冲突强度有着很大的关系。这方面突出表现在第二阶段，1995 年左右，由于企业家行为违反了法律制度，也陷入了各种调查之中。"褚时健也感到了压力，那一段时间他变得有些沉默，在家很少说话。"12 月，女儿褚映群在狱中过世，令褚时健瞬间崩溃。"褚时健几乎当时崩溃了，在老熟人令狐安面前，他痛哭失声。这是褚时健成人后第一次在人前失控。"1996 年 12 月，褚时健在云南河口被扣，经过一年多的调查和看守，1998 年 12 月云南省检察院对其进行起诉。

"当时确实想不通，怎么就到了今天？"未来会怎么样呢？他不知道，他预估过自己的刑期，但每一次预估他自己很快就否定了。随着时间的推移，他就不再想了，"命运咋个安排我就咋个过"！一向强硬的褚时健开始收缩。"既然是全国影响最大的经济案件，我觉得上诉也没用，也没有任何意义。我 70 多岁的人了，能活几年？不折腾了，好好把监狱日子过平静，也就算了。"因此，文章得到以下命题：

命题 2　企业家个体的悖论认知在个体与环境的互动过程中逐渐增强，悖论认知促进

企业家从"进"到"退"的转换。

4.2.3 "进-退"交替与企业家能量释放

个体和组织能够在不断地包容和接纳矛盾冲突的过程中实现可持续的发展（Lewis 和 Smith，2011）。文章将企业家的行为收敛到"进-退"这一悖论主轴上，本部分主要分析企业家在"进-退"交替之下实现的发展结果。

个体对冲突的包容随着"进-退"的交替过程而逐渐增强，特别是当面临显性冲突的时候。例如，1996 年左右，褚时健因为涉嫌经济问题而陷入了各种调查之中，随后被扣，经过一年多的调查和看守。此时企业家个体对这样的显性冲突显得并不接纳"当时确实想不通，怎么就到了今天？"褚时健迷惘，绝望。"未来会怎么样呢，他不知道，他预估过自己的刑期，但每一次预估他自己很快就否定了。"随着时间的推移，个体开始表现出退让和接受，对于冲突的极大容忍使得个体能够持续存在。"既然是全国影响最大的经济案件，我觉得上诉也没用，也没有任何意义。我 70 多岁的人了，能活几年？不折腾了，好好把监狱日子过平静，也就算了。"

在第三阶段中，褚时健经历过被判入狱的巨大变动。"出狱之后还是做点什么，最后选择种植冰糖橙。"2002 年，褚时健成立新平金泰果品公司，开始在云南哀牢山专心致志地研究种植橙子。十年后，褚橙进入电子商务，销售火爆，并逐步走向全国。在这其中企业家个人情怀与传统的商业市场不断碰撞、不断冲突，但他已经显得从容很多。比如，为了解决果树的产量问题，褚时健在经过研究觉得必须大批量砍树，与农户的利益冲突，褚时健权衡之下给予农户补助才使得事情顺利进行。在销售问题上，褚时健抱着做到最好的心态和质量将冰糖橙定位在中高档水果，而在打开市场的初期，他也没有拦着小辈们"放下身段，先把果子往昆明的水果市场推"的做法，而褚时健始终坚信："无论以什么形式卖，产品品质都是第一位的。形式无足轻重，内容至关重要。"因此，得到以下命题：

命题 3 企业家个体对冲突的包容在个体与环境的互动过程逐渐增强，冲突包容进一步促进企业家实现从"退"到"进"的突破。

从整个过程的分析可以看出"进-退"交替过程保证了企业家持续行动和创造，从而形成能够影响企业家群体的企业家能量。企业家精神形成与演变过程如前图 1。

东方传统哲学认为事物总归处于一个相对平衡的状态才能长久存在。因为事物变化之最大通则就是事物如果发展到极点，则必一变而为其反面，此所谓"反"，所谓"复"。如《道德经》中有"反者道之动"，又有"大曰逝，逝曰远，远曰反"。通过案例分析，我们可以发现在第一阶段中，企业家本着自身强大的能力不断地进行创新行动去影响甚至改变环境，一味的"进"在一定程度上钝化了个体对潜在冲突的感知，因此当 1989—1991 年面对是否退休的问题时，企业家继续保持了"进"，之后启动大量新的工程。不久之后，因为涉嫌经济问题而被扣入狱，跌落低谷。而成就"影响企业家的企业家"的最重要因素也是他并没有选择一味"退"，在出狱之后仍然决定重新行动，并取得很大的成功。而在这个过程中，个体明显已经不再需要激烈的外部约束来调整自己的"进-退"选择。

整合文章以上内容，研究不断提炼，形成了基于"进-退"循环的企业家能量形成过程，见图 2。

因此，得到以下命题：

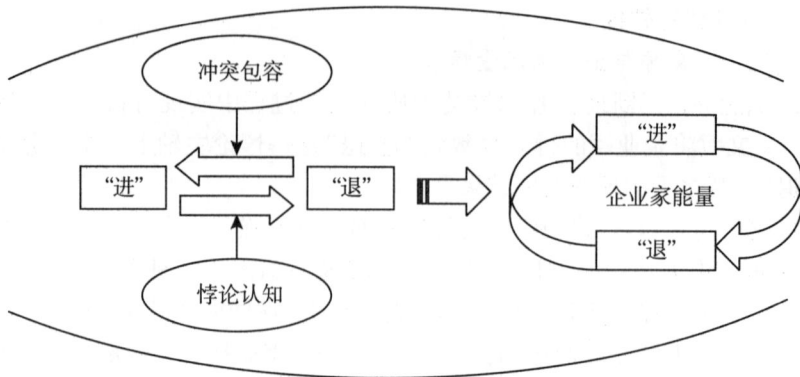

图 2 基于"进-退"循环的企业家能量形成过程

命题 4 "进-退"循环过程激发企业家潜力并保持持续行动和创造,从而能够形成企业家精神的能量层面。

5. 结论与启示

企业家的创造和发现是在一定的社会背景下进行的,因此在不同的文化环境下,企业家创造和发现所承载和表现的过程也是不一样的。改革开放以来,中国政治经济一直处于极大变化之中,中国企业家不仅要应对市场的不确定性,更主要的是要应对政策的不确定性。因此,立足于本土情景,研究企业家的成长过程、企业家精神的来源,具有重要意义。文章以企业家褚时健作为案例研究,一方面概括出了当下人们对于企业家精神内涵应包含的两个层面,即能力和能量。另一方面,研究探究了企业家能力到能量的进阶过程,认为企业家正是在"进-退"中的不断选择和经历中释放潜力,形成包容冲突、动态持续并有多层面影响力的企业家能量。

本研究主要有三个方面的贡献:第一,文章通过深度的案例剖析,揭示了褚时健从企业家到"影响企业家的企业家"的发展过程,借此拓展了新时代下企业家精神内涵:企业家精神已经超越了与经营的企业之间的关联,更多是在不确定环境中持续行动,保持活力。第二,文章基于悖论思维与本土阴阳哲学,将企业家与环境互动过程降维到"进-退"这一悖论主轴上,从而打开了企业家精神尤其是企业家精神的能量层面的形成过程。第三,对于实践中的企业家个体而言,企业家在不断地倾向于改变和影响环境的同时,必须注意"进"向"退"的适当转换,寻求悖论循环平衡过程。

需要指出的是,本文主要基于大量的二手材料进行了案例分析,这在一定程度上可能会影响到分析结果。同时,单案例研究所得出的结论在理论的推广度上也有一定局限。无论如何,本研究在新时代下企业家精神的研究,特别是企业家精神形成过程这一方面做出了一定尝试和探索。在不确定性作为最重要的环境背景时,企业领导人应该更加充分地与外部环境进行互动,接纳冲突和变化才能保持持续行动和创造,从而形成高度的企业家精神。

◎ 参考文献

[1] 陈春花. 企业家与企业家精神[J]. 中国企业家，2017(9).

[2] 杜义飞，潘琼，王建刚等. 事件路径分析方法：基于悖论与存在主义视角[J]. 电子科技大学学报(社科版)，2017(2).

[3] 贾良定，周三多. 论企业家精神及其五项修炼[J]. 南京社会科学，2006(9).

[4] 靳卫东，高波，吴向鹏. 企业家精神：含义、度量和经济绩效的评述[J]. 中南财经政法大学学报，2008(4).

[5] 李杏. 企业家精神对中国经济增长的作用研究——基于 SYS-GMM 的实证研究[J]. 科研管理，2011(1).

[6] 李海洋，张燕. 情境化知识与普适化理论的有机结合——探索中国管理学研究的理论创新之道[J]. 管理学季刊，2016(4).

[7] 理查德·坎蒂隆. 商业性质概论[M]. 北京：商务印书馆，1986.

[8] 刘志成，吴能全. 中国企业家行为过程研究——来自近代中国企业家的考察[J]. 管理界，2012(6).

[9] 武亚军. "战略框架式思考"，"悖论整合"与企业竞争优势——任正非的认知模式分析及管理启示[J]. 管理世界，2013(4).

[10] 项国鹏，李武杰，肖建忠. 转型经济中的企业家制度能力：中国企业家的实证研究及其启示[J]. 管理世界，2009(11).

[11] 于东平，段万春. 企业家能力概念及维度研究述评[J]. 技术经济，2012(6).

[12] 朱乾，杨勇，陶天龙，达庆利. 企业家精神影响因素的国外研究综述[J]. 东南大学学报(哲学社会科学版)，2012(4).

[13] Ahmad, N. H. A cross cultural study of entrepreneurial competencies and entrepreneurial success in SMEs in Australia and Malaysia [D]. Australia：The University of Adelaide, 2007.

[14] Badguerahanian, L., Abetti, P. A. The rise and fall of the Merlin-Gerin foundry business：A case study in French corporate entrepreneurship [J]. *Journal of Business Venturing*, 1995, 10(6).

[15] Bird, B. Towards a theory of entrepreneurial competency [J]. *Firm Emergence Growth*, 1995(2).

[16] Chen, M. J. Transcending paradox：The Chinese "middle way" perspective [J]. *Asia Pacific Journal of Management*. 2003, 20(1).

[17] Cope, J., Watts, G. Learning by doing — an exploration of experience, critical incidents and reflection in entrepreneurial learning [J]. *International Journal of Entrepreneurial Behaviour & Research*, 2000, 6(3).

[18] Gibson, C. B., Birkinshaw, J. The antecedents, consequences, and mediating role of organizational ambidexterity [J]. *Academy of Management Journal*, 2004, 47(2).

[19] Glaser, B. G., Strauss, A. L. *The discovery of grounded theory: Strategies for qualitative research*[M]. Chicago: Aldine, 1967.

[20] Good, D., Michel, E. J. Individual ambidexterity: Exploring and exploiting in dynamic contexts [J]. *Journal of Psychology*, 2013, 147(5).

[21] Knight, F. H. *Uncertainty and Profit*[M]. Boston: Houghton-Mifflin, 1921.

[22] Kirzner, I. M. *The meaning of market process: Essays in the development of modern Austrian economics* [M], New York: Routledge, 1992.

[23] Lee, T. W. *Using qualitative methods in organizational research* [M]. New York: Sage, 1999.

[24] Li, P. P. Toward an integrative framework of indigenous research: The geocentric implications of Yin-Yang balance [J]. *Asia Pacific Journal of Management*, 2012, 29(4).

[25] Li P P. The unique value of yin yang balancing: A critical response [J]. *Management & Organization Review*, 2014, 10(2).

[26] Luscher, L. S., Lewis, M. W. Organizational change and managerial sense-making: Working through paradox [J]. *Academy of Management Journal*, 2008, 51(2).

[27] Miron-Spektor, E., Gino, F., Argote, L. Paradoxical frames and creative sparks: Enhancing individual creativity through conflict and integration [J]. *Organizational Behavior and Human Decision Processes*, 2011, 116(2).

[28] Mises, L. V. *Human action: A treatise on economics* [M]. New haven, CT: Yale University, 1949.

[29] March, J. G. Exploration and exploitation in organizational learning [J]. *Organization Science*, 1991, 2(1).

[30] O'Reilly, C. A., Tushman, M.L. The ambidextrous organization [J]. *Harv Bus Rev*, 2004, 82(4).

[31] Plummer, L. A. Spatial dependence in entrepreneurship research: Challenges and methods [J]. *Organizational Research Methods*, 2010, 13(1).

[32] Schad, J., Lewis, M.W., Raisch, S., et al. Paradox Research in management science: Looking back to move forward [J]. *Academy of Management Annals*, 2016, 10(1).

[33] Schumpeter, J. A. The creative response in economic history [J]. *Journal of Economic History*, 1947 (2).

[34] Smith, W. K., Tushman, M. L. Managing strategic contradictions: A top management model for managing innovation streams [J]. *Organization Science*, 2005, 16(5).

[35] Smith, W. K., Lewis, M. W. Toward a theory of paradox: A dynamic equilibrium model of organizing [J]. *Academy of Management Review*, 2011, 36(2).

[36] Smith, W. K., Besharov, M. L., Wessels, A. K., et al. A paradoxical leadership model for social entrepreneurs: Challenges, leadership skills and pedagogical tools for managing social and commercial demands [J]. *Academy of Management Learning & Education*, 2012, 11(3).

[37] Van de Ven,A.H., Poole, M. S. Methods for studying innovation development in the Minnesota innovation research program[J]. *Organization Science*,1990,1(3).

[38] Yin, R. K. *Case study research*: *Design and methods* [M].Thousand Oaks, CA: Sage Publications,1994.

Entrepreneurial Spirit that Affects the Entrepreneurs: Transition from Competency to Energy

Pan Qiong[1]   Du Yifei [2]   Li Rong [3]   Xue Min[4]

(1,2   School of economics and management, University of Electronic Science and technology, Chengdu,611731;

3   School of economics and management, Shanxi University, Taiyuan, 030006;

4   School of management, Xihua Normal University, Nanchong, 637002)

Abstract: With uncertainty becoming the most important background of this era, entrepreneurial spirit has gained new attention. Taking a famous entrepreneur—Chu Shijian as an analysis object, this paper adopts a longitudinal case study to explore the new connotation of entrepreneurial spirit and its formation process. The study finds that (1) entrepreneurial spirit includes two levels: entrepreneurial ability and entrepreneurial energy. The energy level is characterized by conflicting tolerance, dynamic sustainability and multilevel influence. (2)The entrepreneur had behavioral tendencies between "advance-retreat", of which the paradox cognition and the individual tolerance to conflict play an important role in promoting the "advance-retreat" transformation. (3) The entrepreneurial energy forms in the dynamic cycle of "advance-retreat". This study brings new inspiration to understand entrepreneurship in Chinese context.

Key words: Entrepreneurial spirit; Paradoxical perspective; Entrepreneurial energy; "Advance-retreat" process

专业主编：杜旌

企业特定优势对国际化-绩效关系的影响：U 形关系调节效应的实证检验*

● 陈立敏[1] 李昊宇[2] 邝 蓓[3]

（1，2，3 武汉大学经济与管理学院 武汉 430072）

【摘 要】中国对外直接投资已连续 16 年高速增长，2017 年末存量仅次于美国而位居世界第二。然而，在中国经济不仅需要高速度增长、更需要高质量发展的今天，中国"走出去"企业的国际化绩效状况到底怎样？尤其是，企业特定优势在中国企业的国际化扩张过程中，对国际化-绩效关系发挥了怎样的作用？本文将既进行中国企业国际化-绩效关系的主效应分析，也进行基于企业特定优势视角的调节效应分析。该视角在理论上突破了以往单纯将企业特定优势作为国际化动因的窠臼，转而检验当企业已经开展国际化活动之后，这些特定优势是否确实会对国际化绩效产生积极的后续影响；同时，该视角在实践上能够发现在中国企业的国际化扩张中，到底是基于大规模制造的有形资产特定优势、还是旨在建立创新驱动机制的无形资产特定优势，在目前能够发挥更加重要的绩效提升作用。本文应用 2010—2015 年中国制造业上市公司的六年面板数据进行了上述实证分析，结果发现：中国企业的国际化-绩效关系表现为 U 形形态；企业所拥有的特定优势对国际化绩效确实具有显著的调节作用，但具体方向依类别而有所不同，有形资产特定优势正向调节企业的国际化-绩效关系，无形资产特定优势则负向调节该关系。这一发现与以往发达国家研究中无形资产大多具有积极作用不同，说明作为典型新兴经济体和著名世界工厂的中国其国际化具有不同的特点，很多企业的特定优势仍然是大量固定资产设备所体现的强大制造能力，目前也仍然需要依靠积累有形资产特定优势而改善国际化绩效。

【关键词】国际化 绩效 企业特定优势 调节效应 中国上市公司

中图分类号：F276.7 文献标识码：A

---

* 基金项目：国家社会科学基金重大项目"全球产业链转移新趋势下的中国出口价值链提升举措研究"（批准号 15ZDA061）；国家自然科学基金面上项目"国际化战略是否有助于企业提高绩效？基于资源和制度的双重调节模型构建"（批准号：71372123）。

通讯作者：陈立敏，E-mail：chen-limin@ 163. com。

1. 问题的提出

根据中国商务部、国家统计局与国家外汇管理局联合发布的《中国对外直接投资统计公报》(2018)，到 2017 年末，中国对外直接投资已经连续 16 年大幅增长，从 2002 年的全球 ODI 存量排名第 25 位一路上升到 2017 年末仅次于美国而首次位居全球第二。然而，在改革开放四十多年后，中国经济不仅需要高速度增长、更需要高质量发展的今天，中国"走出去"企业的国际化绩效状况到底怎样?

作为全球战略管理研究领域的关键核心问题和著名争议问题，企业的国际化到底对绩效影响如何，在实证研究中出现了许多不一致的结果：国际化程度与企业绩效正相关、负相关、倒 U 形关系、U 形关系、水平 S 形关系、N 形关系，甚至不相关，此即重要的国际化绩效问题。结论之所以如此错综复杂，一个重要原因就是在国际化-绩效关系的主效应之外，存在着诸多可能发生重要影响的调节因素：例如，企业所处的国际化阶段不同——是初级国际化还是高度国际化，国际化行为对企业绩效的影响将会不同；企业所处的行业不同、进入的东道国不同等等，均有可能形成国际化程度对企业绩效的不同影响。

本文将在分析改革开放四十多年后的中国企业国际化-绩效关系的基础上，选择企业特定优势作为主效应的调节因素，研究企业特定优势在中国企业的国际化扩张过程中，对国际化程度与绩效变动的关系发挥了什么样的调节作用。企业特定优势(FSA，即 firm-specific advantage)是现代跨国公司理论(MNE，即 multinational enterprises)的核心概念，它不同于传统用来解释国际资本流动的同质的行业比较优势，而以异质的企业特定优势来解释对外直接投资(FDI，即 foreign direct investment)行为。现代跨国企业理论奠基者斯蒂芬·海默在其博士学位论文《国内企业的国际经营：关于对外直接投资的研究》(1960)中首次提出这一观点："同一行业中的企业之间能力绝不相同。某些企业在某些特别活动中具有相当大的优势，拥有这些优势会驱使它们进行国际经营。""由于企业拥有特定优势，它在国外的经营才会是有利可图的。企业的国际经营被这些利润所驱动，即使两国的利率差异不足以引起企业的证券投资，企业也会进行对外直接投资。"[1]

也就是说，主流国际化理论认为对外直接投资的必要条件和前提是企业拥有特定优势。企业进行国际性经营时，为了能与熟悉东道国市场环境和商业条件的当地公司竞争，势必以具有某些独特的竞争优势为前提。跨国企业凭借所拥有的特定优势才能克服海外投资的附加成本、抵消东道国当地企业的优势，确保对外投资活动有利可图。因此，是否具有特定优势是企业国际化的关键动因，也是企业能否从事国际化活动的重要决定因素。值

---

[1] Stephen Hymer(1960)博士论文中的相关原文表述为："Firms are by no means equal in their ability to operate in an industry. Certain firms have considerable advantages in particular activities. The possession of these advantages may cause them to have extensive international operations of one kind or another."(第 44~45 页)以及"Because a firm possesses advantages, its business enterprise in the foreign country would be profitable. Because international operations are motivated by these profits, there can be direct investment even when there is not enough of an interest-rate difference to cause portfolio investment."(第 47 页)。

得进一步深入研究的是，当企业已经开展国际化活动之后，随着国际化程度的不断加深，这些特定优势是否确实会和初衷一样，对国际化绩效产生积极的后续影响？尽管在理论逻辑上特定优势能够帮助企业克服海外投资的附加成本、抵消东道国当地企业的优势，但在实证研究中尚缺乏对这一特定视角的检验。事实上，正因为不同企业具有不同的特定优势，因此即使在中国企业对外直接投资总体取得迅猛发展的背景下，仍然是一些企业在国际市场上取得巨大成功、另一些企业的国际化进程并不顺利而经历了"国际化苦旅"（吴晓波和周浩军，2011）。

本文选择企业特定优势视角进行国际化-绩效关系研究，正是因为在理论上试图突破以往仅仅将企业特定优势作为国际化动因的窠臼，转而检验当企业已经开展国际化活动之后，这些特定优势是否确实会对国际化绩效产生积极的后续影响。同时，这一研究视角在实践上能够发现在中国企业的国际化扩张中，到底是基于大规模制造的有形资产特定优势、还是旨在建立创新驱动机制的无形资产特定优势，在目前能够发挥更加重要的绩效提升作用。因此，本文将基于企业特定优势理论的后续影响视角，以2010—2015年沪深两市的中国制造业上市企业为研究对象，在实证分析企业的国际化程度对绩效到底影响如何的基础上，重点研究企业特定优势对这种关系的调节作用，即当企业已经开展国际化活动之后，随着国际化程度的不断加深，这些特定优势是否确实会对国际化绩效产生积极的后续影响？由此本文一方面尝试在理论上探索以特定优势为调节因素的国际化-绩效关系影响机制、延伸企业特定优势的理论逻辑，另一方面在实践中则引导中国企业更加专注于自身有正向调节作用的特定优势而获取更好的国际化收益。

2. 理论框架与研究假设

2.1 新兴经济体中后发企业的国际化与绩效关系

作为全球战略管理领域的关键核心问题之一，国际化是否能提高企业绩效在实证研究中出现了许多不一致的结果：企业的国际化程度与企业绩效正相关（Grant，1987；Tsao and Chen，2012）、负相关（Collins，1990；Denis，Denis and Yost，2002）、倒 U 形关系（Geringer，Beamish and Dacosta，1989；Li，Qian and Qian，2012）、U 形关系（Sullivan，1994；Kim，Hoskisson and Lee，2015）、水平 S 形关系（Lu and Beamish，2004；Xiao et al.，2013）、N 形关系（Contractor，Kundu and Hsu，2003；Powell，2014），甚至不相关（Hennart，2007；Dau，2013）。此即著名的"国际化绩效"争议。

结论如此错综复杂的重要原因之一，就是企业所处的国际化阶段不同。处于国际化初期的企业，由于刚刚进入国际市场而面临着明显的新入者劣势（liability of newness）和外来者劣势（liability of foreignness）（Hymer，1960；Zaheer，1995），因此国际化对企业收益产生的常常是负影响，直到具有足够的国际化经验之后，收益变动才会转负为正，而形成 U 形的国际化-绩效关系。当企业继续国际化扩张超过适当程度之后，又将产生过多的管理困难、协调成本和组织复杂性，使得国际化净收益重新为负，成为倒 U 形或者水平 S 形的国际化-绩效关系。

同时，国际化企业的母国不同也会形成国际化程度对企业绩效的影响不同，这就是Elango 和 Sethi(2007)所说的在国际化-绩效关系中存在显著的来源国效应(country of origin effect)；中国研究中裴长洪和郑文(2011)也认为，企业对外直接投资的优势除了来源于企业的自我实力和东道国区位优势，也来源于投资母国。Yang 和 Driffield(2012)通过对 54 篇实证文献的荟萃分析也发现国际化-绩效关系中的母国效应极为显著，与美国企业的倒U 形国际化-绩效关系不同，非美国企业的这一关系常常是 U 形的。Thomas(2006)以发展中国家墨西哥的 385 家企业为样本进行研究，验证了这一 U 形关系结论。由于中国企业是典型的新兴经济体中后发企业，目前在国际扩张过程中大多处于国际化的初中期阶段，既脱离了欠发达国家企业国际化起步时与绩效线性负相关的阶段，也尚未达到发达经济体中大量企业高度国际化的水平 S 形和倒 U 形阶段，因此我们提出如下假定：

假设 1：作为新兴经济体中的后发企业，中国企业的国际化程度与绩效变动表现为 U 形关系。

2.2　企业特定优势对国际化-绩效关系的调节效应

企业特定优势理论认为，由于市场具有结构不完全性，包括商品市场的不完全性、要素市场的不完全性、规模经济造成的不完全性以及经济政策造成的不完全性，这样的非完全竞争市场使得企业可能拥有垄断优势。跨国公司必须具有某种企业特定优势来抵消国外经营的额外成本，才可能进行有效的外国直接投资、设立海外子公司；而所谓特定优势意味着能够专有地、特权地获得拥有产生特殊收入的资产(Dunning，1988)①。企业特定优势同样是战略管理理论的重要内容，资源基础观(RBV，即 resource-based view)认为，企业正是一些资源和能力的集合，当这些资源和能力是有价值的、稀缺的、难以模仿的并围绕其组织全部的企业活动时，即符合所谓的 VRIO(value, rarity, inimitability, organization)框架时，企业就能形成持续的竞争优势(Barney，1991)。资源的不断累积和优化配置使企业的独特能力得以形成并不断强化提升，最终在市场竞争中表现为企业在技术、管理、市场等方面的独特优势即企业特定优势。

关于企业特定优势的类型和形式，Rugman 和 Verbeke(2001)②认为可分为两种，一种是与技术知识和制造知识有关的生产专属性资产，另一种是能有效协调和控制企业资产的

---

① 邓宁和海默一起成为现代跨国公司理论的最重要代表，在其论文中的相关原文表述为："In our 1976 paper we identified three types of ownership-specific advantages: (a) those that stem from the exclusive privileged possession of or access to particular income generating assets, (b) those that are normally enjoyed by a branch plant compared with a de novo firm, and (c) those that are a consequence of geographical diversification or multinationality per se."

② Rugman and Verbeke(2001)论文中与此相关的原文表述为："A nonlocation-bound FSA can take two main forms. First, it may reflect a functional, production-related proprietary asset, typically technological, manufacturing or marketing knowhow. Second, it may refer to an organizational capability to efficiently coordinate and control the MNE's asset base".

跨国组织能力。这一分类也与资源基础观中的资源分类较为接近：Wernerfelt（1984）①认为企业资源可被定义为那些与企业形成半永久性绑定的有形资产（tangible assets）和无形资产（intangible assets）——这里的"半永久性绑定"（tied semipermanently），意味着这些资产和优势既非完全流动、转瞬即逝，也非永久固定，与生相随。沿着这一思路，本文将进一步分别探讨无形资产特定优势和有形资产特定优势对后发企业国际化-绩效关系的调节效应。

2.2.1 无形资产特定优势对中国企业国际化-绩效关系的调节效应

众多研究认为无形资产是最关键的企业特定优势内容，能极大地影响企业国际化的效果，即国际化绩效。能让企业获利和到海外投资的特定优势中，首要的就是厂商所掌握的先进技术和高效率管理知识等无形资产优势，跨国公司对产品的差异化能力是形成企业特定优势的重要原因（Caves，1971）。由于国际化能够通过将跨国经营活动在公司内部化而充分发挥企业无形资产的价值，因此当企业的无形资产越丰富时，国际化行为就越能为企业带来更多的价值，即市场绩效（Kirca et al.，2011）。对于处于经济转型的中国来说，大力拓展提升国际化企业的无形资产特定优势、实行从"微笑曲线"中的全球价值链低端——制造环节、向全球价值链高端——研发与营销环节的升级，更是一种广为流传和接受的观点。基于此我们提出假设：

假设 2a：无形资产特定优势对中国企业的国际化-绩效关系具有正向调节作用。

然而反面的观点同样存在，即无形资产占比高对企业的绩效提升并无益处。Erramilli，Agarwal 和 Kim（1997）认为，不少新兴工业化国家企业的特定优势，并不是以无形资产投入建立的无形资产优势，而是通过大批量生产标准化产品来实现低成本制造和价格竞争力，这类产品生产需要的是投入大量资本来建造现代化的工厂。中国企业中同样存在这一现象，王智波和李长洪（2015）通过对以 1999—2007 年中国工业企业数据库中的企业为样本进行实证研究发现，固定资产占比低、无形资产占比高的轻资产结构，不仅并没有让中国企业表现出更高的企业利润率，反而呈现出明显的负向消极影响。

因此，新兴经济体中的后发企业有可能存在与发达国家成熟企业不一样的特点。由于大部分中国企业还处于国际化的初期和中期，在无形资产积累方面与发达国家企业存在较大的差距，如果这些中国企业机械地比照发达国家先进企业来调整自己的资产和优势结构，大幅减少使用固定资产较多的制造环节等有形部分，而集中企业资源来拓展研发环节和营销环节等无形资产优势，这样可能产生的问题是，大量无形资产投入在短期内非但不能成为企业的资源优势、使企业获得良好的绩效回报，还会成为企业的成本支出负担；同时企业试图形成的新型无形资产特定优势并不能很快获得国际市场认可、顺利转化为"走出去"过程中的竞争优势。基于这一逻辑，本文做出如下与假设 2a 互斥的假设：

假设 2b：无形资产特定优势对中国企业的国际化-绩效关系具有负向调节作用。

2.2.2 有形资产特定优势对中国企业国际化-绩效关系的调节效应

有形资产特定优势对企业国际化绩效的积极作用在相关研究中获得了较为一致的认

---

① Wernerfelt（1984）在该篇资源基础观开创性论文中对资源的定义为："A firm's resources at a given time could be defined as those（tangible and intangible）assets which are tied semipermanently to the firm."

可，尤其是对中国这样的新兴工业化国家和制造业大国。企业有形资产是其无形资产发挥效用的基础，企业物质资本也是其组织资本的重要组成部分，因此存在有形资产特定优势对企业国际化-绩效关系产生积极影响的作用机制。Barney（1991）将企业资源分为物质资本资源（physical capital resources）、人力资本资源（human capital resources）和组织资本资源（organizational capital resources）三类，其中物质资本资源就指企业所用的物质技术、厂房设备、地理位置和原材料等。由于中国既是具有代表性的新兴工业化国家，也是世界上首屈一指的制造业大国，因此不管是中国企业的对外贸易还是对外投资，具有成本和价格竞争力的大规模生产模式都起到关键作用，这种生产模式需要企业具有良好的固定资产结构。陈岩（2014）应用2008—2011年中国上市公司数据进行的实证研究结果表明，中国企业主要依靠有形资源而非无形资源来提升国际化的绩效。基于上述，本文做出如下假设：

假设3：有形资产特定优势对中国企业的国际化-绩效关系具有正向调节作用。

综上所述，本文的研究框架如图1所示，在解释变量X"国际化程度"对被解释变量Y"企业绩效"的影响机制中，本文重点考察无形资产特定优势M_1和有形资产特定优势M_2的调节作用。由于关于新兴经济体中后发企业的无形资产特定优势作用存在两种不同的观点，在此我们依据不同的逻辑做出了一对互斥假设2a和2b，有待下文进一步分析和检验。

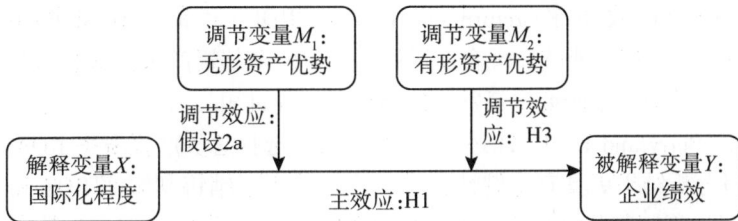

图1　本文研究框架：企业特定优势对国际化-绩效关系的影响

3. 实证研究设计

3.1　数据来源和样本选择

本文选取2010—2015年在沪深证券交易所上市的A股中国制造业企业为样本，进行企业国际化与绩效关系以及特定优势调节作用的计量分析。之所以选择制造业企业为样本，一方面是因为制造业在中国国民经济中发挥着主体作用，制造业企业数量较多，容易达到实证研究中对样本量的要求；另一方面是由于制造业企业兼具无形资产和有形资产两种特定优势，非常适合进行本文对调节作用的深入研究。

本文按照如下几项原则对样本进行了筛选：①剔除在2010—2015年任何一年未上市或暂停上市的企业；②剔除2010—2015年任何一年出现ST的企业；③剔除2010—2015年任何一年海外业务收入、企业绩效以及下文的研发密集度、广告密集度、资本密集度等关键变量数据缺失的企业；④剔除 2010—2015 年任何一年海外业务收入占主营业务收入（foreign sales to total sales，即 FSTS）小于 10% 的企业，原因是根据一般的国际化企业界定标准（Delios and Beamish，1999），只有海外业务收入占比 FSTS 达到 10%，企业才算发生了明显的国际化行为。根据上述样本筛选原则，我们最后得到了 124 家企业在 2010—2015 年的面板数据，共计观测值 744 个，并据此进行实证分析。

值得说明的是，本文用技术优势和营销优势两个变量来衡量无形资产特定优势，这两个变量的测量需要获取样本企业各年度的研发费用和广告费用，然而我国会计准则将研发费用和广告费用分别计入管理费用和销售费用，并未明确要求上市公司必须披露研发费用和广告费用信息，因此在剔除了缺失研发费用和广告费用数据的上市公司样本之后，样本量比一般以制造业上市公司为研究对象时的样本量要小。这个问题在以往涉及研发费用和广告费用的研究中已经有所体现，例如黄嫚丽和蓝海林（2006）在进行了中国上市公司的全面数据搜集后发现，发生了国际化业务的 531 家企业中，同时披露研发费用和广告费用的只有 104 家。

3.2 变量设计与测量

（1）被解释变量：企业绩效。考虑到数据的可获得性和客观性，本文拟用会计指标来衡量企业的绩效。用来衡量企业绩效的常见会计指标有三种，分别是总资产报酬率（return on assets，ROA）、净资产收益率（return on equities，ROE）和销售利润率（return on sales，ROS）。总资产报酬率 ROA 能够体现企业运用所拥有的全部资产来获取利润的能力，是国内外学者在国际化与绩效关系研究中最常用的指标（Kirca et al.，2011），直至最近的国际一流研究中都有使用（Berry and Kaul，2016），因此本文也选择总资产报酬率 ROA 来衡量企业绩效。为了让计量分析结果更具有稳健性，本文同时采用了销售利润率 ROS 和净资产收益率 ROE 作为因变量进行回归分析。这三个指标的数据来源为国泰安 CSMAR 数据库。

（2）解释变量：国际化程度。对国际化程度进行测量的指标和方式有很多，陈立敏（2014）通过研究综述提出最具代表性的指标有：衡量国际化深度的 FSTS（foreign sales to total sales，海外销售额占总销售额的比重）、FATA（foreign assets to total assets，海外资产占总资产的比重）、FETE（foreign employees to total employees，海外雇员占总雇员数的比重），衡量国际化广度的 OSTS（overseas subsidiaries to total subsidiaries，海外子公司占全部子公司的比重），NOS（number of overseas subsidiaries，企业的海外子公司数量），NOC（number of overseas countries，海外子公司分布国数量），以及将多个维度以特定权重复合在一起的国际化复合指标。由于很多中国制造业上市公司的年报仅披露国外不同区域当年度发生的销售额，并没有提供诸如海外资产数、海外子公司数等信息，考虑到数据的可获得性，本文采用 FSTS 作为国际化程度的度量指标，它也是在国际化研究中最常用和最直接反映企业国际化状况的指标。本文的 FSTS 数据根据上市公司年报中的海外销售收入和国泰安 CSMAR 数据库中的主营业务收入相除得到。

（3）调节变量：无形资产特定优势和有形资产特定优势。国内外学者大多以技术优势和营销优势作为无形资产优势的代理变量（Lu and Beamish，2004；Lee and Rugman，2012），技术优势和营销优势的测量则分别采用研发密集度和广告密集度。研发密集度的计算为该企业研发费用占主营业务收入的比重，广告密集度的计算为该企业广告费用占主营业务收入的比重。有形资产优势则用固定资产优势即资本密集度来衡量，计算采用该企业固定资产占主营业务收入的比重。本文的研发费用数据和广告费用数据均来源于上市公司年报，固定资产数据和主营业务收入数据则来源于国泰安 CSMAR 数据库。

（4）控制变量。本文选取了五个控制变量：①企业规模（Size）：按照常规做法，用企业总资产的自然对数表示。②资本结构（Debt）：采用企业年末总负债与年末总资产的比率即资产负债率来反映。③企业年龄（Age）：用企业成立年份到 2015 年所经历的年数来衡量。此外，由于不同行业和不同年份可能对企业绩效产生影响，本文还在回归模型中加入了行业和年份的控制效应，行业控制依据中国证监会颁布的《上市公司行业分类指引》①进行，年份控制则根据样本时间区间为 2010—2015 年而设置五个虚拟变量。

表1　　　　　　　　　　　　　　　变量定义表

变量类型	变量名称		缩写	变量测量	数据来源
因变量	企业绩效		PERF	ROA＝净利润/总资产平均余额 ROE＝净利润/股东权益平均余额 ROS＝利润总额/销售收入	CSMAR 数据库
自变量	国际化程度		DOI	FSTS＝海外主营业务收入/主营业务收入	年报/CSMAR 数据库
调节变量	无形资产特定优势	技术优势	TA	研发密集度＝研发费用/主营业务收入	年报/CSMAR 数据库
		营销优势	MA	广告密集度＝广告费用/主营业务收入	年报/CSMAR 数据库
	有形资产特定优势	固定资产优势	CA	资本密集度＝固定资产/主营业务收入	CSMAR 数据库
控制变量	企业规模		Size	Size＝ln（总资产），总资产的自然对数	CSMAR 数据库
	资本结构		Debt	Debt＝年末总负债/年末总资产	CSMAR 数据库
	企业年龄		Age	Age＝$m-n+1$，m 为数据当年，n 为企业成立年份	CSMAR 数据库
	行业影响		Ind	依据中国证监会颁布的《上市公司行业分类指引》进行，将制造业上市公司分为十类并分别赋值为 1–10	作者编码
	年份影响		Year	样本时间区间为 2010—2015 年，六个年份依次赋值为 1~6	作者编码

---

① 中国上市公司的行业分类以及本研究在各类行业中的样本分布为：C0—食品、饮料，6家企业；C1—纺织、服装、皮毛，5家企业；C2—木材、家具，2家企业；C3—造纸、印刷，6家企业；C4—石油、化学、塑胶、塑料，16家企业；C5—电子，13家企业；C6—金属、非金属，19家企业；C7—机械、设备、仪表，42家企业；C8—医药、生物制品，13家企业；C9—其他制造业，2家企业。共计124家企业。

3.3 回归方程

为了研究中国企业国际化程度与绩效间可能存在的 U 形关系，以及企业特定优势对该关系的调节效应，本文选取了中国沪深证券交易所上市的 A 股制造业企业 124 家作为样本，其 2010—2015 年平衡面板数据共计观测值 744 个。具体回归方程如下：

$$\text{PERF}_{it} = \beta_0 + \beta_1 \text{DOI}_{it} + \beta_2 \text{DOI}_{it}^2 + \beta_3 M_{it} + \beta_4 \text{DOI}_{it} \times M_{it} + \beta_K Z_{it} + \gamma_i + \lambda_t + \varepsilon_{it} \tag{1}$$

$$I = 1, 2, \cdots, 124; \ t = 2010, \cdots, 2015$$

其中，PERF_{it} 为被解释变量，代表企业绩效；DOI_{it} 为解释变量，表示企业的国际化程度（degree of internationalization）；M_{it} 表示三个调节变量，即技术优势 TA（Technological Advantages）、营销优势 MA（Marketing Advantages）和固定资产优势 CA（Capital Advantages）；$\text{DOI}_{it} \times M_{it}$ 代表自变量国际化程度与三个调节变量 TA、MA、CA 的交互项；Z_{it} 表示选取的三个控制变量：企业规模、资本结构及企业年龄；γ_i 表示行业效应，λ_i 表示年份效应，ε_{it} 代表随机误差项。

4. 实证结果与分析

4.1 描述统计与多重共线性分析

表 2 为主要变量数据的相关系数矩阵与多重共线性分析。从表 2 可以看出，国际化程度（DOI）与企业绩效（PERF）的 Pearson 相关系数为 0.026，但相关关系不显著，因此极有必要以二次曲线形式进一步回归检验两者的确切关系。控制变量中企业规模（Size）、资本结构（Debt）和企业年龄（Age）与企业绩效的关系均显著，说明引进这些控制变量是合理的。从各变量之间的 Pearson 相关系数来看，变量之间的相关系数均小于 0.5，且方差膨胀因子 VIF 值低于 2，说明基本不存在多重共线性问题。

表2　　　　　　　　　　　变量数据的描述统计及多重共线性分析

变量	最大值	最小值	均值	SD	VIF	1	2	3	4	5	6	7	8
1. PERF	0.2744	-0.3264	0.0433	0.0457	1.17	1							
2. DOI	0.9965	0.1021	0.4053	0.2184	1.05	0.026	1						
3. TA	0.1760	0.0003	0.0272	0.0213	1.11	0.093 **	0.027	1					
4. MA	0.1617	0.0000	0.0067	0.0148	1.05	0.148 ***	-0.031	0.043	1				
5. CA	2.2619	0.0000	0.3373	0.3026	1.04	-0.210 ***	-0.006	-0.005	-0.175 ***	1			
6. Size	24.7181	19.0806	21.5277	0.8454	1.27	-0.066 *	-0.045	-0.097 ***	-0.041	-0.027	1		
7. Debt	0.9637	0.0075	0.3697	0.2025	1.44	-0.411 ***	-0.143 ***	-0.311 ***	-0.136 ***	0.034	0.419 ***	1	
8. Age	27.0000	2.0000	13.9436	5.2631	1.21	-0.259 ***	-0.200 ***	-0.135 ***	0.001	-0.044	0.303 ***	0.335 ***	1

注：N = 744；*、**、*** 分别表示相关系数在 0.1、0.05、0.01 的水平上显著。

4.2 面板数据回归

(1)估计方法。在使用 124 家样本企业的六年平衡面板数据进行计量分析之前，本文首先进行了估计方法的考量。考虑到本研究使用的是大 N 小 T 型面板数据，即截面宽而跨时短的面板数据，非常可能存在异方差，于是进行了 White 异方差检验，结果显示不管是以 ROA、ROE 还是 ROS 为因变量，六个回归模型均存在显著的异方差。异方差问题使得本研究需采用广义最小二乘法才能进行有效的参数估计，因此本文最终采用了可行性广义最小二乘法 FGLS 进行模型估计。

(2)回归模型。表 3 中的模型 1 为基础模型，仅加入三个控制变量：企业规模、资本结构和企业年龄，对企业绩效 ROA 进行回归。模型 2 为二次曲线模型，在控制变量的基础上加入了解释变量国际化程度 DOI 及其平方项 DOI^2。模型 3 至模型 5 进一步加入了调节变量技术优势、营销优势、固定资产优势及其分别与国际化程度的乘积项。模型 6 为全变量模型。此外，由于解释变量和调节变量往往与它们的乘积项高度相关，因此本文对交互项中的各变量进行了中心化处理以减小多重共线性问题。同时，为避免极端值和异常值对回归结果产生过大影响，本文对所有连续变量上下 1% 的样本都进行了缩尾处理。回归结果报告在表 3 中。

(3)回归结果分析。表 3 中六个模型的 FGLS 回归统计量 Wald chi^2 均在 0.01 水平上显著，因此可认为各个回归模型的估计结果均有统计效力。通过回归分析得到如下统计结果：①模型 1 基础模型显示，规模较大、资产负债率较低、企业年龄较小的企业具有更好的绩效。这三个控制变量的回归结果非常稳健，在模型 2 至模型 6 中不管是系数符号还是显著性均与模型 1 中完全一致。②模型 2 至模型 5 中 DOI^2 系数均显著为正而 DOI 系数均显著为负，说明中国企业的国际化程度与绩效呈现典型的 U 形关系，低国际化程度时与绩效负相关而高国际化程度时与绩效正相关，假设 1 得到支持。③加入调节变量的模型 3 至模型 5 中的交互项系数均十分显著，表明三种特定优势都能对主效应产生确定影响，然而它们产生影响的方向并不相同：固定资产优势显示出积极的调节作用（$\beta = 0.059$，$P<0.01$），说明有形资产特定优势能够增强中国企业的国际化-绩效正相关关系、减弱两者的负相关关系，假设 3 得到支持；但技术优势和营销优势显示出负向的调节作用（$\beta = -0.926$，$P<0.01$；$\beta = -2.440$，$P<0.01$），假设 2a 被拒绝而互斥假设 2b 得到支持，表明无形资产特定优势在中国企业的国际化-绩效关系中，目前并未发挥如同它在成熟经济体企业中的正向作用。④模型 6 为全变量模型，绝大部分系数的正负号和显著性均与前面五个模型的结果完全相同，仅 DOI^2 系数虽不显著但正负号与前面五个模型一致，因此可以认为上述各点结论具有较好的稳健性。

表 3　　企业特定优势对国际化-绩效关系的调节作用（以 ROA 为被解释变量）

解释变量	模型 1	模型 2	模型 3	模型 4	模型 5	模型 6
企业规模（Size）	0.011 *** (9.12)	0.011 *** (8.45)	0.010 *** (8.18)	0.011 *** (8.47)	0.009 *** (7.10)	0.009 *** (7.95)

解释变量	模型1	模型2	模型3	模型4	模型5	模型6
资本结构(Debt)	−0.085 ***	−0.086 ***	−0.080 ***	−0.084 ***	−0.087 ***	−0.085 ***
	(−17.06)	(−17.21)	(−15.42)	(−16.33)	(−17.37)	(−16.51)
企业年龄(Age)	−0.001 ***	−0.001 ***	−0.001 ***	−0.001 ***	−0.001 ***	−0.001 ***
	(−7.88)	(−8.51)	(−8.24)	(−8.10)	(−6.64)	(−7.38)
国际化程度(DOI)		−0.052 ***	−0.043 ***	−0.050 ***	−0.037 **	−0.029 *
		(−3.30)	(−2.64)	(−2.94)	(−2.17)	(−1.69)
国际化程度二次方 (DOI^2)		0.043 ***	0.033 **	0.040 **	0.033 *	0.021
		(2.70)	(2.04)	(2.31)	(1.93)	(1.24)
技术优势(TA)			0.017			0.003
			(0.32)			(0.05)
营销优势(MA)				0.307 ***		0.245 **
				(3.06)		(2.53)
固定资产优势(CA)					−0.027 ***	−0.024 ***
					(−9.66)	(−8.96)
国际化程度×技术优势 (DOI×TA)			−0.926 ***			−0.939 ***
			(−3.88)			(−3.89)
国际化程度×营销优势 (DOI×MA)				−2.440 ***		−2.223 ***
				(−4.51)		(−4.18)
国际化程度×固定资产优势 (DOI×CA)					0.059 ***	0.055 ***
					(3.99)	(3.67)
常量(_cons)	−0.147 ***	−0.121 ***	−0.118 ***	−0.123 ***	−0.073 ***	−0.091 ***
	(−5.73)	(−4.54)	(−4.47)	(−4.62)	(−2.72)	(−3.54)
行业(Ind)	控制	控制	控制	控制	控制	控制
年份(Year)	控制	控制	控制	控制	控制	控制
样本量(N)	744	744	744	744	744	744
Wald chi²	650.32 ***	669.43 ***	678.97 ***	690.01 ***	765.01 ***	941.31 ***

注：① * 、** 、*** 分别表示在 0.1、0.05、0.01 的水平上显著；②括号中数值表示回归系数的 Z 统计量；③交互项中的各变量都进行了中心化处理而避免多重共线性。

4.3 U 形关系的进一步验证：三次项检验

我们根据 Hanns 等(2016)的观点，对 U 形关系进行了加入三次项的验证，即在纳入了二次项的回归模型拟合结果显著后，再将三次项 X^3 放入模型观察是否有可能是三次方关系。如果三次项不显著，则说明 X 与 Y 只是二次关系①。因此本文继续在模型中纳入国际化程度的三次方项 DOI^3，以探索中国企业的国际化与绩效间关系是否为三次方关系，即水平 S 型或 N 型关系。纳入三次方项 DOI^3 后的回归方程如下：

$$PERF_{it}=\beta_0+\beta_1 DOI_{it}+\beta_2 DOI_{it}^2+\beta_3 DOI_{it}^3+\beta_4 M_{it}+\beta_5 DOI_{it}\times M_{it}+\beta_K Z_{it}+\gamma_i+\lambda_t+\varepsilon_{it} \quad (2)$$

$$I=1, 2, \cdots, 124; t=2010, \cdots, 2015$$

公式(2)中的字符所指均与前文公式(1)相同。解释变量国际化程度 DOI 仍然用 ROA 度量。运用 Wald 检验对纳入了三次方项 DOI^3 后的每一个回归模型进行异方差检验，结果显示 Wald 检验的统计量均在 0.01 的水平上显著，模型仍然存在异方差问题。沿用 FGLS 的回归方法预估模型，回归结果见表4。

表4中六个模型的 FGLS 回归统计量 Wald chi² 均在 0.01 水平上显著，因此各个回归模型的估计结果均有统计效力。模型1是仅加入了三个控制变量的基础模型，模型2中解释变量国际化程度 DOI 的一次方项、二次方项和三次方项均不显著（$\beta=-0.036$，$P>0.1$；$\beta=0.007$，$P>0.1$；$\beta=0.023$，$P>0.1$），说明国际化程度与绩效间没有显著的三次方关系。模型3-模型5分别加入了技术优势、营销优势和资本优势作为调节变量，但解释变量国际化程度 DOI 的一次方项、二次方项和三次方项仍然不显著，仅在全变量模型6中才分别在 0.05、0.1 和 0.1 的水平上显著，即仅在模型6中呈现出不强的三次方关系。此外，模型2-模型6中三次方项 DOI^3 的系数符号时正时负，进一步表明了三次方曲线的形状并不稳定。因此综合来看，国际化程度与绩效间不是三次方的关系，支持了中国企业的国际化程度与绩效间的 U 形关系具有稳健性。

表4　　　　**U 形关系的进一步检验：加入国际化程度三次项 DOI^3 的重新回归**

解释变量	模型1	模型2	模型3	模型4	模型5	模型6
企业规模（Size）	0.011 *** (9.12)	0.011 *** (8.48)	0.010 *** (8.27)	0.011 *** (8.56)	0.009 *** (7.10)	0.009 *** (7.89)
资本结构（Debt）	−0.085 *** (−17.06)	−0.085 *** (−17.15)	−0.080 *** (−15.48)	−0.084 *** (−16.35)	−0.087 *** (−17.29)	−0.085 *** (−16.60)
企业年龄（Age）	−0.001 *** (−7.88)	−0.001 *** (−8.35)	−0.001 *** (−8.18)	−0.001 *** (−8.03)	−0.001 *** (−6.56)	−0.001 *** (−7.33)
国际化程度（DOI）		−0.036 (−0.70)	−0.094 * (−1.76)	−0.062 (−1.16)	−0.035 (−0.69)	−0.110 ** (−2.16)

① Hanns 等（2016）论文中的相关原文表述为："Adding a cubic term（X^3）to Equation 1 tests whether the relationship is perhaps S-shaped rather than U-shaped. Seven articles（6%）report that they performed this robustness check, finding that the cubic term did not improve model fit, and thus provide stronger support for a quadratic relationship."这一加入三次方进行 U 形验证的严谨做法，在他们统计的一流期刊论文中也仅占 6%。

解释变量	模型1	模型2	模型3	模型4	模型5	模型6
国际化程度二次方 （DOI²）		0.007 （0.07）	0.150 （1.30）	0.067 （0.58）	0.031 （0.27）	0.209* （1.86）
国际化程度三次方 （DOI³）		0.023 （0.32）	−0.077 （−1.03）	−0.018 （−0.24）	0.001 （0.01）	−0.125* （−1.70）
技术优势（TA）			0.017 （0.33）			−0.001 （−0.03）
营销优势（MA）				0.303*** （3.02）		0.235** （2.41）
固定资产优势（CA）					−0.027*** （−9.38）	−0.025*** （−9.11）
国际化程度×技术优势 （DOI×TA）			−0.996*** （−4.06）			−1.028*** （−4.20）
国际化程度×营销优势 （DOI×MA）				−2.470*** （−4.56）		−2.333*** （−4.35）
国际化程度×固定资产优势 （DOI×CA）					0.059*** （3.95）	0.052*** （3.49）
常量（_cons）	−0.147*** （−5.73）	−0.124*** （−4.52）	−0.113*** （−4.14）	−0.123*** （−4.47）	−0.074*** （−2.66）	−0.078*** （−2.93）
行业（Ind）	控制	控制	控制	控制	控制	控制
年份（Year）	控制	控制	控制	控制	控制	控制
样本量（N）	744	744	744	744	744	744
Wald chi²	650.32***	662.57***	673.00***	689.78***	759.98***	964.40***

注：①*、**、***分别表示在0.1、0.05、0.01的水平上显著；②括号中数值表示回归系数的Z统计量；③交互项中的各变量都进行了中心化处理而避免多重共线性。

4.4 稳健性检验

为验证上述结论的可靠性，本文采用变量替换方法进一步进行了稳健性检验，将因变量企业绩效的测量指标总资产报酬率（ROA）替换成净资产收益率（ROE）和销售利润率（ROS），再分别重新进行回归，具体结果见表5和表6。在这两个指标进行替换后的回归模型中，除变量系数发生细微变化以及少数显著性水平略微变化以外，所有模型中变量的符号及显著性均与表3保持一致，主要结论未发生任何变化。因此，本文的研究结果具有较高的可靠性。

表 5　企业特定优势对国际化-绩效关系的调节作用：以 ROE 为替换被解释变量的稳健性检验

变量	模型 1	模型 2	模型 3	模型 4	模型 5	模型 6
企业规模(Size)	0.020 ***	0.018 ***	0.017 ***	0.019 ***	0.015 ***	0.015 ***
	(8.48)	(7.46)	(7.08)	(7.85)	(5.98)	(6.36)
资本结构(Debt)	−0.042 ***	−0.040 ***	−0.032 ***	−0.039 ***	−0.042 ***	−0.040 ***
	(−4.57)	(−4.38)	(−3.30)	(−4.19)	(−4.48)	(−4.11)
企业年龄(Age)	−0.002 ***	−0.002 ***	−0.002 ***	−0.002 ***	−0.002 ***	−0.002 ***
	(−7.68)	(−7.61)	(−7.40)	(−8.11)	(−5.52)	(−5.96)
国际化程度(DOI)		−0.078 ***	−0.060 **	−0.072 **	−0.068 **	−0.056 *
		(−2.74)	(−1.97)	(−2.45)	(−2.12)	(−1.75)
国际化程度二次方		0.063 **	0.044	0.055 *	0.059 *	0.043
(DOI^2)		(2.25)	(1.50)	(1.92)	(1.86)	(1.37)
技术优势(TA)			0.007			−0.015
			(0.08)			(−0.15)
营销优势(MA)				0.504 ***		0.378 **
				(3.11)		(2.35)
固定资产优势(CA)					−0.043 ***	−0.040 ***
					(−8.31)	(−7.64)
国际化程度×技术优势			−1.228 ***			−1.252 ***
(DOI×TA)			(−3.01)			(−2.95)
国际化程度×营销优势				−3.457 ***		−3.040 ***
(DOI×MA)				(−3.99)		(−3.46)
国际化程度×固定资产优势					0.107 ***	0.104 ***
(DOI×CA)					(3.88)	(3.70)
常量(_cons)	−0.312 ***	−0.257 ***	−0.251 ***	−0.274 ***	−0.164 ***	−0.185 ***
	(−6.39)	(−4.98)	(−4.78)	(−5.36)	(−3.11)	(−3.53)
行业(Ind)	控制	控制	控制	控制	控制	控制
年份(Year)	控制	控制	控制	控制	控制	控制
样本量(N)	744	744	744	744	744	744
Wald chi^2	238.79 ***	216.88 ***	207.10 ***	265.26 ***	273.72 ***	331.26 ***

表 6　企业特定优势对国际化-绩效关系的调节作用：以 ROS 为替换被解释变量的稳健性检验

变量	模型 1	模型 2	模型 3	模型 4	模型 5	模型 6
企业规模(Size)	0.014 ***	0.013 ***	0.014 ***	0.013 ***	0.013 ***	0.014 ***
	(7.91)	(6.94)	(8.25)	(6.98)	(7.30)	(8.42)

变量	模型 1	模型 2	模型 3	模型 4	模型 5	模型 6
资本结构(Debt)	−0.202 *** (−24.73)	−0.198 *** (−24.18)	−0.187 *** (−22.77)	−0.211 *** (−26.98)	−0.199 *** (−23.87)	−0.194 *** (−24.07)
企业年龄(Age)	−0.001 *** (−3.58)	−0.001 *** (−2.91)	−0.001 ** (−2.22)	−0.001 ** (−2.24)	−0.001 *** (−3.52)	−0.001 ** (−2.04)
国际化程度(DOI)		−0.037 (−1.40)	−0.014 (−0.55)	−0.045 (−1.64)	−0.051 * (−1.93)	−0.041 (−1.46)
国际化程度二次方 (DOI^2)		0.054 ** (1.98)	0.030 (1.08)	0.064 ** (2.25)	0.073 *** (2.59)	0.060 ** (2.04)
技术优势(TA)			0.404 *** (4.75)			0.439 *** (5.01)
营销优势(MA)				0.124 (0.71)		0.098 (0.57)
固定资产优势(CA)					−0.002 (−0.46)	−0.001 (−0.19)
国际化程度×技术优势 (DOI×TA)			−1.071 *** (−2.77)			−1.079 *** (−2.75)
国际化程度×营销优势 (DOI×MA)				−4.262 *** (−4.57)		−3.995 *** (−4.26)
国际化程度×固定资产优势 (DOI×CA)					0.068 ** (2.48)	0.043 (1.47)
常量(_cons)	−0.130 *** (−3.46)	−0.103 ** (−2.53)	−0.154 *** (−4.03)	−0.097 ** (−2.38)	−0.106 *** (−2.66)	−0.147 *** (−3.90)
行业(Ind)	控制	控制	控制	控制	控制	控制
年份(Year)	控制	控制	控制	控制	控制	控制
样本量(N)	744	744	744	744	744	744
Wald chi^2	1102.98 ***	1129.79 ***	1213.57 ***	1270.81 ***	1296.11 ***	1429.91 ***

表 5 与表 6 注：①＊、＊＊、＊＊＊分别表示在 0.1、0.05、0.01 的水平上显著；②括号中数值表示回归系数的 Z 统计量；③交互项中的各变量都进行了中心化处理而避免多重共线性。

5. 结论与启示

5.1 研究结论及实践启示

中国对外直接投资已连续 16 年高速增长，存量仅次于美国位居世界第二。然而，在积极倡导中国经济不仅需要高速度增长、更需要高质量发展的改革开放四十多年后的今天，中国"走出去"企业的国际化绩效状况到底怎样？本文以中国企业这一典型新兴经济体中的后发企业作为研究对象，比照发达国家的既往实证结果和国际化-绩效关系的主流解释理论，在改革开放四十周年的时间节点上进行该关系分析，并深入探讨了在企业开展国际化活动之后，企业所拥有的特定优势对国际化-绩效关系的后续影响如何。通过选取2010—2015年发生了明显国际化行为的124家中国制造业A股上市企业为研究样本，经过面板数据分析而得出以下结论：

（1）中国企业的国际化程度与绩效之间呈现典型的U形关系，即低国际化程度时与绩效负相关、高国际化程度时与绩效正相关的状态。这一U形关系经过了严格的方法检验，如第一象限呈现曲线拐点、加入三次方项符号不稳定且缺乏显著性等。这说明中国企业在刚进入国际市场时受到较多的"新入者劣势"和"外来者劣势"影响，需要面对陌生环境中各种不熟悉的问题，从而付出大量的学习成本，导致比国内付出更多的投入才能在国际市场站住脚跟，因此在国际化初期出现国际化程度与收益变动负相关的现象。随着国际化进程的深入，当企业跨过"交学费"和"水土不服"的阶段时，国际化产生的收益就会超过为其投入的成本，国际化活动就能提升企业的绩效。与发达国家相比，作为后发企业的中国企业开始国际化的时间较晚，不少企业的国际化程度还较低而处于U形关系的前半段，这使得很多企业因为绩效不理想而对国际市场望而却步。然而在了解了这一国际化-绩效的U形关系规律之后，中国企业仍应勇于尝试国际化，积极融入东道国而减低外来者劣势和新入者劣势，并凭借自己的特定优势与当地企业竞争，尽早进入国际化程度与收益变动正相关的深度国际化阶段。

（2）企业的特定优势能显著影响其国际化活动与绩效的关系。具体而言，有形资产特定优势对中国企业的国际化-绩效调节作用为正，无形资产特定优势的作用为负，而两种无形资产特定优势的副作用中，技术优势又比营销优势对企业国际化绩效的消极作用更为明显。这说明技术和营销等无形资产特定优势目前在中国企业的国际化与绩效关系中还未能发挥积极作用，反之，固定资产设备等有形资产特定优势在中国企业的国际化-绩效关系能产生正向调节作用。这一研究结论表明，如果不考虑每个企业的特定优势状况，一味强调减低价值链中的制造环节投入、将企业资源从有形资产优势转变为无形资产优势，这一愿望的出发点虽好但未必适合大多数中国企业，轻资产运营模式也不是普遍适用的制造业升级方式。虽然很多研究表明技术和营销等无形资产优势有助于企业提升核心竞争力，因此企业与政府均有共识而将资源倾斜投放于研发工作和营销活动，但本研究显然表明各类企业的优势所在是不同的，各个企业提升绩效的方式也不能一概而论。中国作为典型的新兴经济体和著名的世界工厂，很多企业的特定优势仍然是大量固定资产设备所体现出的强大制造能力，而在无形资产特定优势的积累上还有待时日。短期内的大量技术与营销投入不仅无法使其竞争优势超越发达国家先进企业，反而可能由于研发成本和广告成本较多而出现不理想的国际化绩效。显然，在目前中国企业的国际化过程中，仍然是有形资产特定优势发挥着更为有效的绩效提升作用，帮助企业获得更好的国际市场利润。

5.2　理论贡献与创新之处

（1）本文采取独特的国际化-绩效研究视角，延续并发展了企业特定优势的理论逻辑。

拥有特定优势是企业进行对外直接投资活动的关键动因，这一点已成为海默以来当代跨国公司理论的共识（Hymer，1960；Dunning，1988；Rugman and Verbeke，2001）。值得进一步深入探讨的是，当企业已经开展国际化活动之后，这些特定优势是否确实和初衷一样，会对其国际化-绩效关系产生积极的后续影响？尽管在理论逻辑上特定优势能够帮助企业克服海外投资的附加成本、抵消东道国当地企业的优势，但在实证研究中尚缺乏这一特定视角的检验。本研究将企业特定优势作为国际化-绩效关系的调节因素而引入到实证中，在理论上将突破以往单纯将企业特定优势作为国际化动因的窠臼，转而检验当企业已经开展国际化活动之后这些特定优势所产生的后续影响，可以更加深入地了解特定优势在企业国际化过程中的作用。

（2）本文将特定优势分为有形资产特定优势和无形资产特定优势两类，更准确地分析了企业特定优势对国际化绩效的多重作用。以往文献在研究企业特定资产对国际化-绩效关系的调节作用时，大部分采用研发密集度和广告密集度来衡量，即主要关注无形资产特定优势对企业国际化-绩效关系的作用（Kirca，2011），而忽视了有形资产特定优势的影响。本文将企业特定优势分为两类并分别研究它们对中国企业国际化绩效的影响，得出了有形资产正向调节但无形资产优势负向调节国际化-绩效关系的结论，不仅具有创新性的理论价值，同时具有实践意义，能够指导中国企业更加准确地了解自身优势所在并充分发挥之，而不是以简单模仿方式进行价值链升级和无形资产构造。

（3）本文选择属于新兴经济体和处于转型经济期的中国企业为研究对象，得出有别于既有经典文献中对发达经济体大量研究的不同结论。本文之所以得出与以往主流研究不同的结论，发现有形资产正向调节、而无形资产优势负向调节企业的国际化-绩效关系，一个重要原因就是研究对象——发展中国家的后发国际化企业，与发达国家中的先行国际化企业具有不同的特点，它们不仅所处的国际化阶段不同，而且所拥有的企业特定优势也相异。本文的研究方式和结论对现有研究进行了重要的理论创新和观点修正，有助于今后本领域研究得出更为准确无偏的研究结论。

5.3 不足之处与未来方向

（1）样本性质与数量的限制。尽管更多的中国"走出去"企业并非公众公司，包括一些非常有影响力的国际化企业如华为等，但是由于数据可得性原因，本文以中国制造业上市公司为研究样本。同时，由于本文按照国际主流的国际化判断标准，仅选取 FSTS 大于10%、发生了明显国际化的企业进行研究，而我国会计准则将研发费用和广告费用分别计入管理费用和销售费用、并未明确要求上市公司必须披露研发费用和广告费用信息，因此根据这几项标准对 FSTS 小于10%、缺失研发费用数据和广告费用数据的上市公司样本予以剔除后，样本量不可避免地大为减少。尽管这个问题在以往有关中国企业国际化程度、研发费用和广告费用的实证研究中都难以避免，但仍然是一个缺憾。

（2）国际化指标选取的限制及对具体国别研究的影响。本研究中的国际化程度只采用了国际化深度指标，而没有采用国际化广度指标，而且在国际化深度指标中，也只采用了最具代表性的 FSTS 即海外销售额占总销售额的比重。一方面固然是因为 FSTS 本身正是最常用和最直接反映企业国际化状况的指标，另一方面也是由于数据可得性的限制——大多数中国上市企业报告了可以计算出 FSTS 的出口额和海外销售数据(薛有志和周杰，2007)，而获得其他国际化程度指标则存在或多或少的困难。正是由于这一原因，还有一些很重要的国际化-绩效关系影响因素——例如母国与东道国之间的制度与市场差异等，目前尚无法纳入研究，因为无法获得上市公司在各个具体东道国进行投资和销售的数据，只能获得各家样本企业的海外销售总额。

针对这几点不足，未来的相关研究可重点针对研究对象、研究样本、研究指标进行扩展，既可将本研究扩展到更多其他国家企业和非上市公司，也可对国际化程度指标的测度进行改良，并在研发费用和广告费用等重要变量数据的采集上开拓新路径。这些工作可能需要采用问卷、调研等一手数据采集方式，或者发掘其他国家的数据库来源——既可包括其他新兴经济体国家，也可包括发达经济体中的其他制造业强国如德国、日本等，以进一步探索企业特定优势对国际化-绩效关系影响的多重性是与新兴经济体与发达经济体的差异相关，还是与制造业强国与非制造业强国的差异相关。

◎ 参考文献

[1] 陈立敏.国际化战略与企业绩效关系的争议：国际研究评述[J].南开管理评论，2014(5).

[2] 陈岩.产品多元化战略、企业资源异质性与国际化绩效：对中国 2008—2011 年制造业上市公司的经验检验[J].管理评论，2014(12).

[3] 黄嫚丽，蓝海林.特定优势视角的我国企业国际化程度与企业绩效的关系研究[M].北京：经济科学出版社，2006.

[4] 裴长洪，郑文.国家特定优势：国际投资理论的补充解释[J].经济研究，2011(11).

[5] 王智波，李长洪.轻资产运营对企业利润率的影响——基于中国工业企业数据的实证研究[J].中国工业经济，2015(6).

[6] 吴晓波，周浩军.国际化战略、多元化战略与企业绩效[J].科学学研究，2011(9).

[7] 薛有志，周杰.产品多元化、国际化与公司绩效——来自中国制造业上市公司的经验证据[J].南开管理评论，2007(3).

[8] 中华人民共和国商务部，中华人民共和国国家统计局，国家外汇管理局.2016 年度中国对外直接投资统计公报[R].北京：中国统计出版社，2018.

[9] Barney, J. Firm resources and sustained competitive advantage [J]. *Journal of Management*, 1991, 17(1).

[10] Berry, H., Kaul, A. Replicating the multinationality-performance relationship: Is there an s-curve? [J]. *Strategic Management Journal*, 2016, 37(11).

[11] Caves, R. E. International corporations: The industrial economics of foreign investment [J]. *Economica*, 1971, 38(149).

[12] Collins, J. M. A market performance comparison of U. S. firms active in domestic developed and developing countries [J].*Journal of International Business Studies*, 1990, 21(2).

[13] Contractor, F. J., Kundu, S. K., Hsu C. C. A three-stage theory of international expansion:

The link between multi-nationality and performance in the service sector[J]. *Journal of International Business Studies*, 2003, 34(1).

[14] Dau, L. A. Learning across geographic space: Pro-market reforms, multinationalization strategy, and profitability [J]. *Journal of International Business Studies*, 2013, 44(3).

[15] Delios, A., Beamish, P. W.Geographic scope, Product diversification, and the corporate performance of Japanese firms[J]. *Strategic Management Journal*, 1999, 20(8).

[16] Denis, D. J., Denis, D. K.,Yost, K. Global diversification, industrial diversification, and firm value [J]. *Journal of Finance*, 2002, 57(5).

[17] Dunning J. H. The eclectic paradigm of international production: Arestatement and some possible extension [J]. *Journal of International Business Studies*, 1988, 19(3).

[18] Elango, B., Sethi S. P. An exploration of the relationship between country of origin (COE) and the internationalization-performance paradigm[J]. *Management International Review*, 2007, 47(3).

[19] Erramilli, M. K., Agarwal, S., Kim, S. S. Are firm-specific advantages location-specific too? [J]. *Journal of International Business Studies*, 1997, 28(4).

[20] Geringer, M. J., Beamish, P. W., Dacosta, R. C. Diversification strategy and internationalization: Implications for MNE performance [J]. *Strategic Management Journal*, 1989, 10(2).

[21] Grant, R.M.Multi-nationality and performance among British manufacturing companies [J]. *Journal of International Business Studies*, 1987,18(3).

[22] Haans, R. F. J., Pieters, C., He, Z. L. Thinking about U: Theorizing and testing U- and inverted U-Shaped relationships in strategy research[J]. *Strategic Management Journal*, 2016, 37(7).

[23] Hennart, J. F.The theoretical rationale for a multi-nationality performance relationship [J]. *Management International Review*, 2007, 47(3).

[24] Hymer, S. H. The international operations of national firms: A study of direct foreign investment [D], 1960.

[25] Kim, H.,Hoskisson, R. E., Lee, S. H. Why strategic factor markets matter: "New" multinationals' geographic diversification and firm profitability [J]. *Strategic Management Journal*, 2015, 36(4).

[26] Kirca, A. H., Hult, G. T. M., Roth, K.,et al. Firm-specific assets, multinationality, and financial performance: A meta-analytic review and theoretical integration [J]. *Academy of Management Journal*, 2011, 54(1).

[27] Lee, I. H.,Rugman, A. M. Firm-specific advantages, inward FDI origins, and performance of multinational enterprises[J]. *Journal of International Management*,2012,2(18).

[28] Li, L., Qian, G. M., Qian, Z. M. The performance of small and medium-sized technology-based enterprises: Do product diversity and international diversity matter? [J]. *International Business Review*, 2012, 21(5).

[29] Lu, J. W., Beamish, P. W. International diversification and firm performance: The S-curve hypothesis [J]. *Academy of Management Journal*, 2004, 47(4).

[30] Powell, K. S. From M-P to MA-P: Multinationality alignment and performance [J]. *Journal of International Business Studies*, 2014, 45(2).

[31] Rugman A. M., Verbeke, A. Subsidiary-specific advantage in multinational enterprises[J]. *Strategic Management Journal*, 2001, 22(3).

[32] Sullivan, D. Measuring the degree of internationalization of a firm [J]. *Journal of International Business Studies*, 1994, 25(2).

[33] Thomas, D. E. International diversification and firm performance in mexican firms: A curvilinear role of social networks [J]. *Journal of Business Research*, 2006, 59(4).

[34] Tsao, S. M., Chen, G. Z. The impact of internationalization on performance and innovation: The moderating effects of ownership concentration [J]. *Asia Pacific Journal of Management*, 2012, 29(3).

[35] Wernerfelt, B. A resource-based view of the firm[J]. *Strategic Management Journal*, 1984, 5(2).

[36] Xiao, S. S., Jeong, I., Moon, J. J., et al. Internationalization and performance of firms in China: Moderating effects of governance structure and the degree of centralized control [J]. *Journal of International Management*, 2013, 19(2).

[37] Yang, Y., Driffield, N. Multinationality-performance relationship [J]. *Management International Review*, 2012, 52(1).

[38] Zaheer, S. Overcoming the liability of foreignness [J]. *Academy of Management Journal*, 1995, 38(2).

The Influence of Firm Specific Advantages on International Performance: Testifying the Moderating Effect to a U-curve Relationship

Chen Limin[1]   Li Haoyu[2]   Kuang Bei[3]

(1, 2, 3   Economics and Management School of Wuhan University, Wuhan, 430072)

Abstract: China's outward direct investment has been growing rapidly for continuous 16 years, only next to the U. S. and is the No. 2 in the world for ODI stocks. However, today China prefers high quality development to high speed growth, so how about the performance of China going abroad firms? Especially, what is the role of firm specific advantages (FSA) to China firms' internationalization-performance relationship? We analyzed the main effect of internationalization-performance relationship as well as the moderating effect based on FSA perspective, since this innovative analysis will make a breakthrough to the old theoretic perspective which only takes FSA as the motivator of internationalization, instead, we tested whether FSA really had positive influence on international performance after firms' transnational operations. As for practical values, this innovative analysis could find out which is the most important factor to China firms' performance-enhancing, the tangible FSA based on large-scale manufacturing or the intangible FSA aiming innovation-driven strategy. We analyzed panel data of China listed firms in manufacturing industry from 2010 to 2015 and got following results: The relationship of China's internationalization-performance appeared to be U-curve; FSA had significant moderating effects on firm's internationalization-performance relationship. More specifically, the tangible asset advantages had positive moderating effect, but the intangible asset advantages including technical advantage and marketing advantage had negative moderating effect. Unlike many previous researches, our finding showed that it was very different between the internationalization of China firms and leading companies in developed countries. As a typical emerging economy and the famous world factory, the advantages of many China firms are still manufacturing abilities lying in massive equipments, and they still need to accumulate tangible asset advantages to improve their international performance.

Key words: Internationalization; Performance; Firm specific advantage; Moderating effect; China listing enterprise

责任编辑: 路小静

私募股权投资的行业专业化
与被投资企业的绩效表现*

● 周嘉南[1]   苏 婳[2]

（1，2 西南交通大学经济管理学院 成都 610031）

【摘 要】以 2009—2016 年创业板上市公司为样本，手工收集私募股权投资基金的个体特征和投资特征数据，实证检验了 PE 的行业专业化对被投资企业绩效表现的影响。研究发现：PE 的行业专业化越高，企业绩效表现越好。进一步分析积极影响的机理发现：行业专业化的 PE 不能事前筛选优质企业；行业专业化的 PE 能够通过抑制盈余管理、提高企业的薪酬业绩敏感度提升企业绩效。本研究丰富了我国 PE 的行业专业化方面的文献，有利于帮助利益相关者深入理解 PE 的行为和机理，对企业管理者及私募股权投资未来的发展具有一定的参考价值和启示作用。

【关键词】私募股权投资 行业专业化 事前筛选 盈余管理 薪酬业绩敏感度

中图分类号：F832.48   文献标识码：A

1. 引言

私募股权投资（Private Equity，PE）主要通过非公开的方式筹集资本，然后对非上市公司进行权益性投资，通过推动公司发展、增值，以上市、并购、股权转让、管理层收购等方式实现退出并获得收益。已有不少国外学者的研究验证了 PE 对投资企业的积极作用（Bruton et al.，2010；Siegel & Wessner，2012；Bernstein et al.，2016），但是也有学者持相反的观点（Hadass et al.，2005；Gangi & Lombardo，2008；蔡宁，2015）。可以发现，无论是基于成熟市场还是新兴市场的研究，学者们关于私募股权投资对企业的影响尚未达成一致观点，可能的原因在于不同特征的 PE 在投资动机、管理能力，以及专业水平等方面

---

* 本文所指的私募股权投资指广义的私募股权投资，投资对象包括处于种子期、初创期、扩张期、成熟期和 Pre-IPO 各个时期的企业，按照投资阶段可划分为创业投资、发展资本、并购基金、夹层资本、重振资本、Pre-IPO 资本。

通讯作者：苏婳，E-mail：15108379472@ 163. com。

存在差异，因此对企业的影响也不同（Bacon & Meuleman，2013）。行业专业化投资策略是 PE 的重要特征之一，专业化能够提高 PE 对知识和信息的整合、吸收能力，提升学习的效率，从而增强 PE 的投资能力。Cressy 等（2007）研究发现高行业专业化的 PE 参与企业绩效比低行业专业化的 PE 参与企业高 8.5%；Gompers 等（2009）研究发现行业专业化的风投有更好的投资绩效；Rigamonti 等（2016）发现，行业专业化的 PE 能够在更短的时间内退出，并且通过 IPO 退出的可能性更高。行业专业化的 PE 通过投资特定的行业，累积了深厚的市场、产品、管理等知识和才能，以及特定行业的人脉和社会资源，能够提供更加有效的建议、监督和服务，帮助改善企业的治理和经营绩效。国内研究中，党兴华等（2014）研究发现，行业专业化投资策略对风投机构投资绩效有显著正向影响。黄福广等（2016）与邓超等（2017）研究发现，行业专业化的风投能够提高企业的研发创新能力。董静等（2017）研究发现，风投机构的行业专业化能够显著增强增值服务的正向影响。但目前国内尚未有直接探讨 PE 的行业专业化对企业绩效表现的作用和机理的文献研究。Jensen（1989）认为 PE 作为积极的投资者，能够通过监督和激励机制降低代理成本，提高企业价值，PE 已经成为愈发重要的调整组织结构的公司治理机制。已有国外学者发现 PE 能够通过积极的监管降低企业盈余管理从而提高企业绩效（Xie et al.，2003），但国内研究大多发现 PE 的参与会提高企业上市前后的盈余管理进而损坏企业长期业绩（贾宁和李丹，2011；蔡宁，2015）。行业专业化的 PE 为了维护积累的行业声誉，会投入大量时间精力参与企业经营管理，并且其深厚的专业知识、经验及资源能够为企业提供更有效的帮助和监督，提升企业治理的效率和效果。因此，本文结合企业治理的监督机制和激励机制分析了行业专业化的 PE 对企业绩效的作用机理。

本文的贡献在于：（1）丰富了私募股权投资与企业绩效相关的研究。目前，我国私募股权投资领域的研究对 PE 的行业专业化关注较少，尚未有文献直接研究 PE 的行业专业化对企业绩效表现的影响。（2）本文将以往文献提出的 PE 个体特征和投资特征进行总结，并结合这些特征变量进一步检验了 PE 的行业专业化对企业绩效的影响，能够加深对 PE 行为和动机的理解。（3）本文从监督和激励机制这两个方面入手，深入分析了行业专业化的 PE 对企业绩效的影响路径，研究发现行业专业化的 PE 通过抑制盈余管理、提高薪酬业绩敏感度而提升了被投资企业的绩效表现，这填补了 PE 的行业专业化与企业绩效表现相关研究的空白。（4）国内 PE 行业存在放弃价值投资理念，集中投资 Pre-IPO 项目，非理性投资增加，以及同质化严重，缺乏核心竞争力等问题。本文的研究结论说明行业专业化的 PE 对被投资企业绩效以及抑制盈余管理行为、提高治理效率都有正向影响，由此打造 PE 的核心竞争力和声誉，对于目前我国 PE 的转型有重要的启示作用。

2. 理论分析与研究假设

2.1 私募股权投资与被投资企业的绩效表现

认证假说（Megginson & Weiss，1991）及监督、筛选假说（Barry et al.，1990）认为 PE 作为专业的投资和基金管理者，能够在投资时筛选优质企业，评估企业的经营财务状况和未来盈利能力，并通过与其他投资机构、银行等建立的广泛信息网络深入调查企业真实信息。PE 投资后还会投入大量的时间精力，积极参与企业的经营管理和决策制订，甚至派驻董事、监事为企业提供生产、财务、战略、供应链管理等各个方面的增值服务，通过激励、监督、约束等方式完善企业的治理结构，提升企业价值（Gompers，1995；李九斤等，2015）。

然而，逆向选择假说（Amit et al.，1990）认为劣质企业为了获得融资及 PE 在管理、资源和上市筹备等方面提供的建议和帮助，会采用粉饰业绩等手段以较高的资本成本吸引 PE 投资，而优质企业能够通过自身的运营积累足够的资本，或是有其他成本更低的融资途径，导致 PE 并不能选择优质企业。杨其静等（2015）研究发现 PE 不具有事前甄选和事后监管的能力。逐名假说（Gompers，1996）提出成立时间较短的 PE 为了赚取丰厚利润以投资更多项目，并传递自身能力信号、累积市场声誉，会促使尚未成熟的企业上市，可能导致企业上市后业绩变脸，长期走低。据此，本研究提出假设：

H1a：相比于没有 PE 参与的企业，有 PE 参与的企业绩效表现更好；

H1b：相比于没有 PE 参与的企业，有 PE 参与的企业绩效表现更差。

2.2 私募股权投资的行业专业化与被投资企业的绩效表现

首先，作为外部投资者，PE 投资企业时存在信息不对称及由此带来的逆向选择问题；并且 PE 多投资于中小企业及创业企业，加剧了投资的不确定性和风险。而当 PE 在某个行业不断积累知识、经验和人脉资源时，信息不对称和不确定性会大幅度降低。Cressy 等（2007）认为拥有丰富专业知识、经验及广泛的行业信息网络和资源的 PE 能够在投资前深入调查评估企业的真实经营状况和未来发展能力，甄选绩效更优的企业投资。即行业专业化可能提高 PE 的事前筛选能力。

投资后，PE 作为资金提供者，企业作为资金使用人，两者之间存在着信息不对称带来的代理成本和道德风险。PE 对企业的公司治理和经营活动进行监督、约束及激励，能够有效降低信息不对称和代理风险，实现利益的一致化，提高企业绩效表现，增加投资回报。国外学者研究发现，PE 能够通过增进交流、加强监管、帮助人才引进、参与薪酬激励制度制定、改善企业的盈余质量和信息披露质量等方式，健全公司治理制度，提升企业绩效和价值（Hellman & Puri，2002；Bruton et al.，2010；Bernstein et al.，2016）。PE 为企业提供的增值、监管服务与 PE 在长期投资研究和投资实践中积累形成的专业知识、技能、资源和网络等密切相关，根据资源能力理论和曲线效应，PE 在某行业的投资强度和经验越突出，能够积累更多的行业专业知识和资源，对企业的治理结构、经营管理、监督控制、激励机制等方面的增值服务就越专业，企业绩效提升度也越高。行业专业化的 PE 可以利用其特定领域的管理经验、实践和专业知识，及社会网络、人脉资源、口碑声誉为被投资企业吸引更多的管理人才，帮助企业完善监管制度，构建更加合理的激励机制，增加企业价值（Kaplan & Stromberg，2003）。

并且，PE 一般持股期限较长，加大了经营风险，需要 PE 投入更多的时间精力进行更加积极的监管，以降低风险和不确定性。Sahlman（1990）研究发现，通过对特定领域投资，PE 可以提高学习能力，降低边际运营成本，快速积累行业经验和知识，从而节省时间和精力，增加与被投资企业的交流，更加积极地参与企业的监管和经营。

另外，行业专业化的 PE 会与有着相同行业投资经历的投资机构建立合作关系，与其他的市场参与者，例如承销商、会计师事务所、银行等，建立信息传递和资源网络，促进知识与信息的共享(Zollo et al.，2002)。为了维护在社会网络中树立的声誉和口碑，促进以后的合作及融资、投资等，行业专业化的 PE 会以价值投资为理念，促进企业长期绩效表现的提升，加强监管，抑制企业的盈余管理等行为，以实现企业绩效表现的稳定增长。

综上所述，行业专业化的 PE 可能有着更好的事前筛选能力，能够基于价值投资理念和维护声誉的目的，利用专业知识、经验及资源帮助完善企业监管、激励机制，积极参与企业的经营管理，提高企业绩效。据此，本研究提出假设：

H2：PE 的行业专业化越高，被投资企业的绩效表现越好。

3. 数据来源与研究设计

3.1 样本选择与数据来源

本文以 2009 年至 2016 年(2013 年停止新股上市)我国创业板市场 IPO 公司为初始研究样本，数据来源为清科私募通、清科研究中心网站、巨潮资讯网下载的招股说明书和国泰安 CSMAR 数据库。截至 2016 年创业板共有 585 家公司上市，剔除发行前后财务数据、参与 PE 特征数据不全等情况，得到研究样本 490 家公司，其中有 PE 参与的公司为 278 家，无 PE 参与的公司为 212 家。样本企业中属于制造业的最多，占总样本的 68.78%，其次为信息传输、软件和信息技术服务业，占总样本的 18.16%，这两个行业的样本数远多于其他行业。因此，本文在进行实证分析时设置这两个行业哑变量以控制样本行业差异。对于上市公司是否 PE 参与以及主导 PE 投资特征相关的数据，本文采用张子炜等(2012)以及王会娟等(2014)手工收集的方法，主导 PE 定义为企业上市时持股比例最大的PE。为防止主观判断，本文将手工搜集的数据与清科私募通、清科研究中心网站和国泰安数据库中的中国私募股权公司基本信息表、中国私募股权基金基本信息表中的数据核对，确保判断的准确性。主导 PE 个体特征相关的数据来自清科私募通及清科研究中心网站，其他财务数据来自国泰安 CSMAR 数据库。

3.2 模型设计与变量定义

为检验上述研究假设，本文构建了模型(1)和模型(2)：

$$\begin{aligned} \text{Perform} = &\alpha_0 + \alpha_1 \text{PE} + \alpha_2 \text{H\_ICA} + \alpha_3 \text{Size\_1} + \alpha_4 \text{Lev\_1} \\ &+ \alpha_5 \text{Offersize} + \alpha_6 \text{Age} + \alpha_7 \text{Top\_1} + \alpha_8 \text{Seperation} + \alpha_9 \text{SOE} \\ &+ \alpha_{10} \text{Overseas} + \alpha_{11} \text{Ind\_C} + \alpha_{12} \text{Ind\_I} + \text{Year} + \varepsilon \end{aligned} \quad (1)$$

$$\begin{aligned} \text{Perform} = &\alpha_0 + \alpha_1 \text{ICA} + \alpha_2 \text{Size\_1} + \alpha_3 \text{Lev\_1} + \alpha_4 \text{Offersize} \\ &+ \alpha_5 \text{Age} + \alpha_6 \text{Top\_1} + \alpha_7 \text{Seperation} + \alpha_8 \text{SOE} + \alpha_9 \text{Overseas} \\ &+ \alpha_{10} \text{Ind\_C} + \alpha_{11} \text{Ind\_I} + \text{Year} + \varepsilon \end{aligned} \quad (2)$$

3.2.1 自变量

(1)PE 参与(PE)哑变量，根据企业上市时披露的《招股说明书》，若企业 IPO 时有 PE 参与持股为1，否则为0。

(2)主导 PE 的行业专业化(ICA)。现有文献主要有两种计算方法，第一种是 Gompers 等(2009)及 Cabolis 等(2014)使用的赫芬达尔指数(Herfindahl-Hirschman Index)，计算为主导 PE 在各行业投资的企业数占该行业被投企业总数的百分比的平方和，但该指标在计算行业专业性时把所有行业的投资事件看成是同质的，没有考虑到投资不同行业的经验、知识、资源和人脉等对企业绩效表现的不同影响(黄福广等，2016)。本文采用的是 Cressy 等(2007)和 Rigamonti 等(2016)衡量 PE 行业专业化的方法，计算 ICA 指数(the Index of Competitive Advantage)。计算方法如下：

$$ICA_{ij} = (C_{ij}/C_{.j})/(C_{i.}/C_{..}) \qquad (3)$$

其中，C_{ij} 表示 PE "i" 在行业 "j" 投资的公司数；$C_{.j}$ 表示所有 PE 在行业 "j" 投资的公司数；$C_{i.}$ 表示 PE "i" 投资的所有公司数；$C_{..}$ 表示所有 PE 投资的所有公司数，均为企业上市当年年末数据。ICA 越大，说明 PE 的行业专业化越高。数据来自清科私募通截至 2016 年的所有投资事件表，行业分类采用私募通的证监会行业分类。另外，参考黄福广等(2016)的方法设置 H_ICA 哑变量，按照中位数将 PE 的行业专业化分为高低两部分，在中位数之上的为高行业专业化部分(H_ICA = 1)，在中位数之下的为低行业专业化部分(H_ICA = 0)。

3.2.2 因变量

Perform 表示公司绩效，指公司 IPO 当年年末的 ROA，ROE(Cumming et al.，2014；李九斤等，2015)，ROS(董静等，2017)。ROA 为总资产收益率，计算公式为：本年年末净利润/[(上年年末总资产+本年年末总资产)/2]。ROE 为净资产收益率，计算公式为：本年年末净利润/[(上年年末股东权益+本年年末股东权益)/2]。ROS 为销售利润率，计算公式为：本年年末净利润/本年年末营业收入。总资产收益率、净资产收益率反映公司利用现有资产进行盈利活动的基本能力，销售利润率反映公司从销售额中获取利润的效率，三者均是说明企业经营绩效的重要指标。

3.2.3 控制变量

参考已有研究，本文在模型中对以下变量进行了控制：(1)总资产(Size_1)，IPO 前一年末企业总资产(以亿元为单位)；(2)资产负债率(Lev_1)，IPO 前一年末企业的资产负债率；(3)融资规模(Offersize)，计算为企业上市时的发行价格×发行数量-发行总费用(以亿元为单位)；(4)企业年龄(Age)，为企业上市年份与企业成立年份之差；(5)第一大股东持股比例(Top_1)；(6)是否两权分离(Seperation)，实际控制人拥有的上市公司控制权与所有权之差大于 0，则取 1，否则取 0；(7)国企(SOE)，若实际控制人的性质为国企则为 1，否则为 0；(8)外企(Overseas)，若实际控制人的性质为外资，则为 1，否则为 0；(9)是否为制造业企业(Ind_C)，是为 1，否为 0；(10)是否为信息传输、软件和信息技术服务业(Ind_I)，是为 1，否为 0；(11)另外，本文还控制了企业上市的年份(Year)。

4. 检验结果

4.1 描述性统计

为了确保模型检验的有效性和一致性，本文在实证分析时对数据做了如下处理：（1）为降低异方差的影响，对主要连续变量做自然对数处理，并在回归结果中报告经异方差稳健性修正后的 T 值和 P 值；（2）为避免多重共线性问题，对预测变量进行方差膨胀因子（VIF）诊断，结果显示模型均不存在严重的共线性；（3）回归分析时均进行离群点（Outlier）检验，以剔除极值点的影响。本文使用 R 进行实证检验。

表 1 展示了主要变量的描述性统计结果。行业专业化变量的均值为 1.95，各 PE 行业专业化差异较大。从企业绩效变量的描述性统计来看，PE 参与企业的总资产收益率、净资产收益率及销售利润率的均值和中位数均低于无 PE 参与企业。PE 参与企业资产规模显著大于无 PE 参与企业，说明 PE 偏好于投资规模较大的企业。PE 参与企业的第一大股东持股比例显著低于无 PE 参与企业，说明 PE 的参与能够降低股权集中度。

表 1		主要变量的描述性统计							
变量		样本数	均值	中位数	标准差	最小值	最大值	T 检验	Wilcoxon 秩和检验
行业专业化（ICA）	有 PE	278	1.95	1.76	1.18	0.10	6.01	—	—
总资产收益率（ROA）（%）	有 PE	278	9.90	9.40	4.12	0.77	25.75	0.1398	0.0992*
	无 PE	212	10.46	9.91	4.12	1.61	28.80		
	总样本	490	10.14	9.69	4.12	0.77	28.80		
净资产收益率（ROE）（%）	有 PE	278	13.17	12.31	5.03	1.47	33.04	0.2650	0.2129
	无 PE	212	13.67	13.00	4.78	1.81	29.91		
	总样本	490	13.39	12.77	4.92	1.47	33.04		
销售利润率（ROS）（%）	有 PE	278	19.74	17.20	10.40	1.29	54.60	0.7239	0.7297
	无 PE	212	20.08	18.20	10.73	2.26	61.87		
	总样本	490	19.89	17.55	10.53	1.29	61.87		
总资产（Size_1）	有 PE	278	1.41	1.38	0.60	-0.03	3.36	0.0143**	0.0016***
	无 PE	212	1.26	1.20	0.74	-0.38	5.21		
	总样本	490	1.34	1.31	0.66	-0.38	5.21		
资产负债率（Lev_1）（%）	有 PE	278	37.41	37.60	15.09	1.78	74.86	0.6073	0.7254
	无 PE	212	38.16	37.53	16.38	4.65	76.45		
	总样本	490	37.74	37.57	15.65	1.78	76.45		

变量		样本数	均值	中位数	标准差	最小值	最大值	T检验	Wilcoxon秩和检验
融资规模（Offersize）	有 PE	278	1.42	1.34	0.67	-0.32	3.19	0.6869	0.9474
	无 PE	212	1.39	1.41	0.62	-0.12	2.92		
	总样本	490	1.41	1.37	0.65	-0.32	3.19		
上市年龄（Age）	有 PE	278	2.25	2.30	0.56	0.00	3.14	0.3775	0.4416
	无 PE	212	2.20	2.30	0.64	0.00	3.33		
	总样本	490	2.22	2.30	0.59	0.00	3.33		
第一大股东持股比例（Top_1）（%）	有 PE	278	33.26	31.79	12.48	8.91	69.36	0.0356**	0.0448**
	无 PE	212	35.81	34.07	13.81	8.77	81.18		
	总样本	490	34.36	32.67	13.12	8.77	81.18		
是否两权分离（Seperation）	有 PE	278	0.37	0.00	0.48	0.00	1.00	0.3691	0.3704
	无 PE	212	0.33	0.00	0.47	0.00	1.00		
	总样本	490	0.36	0.00	0.48	0.00	1.00		
国有企业（SOE）	有 PE	278	0.05	0.00	0.21	0.00	1.00	0.8188	0.8203
	无 PE	212	0.04	0.00	0.20	0.00	1.00		
	总样本	490	0.04	0.00	0.21	0.00	1.00		
外资企业（Overseas）	有 PE	278	0.06	0.00	0.23	0.00	1.00	0.7012	0.6988
	无 PE	212	0.07	0.00	0.25	0.00	1.00		
	总样本	490	0.06	0.00	0.24	0.00	1.00		

注：T检验与 Wilcoxon 秩和检验均报告 P 值，***、**、* 分别表示在 0.01、0.05、0.1 的水平上显著。

4.2 回归检验结果

表2　　　　　　　　　　PE 及其行业专业化对企业绩效的影响

变量	ROA		ROE		ROS	
	模型（1）	模型（2）	模型（1）	模型（2）	模型（1）	模型（2）
PE	-0.0102* (-1.91)		-0.0124* (-1.83)		-0.0099* (-1.72)	
H_ICA	0.0144** (2.33)		0.0159** (2.02)		0.0110* (1.87)	

变量	ROA		ROE		ROS	
	模型（1）	模型（2）	模型（1）	模型（2）	模型（1）	模型（2）
ICA		0.0027*		0.0044**		0.0118*
		(1.85)		(2.01)		(1.67)
Size_1	−0.0272***	−0.0387***	−0.0188***	−0.0351***	−0.0129***	−0.0729***
	(−6.10)	(−6.93)	(−3.32)	(−4.78)	(−2.67)	(−5.54)
Lev_1	−0.0264*	−0.0397**	0.0401**	0.0471**	−0.0448***	−0.2651***
	(−1.80)	(−2.46)	(2.15)	(2.22)	(−2.82)	(−7.00)
Offersize	0.0313***	0.0394***	0.0257***	0.0393***	0.0176***	0.1041***
	(6.06)	(7.66)	(3.93)	(5.54)	(3.15)	(8.54)
Age	−0.0038	0.0013	−0.0045	0.0031	0.0036	0.0057
	(−1.16)	(0.31)	(−1.07)	(0.69)	(1.00)	(0.59)
Top_1	0.0150	0.0350**	0.0252	0.0449**	−0.0038	−0.0016
	(0.90)	(2.17)	(1.19)	(2.24)	(−0.21)	(0.04)
Seperation	0.0078	0.0058	−0.0058	0.0056	−0.0109	−0.0010
	(0.19)	(1.40)	(−0.11)	(1.11)	(−0.25)	(−0.11)
SOE	−0.0194**	−0.0223**	−0.0231*	−0.0207**	−0.0100	−0.0366
	(−1.98)	(−2.28)	(−1.86)	(−2.12)	(−0.95)	(−1.62)
Overseas	−0.0070	−0.0025	−0.0092	−0.0083	−0.0079	−0.0279
	(−0.72)	(−0.29)	(−0.74)	(0.60)	(−0.76)	(−1.36)
Ind_C	0.0167***	0.0046	0.0206***	0.0028	0.0068	0.0099
	(2.92)	(0.75)	(2.84)	(0.34)	(1.10)	(0.67)
Ind_I	0.0193**	0.0044	0.0290***	0.0049	0.0051	0.0003
	(2.39)	(0.58)	(2.83)	(0.48)	(0.58)	(0.01)
Year	控制	控制	控制	控制	控制	控制
调整 R^2	0.2990	0.3443	0.1276	0.1975	0.4928	0.4101
样本量	490	278	490	278	490	278

注：括号里报告的是经异方差稳健性修正后的 T 值，***、**、* 分别表示在 0.01、0.05、0.1 的水平上显著。

表 2 展示了 PE 及其行业专业化水平对企业绩效的多元回归结果。从模型（1）的检验结果来看，PE 的回归系数均显著为负，表明相比于无 PE 参与企业，有 PE 参与企业的绩效表现更差，H1b 得到验证。而行业专业化哑变量的回归系数均显著为正，说明行业专业化高的 PE 参与企业绩效表现显著好于无 PE 参与企业和行业专业化低的 PE 参与企业。从模型（2）的回归结果来看，行业专业化变量的回归系数分别为 0.0027、0.0044、0.0118，且都显著。这说明 PE 的行业专业化越高，被投资企业的绩效表现越好，H2 得到验证。

5. 进一步分析

5.1 PE 特征对企业绩效的影响

除 PE 的行业专业化外，PE 在从业年限、管理资本量、投资经验和声誉及持股时间、持股数量等方面的差异也会导致对企业影响的不同（Gompers et al.，2008），因此本文还加入 PE 的其他个体和投资特征变量进行回归，以深入理解 PE 的不同特征对企业绩效表现影响的差异。包括：（1）投资经验（PE_Experience），取截至公司 IPO 当年年末，主导 PE 投资的所有公司数（Cressy et al.，2007）；（2）主导 PE 的管理资本量（PE_Size）（Cressy et al.，2007；Rigamonti et al.，2016）（以百万元为单位）；（3）从业年限（PE_Age），计算方式为被投资企业的上市年份减去主导 PE 成立年份（Cressy et al.，2007；Rigamonti et al.，2016；贾宁和李丹，2011）；根据主导 PE 的资金来源，设置（4）国有背景（State）和（5）外资背景（Foreign）两个哑变量；（6）联合投资（PE_Num），企业上市时共同参股的 PE 数量；（7）持有期限（PE_Mon）：取企业上市时间与最早参投的 PE 入股时间月份数之差（王会娟等，2014）；（8）持股比例（PE_Own），以发行前的 PE 持股比例衡量，如果有多家 PE，则将各 PE 持股比例加总；（9）派出董事比例（PE_Dir）（%），以企业招股说明书披露的在参与投资的 PE（或其股东、其基金管理者等关联方）任职，并在被投资企业兼任董事，且不在被投资企业领薪的董事人数除以董事会总人数；（10）派出监事比例（PE_Sup），计算方法与派出董事比例一致。本文构建了模型（4）：

$$\text{Perform} = \alpha_0 + \alpha_1\text{PECharacter} + \alpha_2\text{Size\_1} + \alpha_3\text{Lev\_1} + \alpha_4\text{Offersize}$$
$$+ \alpha_5\text{Age} + \alpha_6\text{Top\_1} + \alpha_7\text{Seperation} + \alpha_8\text{SOE} + \alpha_9\text{Overseas} + \alpha_{10}\text{Ind\_C} \quad (4)$$
$$+ \alpha_{11}\text{Ind\_I} + \text{Year} + \varepsilon$$

其中，自变量（PE_Character）指 PE 的个体特征和投资特征，其他控制变量与模型（1）定义一致。

表 3   **PE 其他特征变量的描述性统计**

变 量		样本数	均值	中位数	标准差	最小值	最大值
投资经验（PE_Experience）	个体特征	278	3.20	3.33	1.38	0.00	6.25
管理资本量（PE_Size）		278	8.60	9.10	2.39	0.00	13.67
从业年限（PE_Age）		278	1.98	2.08	0.71	0.00	3.78
国有背景（State）		278	0.37	0.00	0.48	0.00	1.00
外资背景（Foreign）		278	0.13	0.00	0.34	0.00	1.00

变 量		样本数	均值	中位数	标准差	最小值	最大值
联合投资(PE_Num)	投资特征	278	2.61	2.00	1.71	1.00	14.00
持有期限(未取自然对数前最早参投PE的持股月份数)		278	46.26	37.00	36.00	6.00	240.00
持有期限(PE_Mon)		278	3.60	3.61	0.67	1.79	5.48
持股比例(PE_Own)(%)		278	15.77	13.64	11.80	0.05	78.29
派出董事比例(PE_Dir)(%)		278	11.57	11.11	8.70	0.00	42.86
派出监事比例(PE_Sup)(%)		278	12.97	0.00	17.85	0.00	66.67

表3展示了PE的其他个体特征和投资特征描述性统计。从PE的个体特征来看,投资经验(PE_Experience)的均值和中位数都在3左右,从业年限(PE_Age)的均值和中位数都在2左右,说明我国大部分PE还处于初步发展阶段。从PE的资金来源看,平均37%的PE有国有背景。另外,大部分企业平均有两个PE参与投资。PE持有期限的均值和中位数为40个月左右,这说明PE大多在上市前3~4年进入企业。PE的持股比例均值为15.77%,中位数为13.64%,持股比例较大。PE派出董事比例的均值和中位数、PE派出监事比例的平均值都大于0,这说明很多PE通过董事会和监事会直接参与企业的日常管理和经营决策。

表4　　　　　　　　　　　　**PE特征对企业绩效的回归结果**

变 量		ROA	ROE	ROS
ICA	个体特征	0.0081 *** (3.14)	0.0062 ** (2.11)	0.0117 ** (2.04)
PE_Experience		0.0082 ** (2.44)	0.0087 ** (2.20)	0.0100 (1.46)
PE_Size		0.0007 (0.54)	0.0009 (0.47)	−0.0024 (−0.71)
PE_Age		−0.0069 ** (−2.09)	−0.0064 * (−1.73)	0.0034 (0.43)
State		0.0020 (0.53)	−0.0006 (−0.11)	0.0022 (0.21)
Foreign		0.0102 (1.47)	0.0144 (1.52)	0.0158 (1.02)

变　　量		ROA	ROE	ROS
PE_Num	投资特征	−0.0029 ** （−2.14）	−0.0046 ** （−2.29）	−0.0030 （−0.96）
PE_Mon		−0.0033 （−0.70）	−0.0073 （−1.42）	−0.0041 （−0.38）
PE_Own		0.0046 （0.24）	0.0048 （0.16）	−0.0062 （−0.10）
PE_Dir		0.0301 （1.18）	0.0460 （1.38）	0.0691 （1.18）
PE_Sup		−0.0049 （−0.44）	−0.0079 （−0.57）	0.0084 （0.28）
Controls		控制	控制	控制
调整 R^2		0.3766	0.2206	0.4328
样本量		278	278	278

注：括号里报告的是经异方差稳健性修正后的 T 值和 P 值，***、**、* 分别表示在 0.01、0.05、0.1 的水平上显著。为节省篇幅，没有报告控制变量的回归系数。

表 4 展示了 PE 的行业专业化和其他特征变量对企业绩效的多元回归结果。可以看出，加入其他特征变量后，模型的拟合度提高了。行业专业化变量对 ROA、ROE 和 ROS 的回归系数分别为 0.0081、0.0062、0.0117，并分别在 0.01、0.05 和 0.05 的水平上显著，表明加入了 PE 的其他特征变量后，PE 的行业专业化对企业绩效仍有显著正向的影响，再次验证了 H2。从其他特征变量的回归系数来看，投资经验（PE_Experience）的回归系数均为正，且对 ROA 和 ROE 的回归系数显著，说明 PE 的投资经验越丰富，被投资企业的绩效表现越好。可能因为 PE 的投资经验越丰富，事前筛选、事后提供监管和增值服务等的能力也越强（Sorensen，2007）。另外，PE 的联合投资（PE_Num）回归系数均为负，且对 ROA 和 ROE 的回归系数显著。参与联合投资的 PE 数量越多，企业绩效越差的原因可能有以下两点：（1）劣质公司为了竞争 IPO 机会，不惜以较高的融资成本引入多个 PE，以借用更多的社会资源帮助上市，或者寄希望于引入多个 PE 能够改善其经营绩效以成功上市（杨其静等，2015）；（2）联合投资网络社群内部专业化程度、文化等差异，使得能力较强的 PE 担忧事后被套牢或被其他伙伴搭便车等而导致努力不足，从而降低联合投资所带来的收益。并且，参与联合投资的机构间也可能存在利益冲突，从而增加各 PE 统一决策的难度，导致对企业经营绩效的负面影响。

5.2　行业专业化的 PE 影响企业绩效的机理

为了进一步研究 PE 的行业专业化对企业绩效影响的途径和机理，本文接下来分析 PE 的行业专业化对事前筛选能力、监督机制及激励机制这三方面的作用。

5.2.1　PE 的行业专业化对事前筛选能力的影响

Chemmanur 等（2011）发现风投能够筛选优秀企业进行投资。而杨其静等（2015）基于我国创业板公司的研究却发现，财务状况越好的公司在上市之前引入风投的倾向性越低。也就是说，PE 和企业之间存在双向选择的过程（Sorensen，2007），PE 在选择投资企业的同时，企业也在决定是否引入及引入何种 PE。一方面，我国非上市企业信息公开性较差，加剧了外部投资者和企业之间的信息不对称，而严重的信息不对称导致了投资风险的增加。行业专业化的 PE 掌握的行业专业知识和社会信息网络可以帮助降低信息不对称性和投资风险，专注于某个或某几个领域的投资能够节省 PE 的时间和精力，增强筛选能力；另一方面，尽管行业专业化的 PE 能够帮扶企业发展，但其融资成本较高，而财务绩效良好的企业本身的业务能够提供所需资金，或是有其他融资成本更低的选择。为了检验行业专业化的 PE 是否能够事先筛选优质企业投资，本文构建了模型（5）：

$$
\begin{aligned}
\text{Perform} = {} & \alpha_0 + \alpha_1 \text{PE\_Character} + \alpha_2 \text{Size} + \alpha_3 \text{Lev} + \alpha_4 \text{SOE} \\
& + \alpha_5 \text{Overseas} + \alpha_6 \text{Ind\_C} + \alpha_7 \text{Ind\_I} + \text{Year} + \varepsilon
\end{aligned}
\tag{5}
$$

其中，因变量 Perform 是指上市前 2 年的绩效变量：总资产收益率（ROA）、净资产收益率（ROE）和销售利润率（ROS）。由于数据的可获得性限制，无法准确得知 PE 进入企业前企业的绩效状况。本文使用企业上市前 2 年的绩效变量代表 PE 进入企业前的经营绩效状况，以检验行业专业化的 PE 是否能够事先甄选经营绩效良好的企业（杨其静等，2015）。控制变量中，Size 和 Lev 分别指当年年末的总资产（以亿元为单元）和资产负债率，自变量 PE_Character 及其他控制变量与模型（1）定义一致。表 5 报告了模型（5）多元回归的结果。行业专业化变量回归系数均不显著，说明行业专业化的 PE 并不能够事先甄选优质企业，使得 IPO 当年企业绩效表现更优。投资经验丰富的 PE 具有一定的事前筛选能力，可能的原因在于投资经验丰富的 PE 多为知名的大型投资机构，更受企业青睐。而国有背景的 PE 事前筛选能力较差，反映其支持中小企业发展的公共行政职能，而不是实现资本增值、利润最大化的目标。

表 5　　　　　　　　　　　　　　PE 特征对上市前企业绩效的回归结果

变　量		ROA		ROE		ROS	
		$t=-2$	$t=-1$	$t=-2$	$t=-1$	$t=-2$	$t=-1$
ICA	个体特征	−0.0029 （−0.70）	0.0038 （0.66）	−0.0034 （−0.29）	0.0066 （0.80）	−0.0034 （−0.44）	0.0010 （0.14）
PE_Experience		0.0103** （2.42）	0.0130*** （2.63）	0.0094 （1.12）	0.0179** （2.32）	−0.0022 （−0.28）	0.0034 （0.48）
PE_Size		−0.0033 （−1.55）	−0.0033 （−1.26）	−0.0010 （−0.21）	−0.0017 （−0.44）	−0.0022 （−0.65）	−0.0029 （−0.84）
PE_Age		0.0015 （0.20）	0.0062 （0.68）	0.0025 （0.16）	−0.0028 （−0.22）	0.0142 （1.46）	0.0098 （1.11）
State		−0.0098 （−1.35）	−0.0192** （−2.27）	−0.0253* （−1.71）	−0.0255* （−1.92）	−0.0102 （−0.83）	−0.0028 （−0.32）
Foreign		0.0087 （0.61）	−0.0200 （1.13）	0.0356 （1.42）	0.0299 （1.18）	0.0269 （1.32）	0.0215 （1.24）

变　量		ROA		ROE		ROS	
		$t=-2$	$t=-1$	$t=-2$	$t=-1$	$t=-2$	$t=-1$
PE_Num	投资特征	0.0002 （0.08）	-0.0018 （-0.54）	-0.0008 （-0.20）	-0.0034 （-0.71）	-0.0007 （-0.25）	0.0006 （0.18）
PE_Mon		-0.0092 （-1.07）	-0.0138* （-1.90）	-0.0265* （-1.77）	-0.0206* （-1.70）	-0.0001 （-0.01）	-0.0034 （-0.29）
PE_Own		-0.0669 （-1.63）	-0.0843* （-1.73）	-0.2250*** （-2.64）	-0.1081 （-1.60）	-0.1103 （-1.36）	-0.0884 （-1.34）
PE_Dir		-0.0509 （-1.01）	-0.0304 （-0.55）	0.0300 （0.29）	-0.0448 （-0.50）	0.0539 （0.69）	0.0064 （0.10）
PE_Sup		-0.0280 （-1.34）	-0.0014 （-0.06）	-0.0309 （-0.82）	-0.0287 （-1.00）	0.0091 （0.32）	0.0099 （0.35）
Controls		控制	控制	控制	控制	控制	控制
样本量		278	278	278	278	278	278
调整 R^2		0.4826	0.3724	0.2494	0.2171	0.2817	0.3437

注：括号里报告的是经异方差稳健性修正后的 T 值和 P 值，***、**、*分别表示在 0.01、0.05、0.1 的水平上显著。为节省篇幅，没有报告控制变量的回归系数。

5.2.2　监督机制——通过抑制盈余管理影响企业绩效

不少学者发现盈余管理与企业的绩效表现负相关（Kao et al.，2009；Agrawal & Cooper，2010）。PE 作为积极的投资者，有能力和条件影响企业的盈余管理行为。一方面，声誉较高的 PE 出于维护自身名誉的目的，会尽量监督并降低企业 IPO 过程中的盈余管理（Gioielli et al.，2008；Lee & Masulis，2011）；另一方面，在逐名动机的驱动下，年轻的 PE 急于推动尚未成熟的企业顺利上市以快速建立声誉，而良好的财务业绩即是成功上市的条件之一，盈余管理是进行财务粉饰的重要手段（Gompers，1996；蔡宁，2015）。行业专业化的 PE，在某个或几个领域通过大量的投资业绩树立了行业口碑和声誉，如果使用盈余管理的手段帮助企业上市，引发企业上市后业绩变脸，对树立的口碑和声誉会造成严重的损坏，进而对之后的项目融资和其他资本市场参与者的合作造成负面影响，因此他们会监督控制企业的盈余管理行为，通过增值服务提高企业的绩效表现。通过大量投资经验积累了声誉的 PE 也是如此。并且，积累了深厚行业知识和经验的 PE 对于企业的经营管理能够施加更加专业的监督和约束，专业化的投资策略使得他们有足够的时间和精力投入企业，对企业进行密集监督。为了进一步分析行业专业化的 PE 是否能够通过抑制企业的盈余管理行为进而提高企业 IPO 当年年末的绩效表现，本文还构建了模型（6）（7）（8）：

$$DA = \alpha_0 + \alpha_1 PE\_Character + \alpha_2 Controls + \varepsilon \tag{6}$$

$$\text{Perform} = \alpha_0 + \alpha_1 \text{DA} + \alpha_2 \text{Controls} + \varepsilon \tag{7}$$

$$\text{Perform} = \alpha_0 + \alpha_1 \text{DA} + \alpha_2 \text{ICA} + \alpha_3 \text{PE\_Experience} + \alpha_4 \text{DA} \times \text{ICA}$$
$$+ \alpha_5 \text{DA} \times \text{PE\_Experience} + \alpha_6 \text{PE\_Character} + \alpha_7 \text{Controls} + \varepsilon \tag{8}$$

模型(6)检验 PE 的行业专业化和投资经验等特征对企业盈余管理的影响,模型(7)检验盈余管理对企业绩效表现的影响,模型(8)检验行业专业化和投资经验丰富的 PE 是否能够通过盈余管理影响企业绩效表现。DA 表示 IPO 当年的应计盈余管理,使用分年度分行业回归的截面修正 Jones 模型估计(Dechow et al.,1995)。Controls 指控制变量,包括企业年龄(Age),总资产(Size),资产负债率(Lev),会计师事务所声誉(TopCPA),当公司 IPO 时的事务所名列当年前十位会计师事务所时取 1,否则取 0;主承销商声誉(Topunderwriter),当公司的主承销商名列当年前十大券商时取 1,否则取 0;① 公司成长性(Growth),计算公式为:(当年年末的营业收入−上年年末的营业收入)/上年年末营业收入;以及行业和年份。模型(8)中的 PE_Character 指除了行业专业性(ICA)和投资经验(PE_Experience)以外的其他特征变量。其他变量的定义与前文一致。

表6 　　　　　　　　　　　　　盈余管理的中介作用

变量	模型(6)	模型(7)			模型(8)		
	DA	ROA	ROE	ROS	ROA	ROE	ROS
DA		−0.0735 *** (−4.33)	−0.0954 *** (−4.11)	−0.1016 ** (−2.05)	0.1791 (0.98)	0.0520 (0.19)	2.0453 (1.79)
ICA	−0.0278 ** (−2.03)				0.0120 ** (2.26)	0.0200 ** (2.75)	0.0601 * (2.45)
PE_Experience	−0.0316 ** (−2.55)				0.0080 (1.27)	0.0297 ** (2.81)	0.0099 (0.23)
DA×ICA					−0.0585 (−1.30)	−0.0213 (−0.34)	−0.4333 (−1.80)
DA×PE_Experience					−0.0364 (−1.00)	−0.0790 (−1.37)	−0.9043 (−2.27)
Controls	控制	控制	控制	控制	控制	控制	控制
调整 R^2	232	232	232	232	232	232	232
样本量	0.0799	0.4643	0.3570	0.3098	0.6367	0.7628	0.6127

注:括号里报告的是经异方差稳健性修正后的 T 值和 P 值,***、**、* 分别表示在 0.01、0.05、0.1 的水平上显著。DA 估计时关键财务数据缺失或在分年度分行业估计时观测值少于 15 个,导致样本量少于 278。为节省篇幅,没有报告 PE 的其他特征和控制变量的回归系数。

———————————

① 承销商排名来自中国证券业协会在 2009—2016 年发布的年度证券公司经营业绩排名,采用其中的承销金额排名情况;会计师事务所排名来自中国注册会计师协会 2009—2016 年发布的年度会计师事务所综合评价排名。

表 6 报告了模型(6)(7)(8)的回归结果。模型(6)的结果表明，行业专业化变量对应计盈余管理的回归系数为-0.0278，且在 0.05 的水平上显著，投资经验变量对应计盈余的回归系数为-0.0316，且也在 0.05 的水平上显著。说明行业专业化高、投资经验丰富的 PE 能够抑制企业的盈余管理行为。模型(7)中应计盈余管理对 ROA、ROE 及 ROS 的回归系数均显著为负，证明了盈余管理对企业上市当年绩效表现的负面影响。模型(8)中，行业专业化对 ROA 的回归系数为 0.012，对 ROE 的回归系数为 0.02，对 ROS 的回归系数为 0.0601，且分别在 0.05、0.05、0.1 的水平上显著，而应计盈余及交乘项的系数不再显著，说明行业专业化的 PE 能够通过抑制企业的应计盈余管理进行而提高企业上市当年年末的绩效表现。

5.2.3　激励机制——通过提高薪酬业绩敏感度影响企业绩效

除了上述的 PE 通过抑制企业的盈余管理行为这一监督机制完善企业治理，提高企业绩效表现外，PE 还能够帮助企业建立更加合理的激励机制，降低代理成本，实现资本增值。将高管的薪酬与企业业绩相关联是实现有效激励、降低道德风险和逆向选择问题的有效方法，也是企业有效治理的重要内容。通过建立合理的高管薪酬契约能够使企业管理层、企业所有者和 PE 等投资者利益联系起来，有利于完善企业治理结构，降低 PE 的代理成本，提高企业的绩效表现，实现 PE 的顺利退出。已有学者发现 PE 参与企业的经理股票期权计划比无 PE 参与企业多一倍(Hellmann & Puri，2002)，PE 参与企业的权益报酬比例与企业的经营绩效正相关(Kaplan & Stromberg，2003)。王会娟和张然(2012)基于我国 2006—2010 年 A 股上市公司的数据，研究发现 PE 的参与能够提高被投资企业的高管薪酬业绩敏感度。行业专业化的 PE 专注于投资少数行业，能够节省时间和精力，增加与企业的交流和沟通，通过积极出席董事会、参加薪酬委员会等方式影响被投资企业的薪酬设计。行业专业化的 PE 拥有更加专业的管理知识和经验，对公司的经营业务和高管有着深入了解，能够帮助企业设计合理有效的薪酬机制，完善企业治理结构，提高企业绩效表现。高管的薪酬包括货币和权益两部分，由于我国权益薪酬占比较低，参考王会娟和张然(2012)的做法，建立模型(9)以检验 PE 的行业专业化对被投资企业高管薪酬业绩敏感度的影响。

$$\begin{aligned} \text{Compen} = &\ \alpha_0 + \alpha_1\text{ICA} + \alpha_2\text{Perform} + \alpha_3\text{Perform} \times \text{ICA} + \alpha_4\text{Growth} + \alpha_5\text{Lev} \\ &+ \alpha_6\text{Size} + \alpha_7\text{TobinQ} + \alpha_8\text{Top\_1} + \alpha_9\text{Ind\_C} + \alpha_{10}\text{Ind\_I} + \text{Year} + \varepsilon \end{aligned} \tag{9}$$

模型(9)中，Compen 指高管薪酬，借鉴现有文献的做法(雷光勇等，2010；王会娟和张然，2012)，取 CSMAR 国泰安数据库披露的高管前三名薪酬总额(以万元为单位)的自然对数。控制变量中的 Tobin Q 计算为市值/总资产，其他控制变量的定义与前文一致。

表 7 报告了模型(9)——PE 的行业专业化对被投资企业的高管薪酬业绩敏感度的回归结果。当业绩变量为 ROA、ROE 和 ROS 时，Perform×ICA 的回归系数均显著为正，说明 PE 的行业专业化越高，被投资企业的薪酬业绩敏感度越高。行业专业化的 PE 通过完善被投资企业的激励机制，降低代理成本，进而提高企业绩效。

表 7

变量	因变量：Compen		
	业绩（ROA）	业绩（ROE）	业绩（ROS）
ICA	−0.2050	−0.2405	−0.2830**
	（−1.62）	（−1.21）	（−2.30）
Perform	3.1966	4.1285	−0.5532
	（1.02）	（1.15）	（−0.35）
Perform×ICA	2.4296**	2.39*	1.6042***
	（2.05）	（1.79）	（2.71）
Controls	控制	控制	控制
调整 R^2	0.1758	0.4474	0.1383
样本量	278	278	278

注：括号里报告的是经异方差稳健性修正后的 T 值和 P 值，***、**、*分别表示在 0.01、0.05、0.1 的水平上显著。为节省篇幅，没有报告控制变量的回归系数。

6. 稳健性检验

由前文的分析可知，行业专业化的 PE 对投资企业 IPO 当年的绩效有显著正向的影响。但行业专业化程度高的 PE 专业知识丰富，拥有广泛的行业关系网络和信息，更能在投资时选择经营绩效良好的公司，即存在自选择导致的内生性问题。在上一部分中，本研究用企业上市前 2 年的绩效变量代表 PE 投资前企业的财务业绩状况，为了保证结论的稳健性，使用 Heckman 两阶段法来控制可能的内生性问题。使用行业专业化高低的变量（H_ICA）作为第一阶段选择模型中的因变量。另外，参考王会娟和张然（2012）、余琰等（2014）及胡志颖等（2015）的研究，考虑总资产标准化的现金及现金等价物、资金周转周期、总资产、资产负债率及营业收入等企业的财务指标（取上市前 3 年的平均数）、第一大股东持股比例、是否两权分离及企业年龄、是否外企国企等经营治理状况，以及公司注册地是否处于 PE 活跃地区（北京、上海、广东、江苏和浙江）及是否高科技行业作为选择模型中的自变量加入第一阶段的 Probit model 中进行回归，并控制行业和年份，估计出逆米尔斯系数（IMR），再将其带入模型（4）中重新进行回归。检验结果显示，逆米尔斯系数均不显著，并且行业专业化对企业 IPO 当年绩效的回归系数均显著为正，说明行业专业化的 PE 能够通过一系列增值服务促进企业绩效水平的提升，而不是由于事前的甄选。

另外，本文还使用通过百度地图查询得出的被投资企业的注册所在城市和 PE 机构所在地的最短驱车距离作为工具变量检验内生性。PE 和被投资企业的驱车距离越短，有利于企业与 PE 之间的信息传递和沟通，能够增强 PE 的事前筛选和事后提供监管等增值服务的能力，但是对企业的绩效表现没有直接的影响，因此符合工具变量的定义。检验结果显示，拟合后的行业专业化变量(ICA)在模型(4)的回归中仍然对企业绩效表现有着显著正向的影响。

7. 结论

本研究以2009—2016年创业板上市公司为样本，手工收集PE的投资特征和个体特征数据，探讨PE的行业专业化及其他特征对企业绩效的影响，并从事前筛选、盈余管理的中介作用、高管薪酬业绩敏感度这三个方面进一步分析行业专业化的PE影响企业绩效表现的机理。研究发现：(1)行业专业化高的PE参与企业绩效表现明显好于无PE参与企业及行业专业化低的PE参与企业。(2)PE的行业专业化越高、投资经验越丰富，被投资企业的绩效表现越好；PE参与联合投资的机构数越多，被投资企业的绩效表现越差。(3)行业专业化的PE不能事前筛选优质企业。(4)行业专业化的PE通过抑制应计盈余管理，提高了企业上市当年年末的绩效表现。(5)PE的行业专业化能够提高企业的高管薪酬业绩敏感度，进而影响企业绩效。行业专业化的PE，一方面，通过在特定领域的知识、经验及人脉积累，能够为企业提供更加专业有效的增值服务，帮助完善被投资企业的治理结构；另一方面，PE树立的行业声誉使它们更加重视品牌和口碑的维护，逐名动机和投机性更低，不会采用盈余管理等手段粉饰业绩。并且，行业专业化的投资能够降低PE的成本，节省时间和精力，增加PE与企业之间的沟通，形成更加密切的合作关系，使得PE能够更加深入地参与企业的经营管理，降低代理成本，提高企业的绩效表现，实现PE的资本增值和顺利退出的目的。本研究深入分析了行业专业化的PE对企业绩效影响的作用和机理，结果表明行业专业化的PE能够完善企业治理，监督控制盈余管理行为，提高薪酬业绩敏感度，提升企业绩效表现，为PE的行业专业化发展提供了理论支持，丰富了PE与企业绩效方面的文献研究。

目前，我国经济增长进入"新常态"，机构间竞争加剧。PE应该提高自己的差异化增长能力，培养对特定行业具有丰富经验与专业知识的优秀管理人才，优化投资组合，加大投后管理团队的能力建设，对被投资企业投入更多的时间和精力，完善企业的监督机制和激励机制，提供全方位的增值服务，注重对投资企业长期价值的提升，从而打造核心竞争力，树立行业品牌和声誉。而对于中小企业而言，为了多元化融资渠道，首先应提高企业的盈利能力和核心竞争力，以吸引更多优质的投资者。在选择投资者时，识别不同投资者的能力、特征及投资目的，与投资者订立对企业长期发展有利的契约。对于公众投资者而言，行业专业化或许是价值投资者的标志之一。对于银行、承销商等其他资本市场参与者，行业专业化程度可以作为选择合作伙伴的重要参考。

◎ 参考文献

[1] 蔡宁.风险投资"逐名"动机与上市公司盈余管理[J].会计研究,2015(5).

[2] 党兴华,张晨,王育晓.风险投资机构专业化与投资绩效——来自中国风险投资业的经验证据[J].科技进步与对策,2014(12).

[3] 邓超，刘亦涵.风投机构行业专业化投资强度对企业创新能力的影响[J].科技进步与对策，2017，34(5).

[4] 董静，汪江平，翟海燕，等.服务还是监控：风险投资机构对创业企业的管理——行业专长与不确定性的视角[J].管理世界，2017(6).

[5] 胡志颖，吴先聪，果建竹.私募股权声誉、产权性质和IPO前持有期[J].管理评论，2015，27(12).

[6] 黄福广，王建业，朱桂龙.风险资本专业化对被投资企业技术创新的影响[J].科学学研究，2016，34(12).

[7] 贾宁，李丹.创业投资管理对企业绩效表现的影响[J].南开管理评论，2011，14(1).

[8] 雷光勇，李帆，金鑫.股权分置改革、经理薪酬与会计业绩敏感度[J].中国会计评论，2010，8(1).

[9] 李九斤，王福胜，徐畅.私募股权投资特征对被投资企业价值的影响——基于2008—2012年IPO企业经验数据的研究[J].南开管理评论，2015，18(5).

[10] 梁建敏，吴江.创业板公司IPO前后业绩变化及风险投资的影响[J].证券市场导报，2012(4).

[11] 王会娟，张然，胡诗阳.私募股权投资与现金股利政策[J].会计研究，2014(10).

[12] 王会娟，张然.私募股权投资与被投资企业高管薪酬契约——基于公司治理视角的研究[J].管理世界，2012(9).

[13] 杨其静，程商政，朱玉.VC真在努力甄选和培育优质创业型企业吗？——基于深圳创业板上市公司的研究[J].金融研究，2015(4).

[14] 余琰，罗炜，李怡宗，朱琪.国有风险投资的投资行为和投资成效[J].经济研究，2014，49(2).

[15] 张子炜，李曜，徐莉.私募股权资本与创业板企业上市前盈余管理[J].证券市场导报，2012(2).

[16] Agrawal, A., Cooper, T. Accounting scandals in IPO firms: Do underwriters and VCs help? [J].*Journal of Economics & Management Strategy*, 2010, 19(4).

[17] Amit, R., Glosten, L., Muller, E. Entrepreneurial ability, venture investments, and risk sharing[J].*Management Science*, 1990, 36(10).

[18] Bacon, N., Meuleman, M. Private equity, HRM, and employment [J].*Academy of Management Executive*, 2013, 27(1).

[19] Barry, C.B., Muscarella, C.J., Peavy Ⅲ J.W., et al. The role of venture capital in the creation of public companies: Evidence from the going-public process [J]. *Journal of Financial Economics*, 1990, 27(92).

[20] Bernstein, S., Giroud, X., Townsend, R. R. The impact of venture capital monitoring[J].*Journal of Finance*, 2016, 71(4).

[21] Bruton, G. D., Filatotchev, I., Chahine, S., et al. Governance, Ownership structure, and performance of IPO firms: The impact of different types of private equity investors and

institutional environments [J].*Strategic Management Journal*, 2010, 31(5).

[22] Cabolis, C., Dai, M., Serfes, K. Competition and specialization: A non-monotonic relationship[J].*Social Science Electronic Publishing*, 2014(3).

[23] Chemmanur,T., Krishnan,Nandy, D.How dose venture capital financing improve efficiency in private firms? A look beneath the surface[J].*Review of Financial Studies*, 2011, 24 (12).

[24] Cressy,R., Munari, F., Malipiero, A. Playing to their strengths? Evidence that specialization in the private equity industry confers competitive advantage [J].*Journal of Corporate Finance*, 2007, 13(4).

[25] Cumming, Douglas, Zambelli, et al. Private equity performance under extreme regulation [J].*Social Science Electronic Publishing*, 2014, 37(5).

[26] Dechow, P. M., Sloan, R. G., Sweeney, A. P. Detecting earnings management[J]. *Accounting Review*, 1995, 70(2).

[27] Gangi,F., Lombardo, R.*The evaluation of venture-backed IPOs — Certification model versus adverse selection model, which does fit better?* [M].Christine Preisach,etc. *Data Analysis, Machine Learning and Applications*. Berlin:Springer-Verlag Berlin Heidelberg, 2008.

[28] Gioielli, S. O., De Carvalho, A. G., Sampaio, J. O. Venture capital and earnings management in IPOs[J].*Social Science Electronic Publishing*, 2008, 10(4).

[29] Gompers, P. A. Grandstanding in the venture capital industry[J].*Journal of Financial Economics*, 1996, 42(1).

[30] Gompers, P., Kovner,A., Lerner,J., et al. Venture capital investment cycles: The impact of public markets[J].*Journal of Financial Economics*, 2008, 87(1).

[31] Gompers,P, Kovner,A., Lerner, J. Specialization and success: Evidence from venture capital[J].*Journal of Economics & Management Strategy*, 2009, 18(3).

[32] Gompers, Paul,A. Optimal investment, monitoring, and the staging of venture capital[J]. *The Journal of Finance*, 1995, 50(5).

[33] Hadass, L., Coakley, J., Wood, A. UK IPO underpricing: Venture Capitalists, high-prestige underwriters and the bubble period[J].*Social Science Electronic Publishing*, 2005.

[34] Hellmann,T., Puri, M. Venture capital and the professionalization of start-up firms: Empirical evidence[J]. *The Journal of Finance*, 2002, 57(1).

[35] Hisrich, R. D, et al. How venture capital firms differ[J]. *Journal of Business Venturing*, 1995, 10(2).

[36] Jensen, M. C. Eclipse of the public corporation[J].*Social Science Electronic Publishing*, 1989, 67(5).

[37] Kao, J. L., Wu, D., Yang, Z. Regulations, Earnings management, and post-Ipo performance: The Chinese evidence[J].*Journal of Banking and Finance*, 2009, 33(1).

[38] Kaplan, S. N., Strömberg, P. Financial contracting theory meets the real world: An empirical analysis of venture capital contracts[J].*Review of Economic Studies*, 2003, 70

(2).

[39] Lee G., Masulis Ronald W. Do more reputable financial institutions reduce earnings management by IPO issuers? [J].*SSRN Working Paper*, 2011.

[40] Megginson,W.L., Weiss, K. A. Venture capitalist certification in initial public offerings [J].*The Journal of Finance*, 1991, 46(3).

[41] Rigamonti, D., Cefis, E., Meoli,M., et al. The effects of the specialization of private equity firms on their exit strategy [J].*Journal of Business Finance & Accounting*, 2016, 43 (9-10).

[42] Sahlman,W. A. The structure and governance of venture-capital organizations[J].*Journal of Financial Economics*, 1990, 27(2).

[43] Siegel, D. S., Wessner, C. Universities and the success of entrepreneurial ventures: Evidence from the small business innovation research program [J]. *The Journal of Technology Transfer*, 2012, 37(4).

[44] Sorensen, M. How smart is smart money? A two-sided matching model of venture capital [J].*The Journal of Finance*, 2007, 62(6).

[45] Zollo, M., Winter,S. G. Deliberate learning and the evolution of dynamic capabilities[J]. *Organization Science*, 2002, 13(3).

PE's Industry Specialization and the Performance of Invested Companies

Zhou Jianan[1] Su Hua[2]

(1, 2 School of Economics and Management, Southwest Jiaotong University, Chengdu, 610031)

Abstract: Based on the data of listed companies on the GEM of China from 2009 to 2016, this paper manually collects the individual and investment characters of private equity funds, and empirically analyzes the impact of industry specialized PE on the performance of invested companies. The results indicate that PE with industry specialization can promote the performance of invested companies. Moreover, through further analysis of the mechanism of the positive impact, the results show that PE with industry specialization fails to select good companies when investing; yet they can increase the performance of invested companies by decreasing accrual earnings management and enhancing the par for performance sensitivity of invested companies. This research enriches the literature on the industry specialization of PE in China, helps stakeholders to understand PE's behavior and mechanism in depth, and provides references and enlightenment for enterprise managers and the future development of PE.

Key words: Private equity; Industry specialization; Sorting; Earnings management; Pay for performance sensitivity

专业主编：潘红波

领导宽恕有助于员工建言？
一个被调节的中介模型*

● 张军伟[1]　邱功英[2]

(1 华中农业大学经济管理学院　武汉　430070；2 湖北经济学院工商管理学院　武汉　430205)

【摘　要】本研究采用问卷调查法，考察领导宽恕对员工建言的影响机制。本研究以 54 名部门主管和 263 名员工的数据为样本，运用多层线性模型、跨层次被调节的中介效应等方法进行统计分析。研究结果表明：（1）领导宽恕对员工促进性建言与抑制性建言有正向影响；（2）员工感知义务在领导宽恕与员工建言（促进性建言、抑制性建言）之间起中介作用；（3）领导虚伪感在领导宽恕与员工感知义务之间起调节作用。领导虚伪感越低，领导宽恕对员工感知义务的正向影响越强；（4）领导虚伪感调节了感知义务在领导宽恕与员工建言（促进性建言、抑制性建言）之间所起的中介效应。领导虚伪感越低，中介效应越大。

【关键词】领导宽恕　感知义务　领导虚伪感　促进性建言　抑制性建言

中图分类号：C93　　文献标识码：A

1. 引言

由于外部环境的复杂性，仅仅依靠高层管理者的智慧来实现组织成功是远远不够的，这时就迫切需要来自基层员工的意见。员工建言作为一种角色外行为，能够帮助管理者了解组织中存在的问题和不足，以修正决策偏差并提升组织效能(Morrison, 2011)。但是，建言具有较大的风险性和挑战性，会造成人际冲突，破坏组织和谐，因而在一般情况下，员工不会表达自己的真实想法(Morrison, 2011；陈文平等, 2013)。这种现象在高权力距离和强调表面和谐的中国社会尤为常见。因此，如何激发员工建言，受到了研究者和实践者的广泛关注。领导作为组织的代理人和象征，掌握着员工的赏罚权。因此，领导的宽恕与

＊ 基金项目：国家自然科学基金青年项目"领导宽恕的双刃剑效应及其机制研究"（项目批准号：71602065）；中央高校基本科研业务费专项基金资助项目"领导宽恕能促进建言吗？一项跨层次的追踪研究"（项目批准号：2662019PY021）；湖北省科技厅技术创新专项（软科学研究类）项目"湖北省'四新经济'企业创新型科技人才激励机制研究"（项目批准号：2019ADC113）。

通讯作者：邱功英，E-mail: qiugongying1115@163.com。

包容能消除员工建言所导致的负面结果，使员工敢于发表自己的看法。以往关于宽恕的研究大多集中在心理学、宗教、神学等领域，主要探讨普通人际情境中的宽恕。由于普通的人际情境和组织背景在情境、冒犯对象及冒犯事件类型等方面存在差异，因此有学者开始对工作场所中的宽恕进行考察(Aquino et al. , 2006；Costa & Neves, 2017；Bobocel, 2013；Fehr & Gelfand, 2012；Zdaniuk & Bobocel, 2015；Barclay & Saldanha, 2016；张军伟和龙立荣，2013；于维娜等，2015；张军伟等，2017)。例如，Zdaniuk 和 Bobocel (2015)研究发现，领导的理想化影响力(idealized influence)通过提升员工的集体认同，进而对员工宽恕产生正向影响。Bobocel (2013)研究发现，组织公平对员工宽恕有正向作用。另外，以往组织背景中关于宽恕的文献大多探讨员工宽恕，对领导宽恕的考察相对较少。

现有文献主要考察领导宽恕对员工工作绩效、工作满意度等的影响(张军伟和龙立荣，2016；张军伟等，2017)，少有研究探讨领导宽恕与员工建言之间的关系。中国自古就有"知恩图报"与"负荆请罪"之说，当员工犯了错误或者冒犯了领导，领导的宽恕会被员工看作是一种恩惠(张军伟和龙立荣，2016)，基于互惠规范，员工会产生回报组织的责任感和义务感，而为组织建言献策就是一种可行的回报方法(Liang et al. , 2012)。因此，基于社会交换理论，本研究考察领导宽恕对员工建言的影响，并探讨员工感知义务(felt obligation)的中介作用。社会交换理论进一步认为，在社会交换关系产生之前，个体会对对方行为的动机进行解读(Lawler, 2001；Ozcelik & Barsade, 2018)，这正如 Peng 等(2014)所言，在员工与组织发展交换关系之前，员工会对组织的行为进行归因。考虑到当领导的言行不一致时，员工对领导的信任降低(Greenbaum et al. , 2015)，并且员工会将领导的宽恕看作是虚假的宽恕，进而不利于员工产生回报组织的义务感。因此，本研究将领导虚伪感(perception of leader hypocrisy)纳入研究框架，探讨其对领导宽恕与员工感知义务之间关系的调节作用。

综上所述，本研究构建了领导宽恕通过影响员工感知义务，进而作用于员工建言的中介模型，并考察领导虚伪感的调节效应。本研究的议题如下：(1)探究领导宽恕对员工建言的影响；(2)考察员工感知义务在领导宽恕与员工建言之间所起的中介作用；(3)探讨领导虚伪感在领导宽恕与员工感知义务之间所起的调节作用。

2. 理论基础与研究假设

2.1 领导宽恕

以往对工作场所宽恕的研究大多探讨员工宽恕，而对领导宽恕的考察相对较少。例如，张军伟和龙立荣(2013)研究发现，领导合作式冲突管理行为会促进员工宽恕，而领导支配式冲突管理行为会阻碍员工宽恕。Adams 和 Inesi(2016)发现，冒犯者通常低估被冒犯者的宽恕。原因在于，冒犯者认为被冒犯者会将其伤害行为归因为故意的，并且不感到内疚。Guchait 等(2016)研究发现，宽恕氛围对员工的学习行为和工作满意度有正向影响，而对离职意愿有负向作用。Thompson 和 Korsgaard(2019)发现，关系认同会促进员工宽恕。根据以往研究，我们可以看出，领导行为、对冒犯事件的归因、关系认同、宽恕氛围与组织公平等是影响员工宽恕的重要因素。此外，也有学者探讨了员工宽恕的作用效果。例如，研究发现，员工宽恕能激发其组织公民行为，提高工作满意度和同事信任，缓解工作倦怠，并降低愤怒情绪（Bobocel，2013；Booth et al.，2018；Guchait et al.，2016；陈晓等，2017；张军伟和龙立荣，2014）。

领导宽恕是指当领导受到员工的顶撞或冒犯后，领导消除对他（她）的愤怒与怨恨，并放弃敌视和报复，反映了领导消极情绪、认知与行为的消失。以往对领导宽恕进行系统考察的文献较少，特别是实证研究。例如，Little 等（2007）研究发现，领导宽恕与其健康水平的相关不显著。张军伟和龙立荣（2016）探讨了领导宽恕对员工工作绩效的影响，并考察了员工尽责性与程序公平的调节作用。张军伟等（2017）研究发现，领导宽恕通过员工宽恕的中介作用，进而促进员工的同事信任和工作满意度。通过文献回顾，我们可以看出，少有研究探讨领导宽恕与员工建言之间的关系。因此，本研究基于社会交换理论，考察领导宽恕对员工建言的影响机制。

2.2 领导宽恕与员工建言

Liang 等（2012）将建言区分为促进性建言与抑制性建言。促进性建言是指员工提出有利于组织现行实践和程序的新想法。抑制性建言指的是员工提出组织中存在的问题，如无效的程序、政策与实践等。以往不少研究发现，领导行为对员工建言有影响。例如，Walumbwa 和 Schaubroeck（2009）研究发现，伦理型领导对员工建言有正向影响。梁建（2014）研究也发现，伦理型领导会促使员工表达促进性建言和抑制性建言。向常春和龙立荣（2013）研究表明，参与型领导对员工促进性建言与抑制性建言有显著的正向作用。李锐等（2009）研究显示，辱虐式领导（abusive supervision）会阻碍员工提出促进性建言与抑制性建言。

我们认为，领导宽恕对员工建言有正向影响。首先，社会交换理论认为，当个体获得他人的益处时，会产生回报他人的义务感和责任感（Blau，1964）。当员工冒犯了领导后，领导宽恕会被员工看作是一种恩惠（张军伟和龙立荣，2016），这会使员工产生回报组织的意愿。而建言能够为组织提供新建议和新观点，纠正决策偏差，提升组织的整体运营效果。所以，员工建言是一种可行的回报组织的方法（Liang et al.，2012；梁建，2014）。也就是说，领导宽恕会促使员工表达促进性建言与抑制性建言。其次，以往研究发现，负面预期是员工不愿意建言的重要影响因素之一（魏昕和张志学，2010）。在中庸思维等中国传统文化背景下，员工倾向于保持人际和谐。而建言行为通常涉及对组织现状的直接或间接的批评和挑战，因而员工会对建言持有负面预期。领导宽恕意味着当员工顶撞了领导，领导也会宽容与理解员工，这能有效降低甚至消除员工对建言行为的负面预期，从而使员工敢于说出自己的真实想法。另外，大量文献表明，心理安全感是促进员工建言的重要因素（Walumbwa & Schaubroeck，2009；段锦云，2012）。领导宽恕能使员工觉得建言是安全的，进而导致员工提出更多的建议。因此，我们认为领导宽恕对员工促进性建言和抑制性建言有正向影响。综上所述，本研究提出如下假设：

H1a：领导宽恕对员工促进性建言有正向影响。

H1b：领导宽恕对员工抑制性建言有正向作用。

2.3 感知义务的中介作用

感知义务是指员工在多大程度上认为自己应该关心组织的福祉，帮助组织实现目标（Eisenberger et al.，2001）。当员工觉得自己对组织的发展负有义务时，他不仅完成角色内的工作，也会寻求各种办法帮助组织达到战略目标。以往研究发现，感知义务对情感承诺、角色内绩效、组织公民行为与建言行为有正向影响（Eisenberger et al.，2001；梁建，2014）。

首先，本研究认为领导宽恕对员工感知义务有正向影响。当员工冒犯了领导，领导宽恕体现了领导的宽容和大度，加深了员工与组织之间的情感交换，从而使员工产生强烈的义务感来为组织的发展建言献策。以往也有文献认为，领导宽恕会使员工产生"知恩图报"效应（张军伟和龙立荣，2016）。其次，我们认为员工感知义务对其建言行为有正向作用。义务感较高的员工会将自身与组织视作命运共同体，与组织荣辱与共，这部分员工不仅认真完成角色内的工作，也会做出角色外行为来回报组织的支持，并维持与组织的高质量交换关系（Liang et al.，2012）。而建言就是一种角色外行为，能帮助组织改善整体运营效果，纠正组织的决策偏差。因此，提出建设性意见是义务感较高的员工回报组织的一种可行办法。梁建（2014）也认为，高感知义务的员工会向组织建言献策。本研究提出如下假设：

H2a：感知义务在领导宽恕与员工促进性建言之间起中介作用。

H2b：感知义务在领导宽恕与员工抑制性建言之间起中介作用。

2.4 领导虚伪感的调节作用

社会交换理论认为，在发展社会交换关系之前，个体会对对方行为的动机进行归因（Lawler，2001；Ozcelik & Barsade，2018）。例如，Greenbaum 等（2015）研究发现，如果员工将领导的行为视为伪善（hypocrisy），这会导致员工与组织关系的恶化。Lam 等（2007）研究表明，当领导觉得下属向其寻求绩效反馈是为了印象管理时，领导会与下属形成较差的交换关系；而当领导认为下属寻求绩效反馈是为了提高绩效时，领导与下属的交换关系较好。以往文献认为，宽恕的动机有表面和谐和真诚和谐两种。表面和谐，即虚假的宽恕，是指出于工具性目的而宽恕。真诚和谐是指发自内心的宽恕（张军伟和龙立荣，2014）。如果员工认为领导宽恕是虚假的宽恕，这不利于员工形成对组织的义务感。而当员工将领导宽恕的动机归因为真诚和谐时，员工会产生回报组织的义务感。领导虚伪感是指领导言行不一致的程度（Greenbaum et al.，2015）。以往研究发现，领导虚伪感会增加员工的离职意愿（Greenbaum et al.，2015）。我们认为，领导虚伪感会调节领导宽恕与员工感知义务之间的关系。当员工觉得领导虚伪时，员工对领导行为的真实意图存在质疑，并且觉得领导不可靠（Greenbaum et al.，2015）。因此，当领导虚伪感较高时，员工倾向于对领导的行为做出消极归因，认为领导宽恕是虚假的宽恕，这不利于员工形成对组织的义务感。而当领导言行一致时，员工认为领导的宽恕是发自真心的。在这种情况下，员工会将领导的宽恕看作是一种恩惠，从而导致员工产生回报组织的义务感。因此，本研究提出如下假设：

H3：领导虚伪感对领导宽恕与员工感知义务之间的关系具有调节作用。领导越虚伪，

领导宽恕对员工感知义务的正向影响越小。

根据 H2a、H2b 与 H3，本研究构建了一个被调节的中介效应（moderated mediation effect）模型。具体来说，员工感知义务在领导宽恕与员工建言（促进性建言、抑制性建言）之间起中介作用，但是该中介效应的大小取决于领导虚伪感。领导越虚伪，领导宽恕对员工感知义务的正向影响越小，因而员工感知义务在领导宽恕与员工建言（促进性建言、抑制性建言）之间所起的中介效应越小。本研究提出如下假设：

H4a：领导虚伪感调节了员工感知义务在领导宽恕与员工促进性建言之间所起的中介作用。领导越虚伪，该中介效应越小。

H4b：领导虚伪感调节了员工感知义务在领导宽恕与员工抑制性建言之间所起的中介作用。领导越虚伪，该中介效应越小。

如上所述，本研究的模型如图 1 所示。

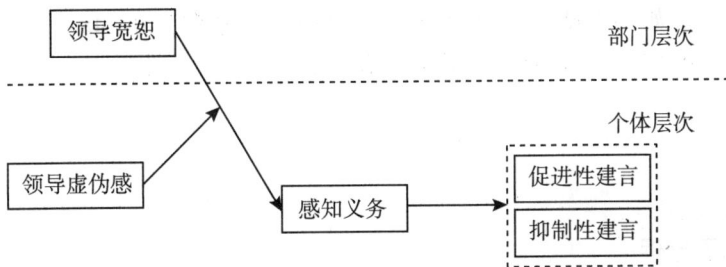

图 1　研究模型

3. 研究方法

3.1　研究样本

本研究采用问卷调查法，从广东、北京、重庆、浙江等地收集数据。我们分别从员工与其部门主管采集数据。其中，领导宽恕、促进性建言与抑制性建言的数据由部门主管提供，感知义务和领导虚伪感的问卷则由员工填答。一共有 58 名部门主管与 295 名员工参与了问卷填答，删除无效问卷后，最终获得 54 名部门主管和 263 名员工的有效数据。从员工样本组成来看，男性有 159 名，占 60.456%，女性 104 名，占 39.544%；受教育程度以专科或本科为主（220 名，占 83.650%）；员工的平均年龄为 32.811 岁（SD = 7.443）；在目前的单位平均工作了 10.935 年（SD = 8.759）。

3.2　变量的测量

领导宽恕：采用张军伟和龙立荣（2016）在研究中使用的 5 个题项的量表，这一问卷在以往的实证研究中使用过，被证明具有良好的信效度（张军伟等，2017）。由于宽恕不仅包括行为成分，还包括情绪与认知成分，因而宽恕的测量通常采用自评（Bobocel，2013；

Booth et al.，2018；Mccullough et al.，1997)。该问卷由部门主管自评，基于 Likert-5 点评分，从 1(完全不可能宽恕)到 5(完全可能宽恕)。该量表的 Cronbach's α 系数为 0.744。

感知义务：采用 Eisenberger 等人(2001)开发的 6 个题项的量表。员工采用 5 点评分，从 1(完全不符合)到 5(完全符合)。样题如下："我觉得尽我所能帮助组织达成目标是我的职责。"该量表的 Cronbach's α 系数为 0.797。

建言行为：采用 Liang 等人(2012)开发的 10 个题项的量表，促进性建言和抑制性建言各 5 个题项。该量表由员工的部门主管填答，采用 Likert-5 点评分，从 1(完全不同意)到 5(完全同意)。样题如下："这位员工主动提出帮助单位改善工作流程的建议"(促进性建言)、"即便会破坏与同事之间的关系，这位员工仍会指出单位中存在的问题"(抑制性建言)。促进性建言与抑制性建言的 Cronbach's α 系数分别为 0.889 和 0.851。

领导虚伪感：采用 Greenbaum 等人(2015)在研究中使用的 4 个题项的量表。员工基于 Likert-5 点评分，从 1(完全不同意)到 5(完全同意)。样题如下："我的上司告诉我们要遵守规则，但是他/她却不遵守。"该量表的 Cronbach's α 系数为 0.848。

控制变量：包括员工的性别、年龄、受教育程度和工作年限。

4. 研究结果

4.1 验证性因子分析

采用验证性因子分析考察个体层次四个变量(领导虚伪感、感知义务、促进性建言与抑制性建言)的区分效度。分析结果如表 1 所示，与其他三个模型相比，四因子模型对数据的拟合效果最好，$\chi^2 = 307.931$，df = 164，$\chi^2/df = 1.878$，CFI = 0.904，TLI = 0.889，RMSEA = 0.076。另外，通过嵌套模型比较，我们发现四因子模型明显优于三因子模型($\Delta\chi^2 = 105.657$，$\Delta df = 3$，$p < 0.001$)、二因子模型($\Delta\chi^2 = 326.487$，$\Delta df = 5$，$p < 0.001$)与单因子模型($\Delta\chi^2 = 502.327$，$\Delta df = 6$，$p < 0.001$)，这表明个体层次中的四个构念具有良好的区分效度。

表 1 验证性因子分析结果

模型	χ^2	df	χ^2/df	$\Delta\chi^2(\Delta df)$	CFI	TLI	RMSEA
四因子模型	307.931	164	1.878		0.904	0.889	0.076
三因子模型	413.588	167	2.477	105.657***(3)	0.836	0.813	0.099
二因子模型	634.418	169	3.754	326.487***(5)	0.690	0.652	0.135
单因子模型	810.258	170	4.766	502.327***(6)	0.574	0.524	0.157

注：四因子模型：领导虚伪感、感知义务、促进性建言、抑制性建言；三因子模型：领导虚伪感、感知义务、促进性建言+抑制性建言；二因子模型：领导虚伪感+感知义务、促进性建言+抑制性建言；单因子模型：领导虚伪感+感知义务+促进性建言+抑制性建言。

4.2 描述性统计分析

各变量的平均数、标准差、相关系数如表 2 所示。从表中可以看出,感知义务与促进性建言($r=0.498$,$p<0.01$)和抑制性建言($r=0.439$,$p<0.01$)呈显著的正相关,这为研究假设提供了初步支持。

表 2　　　　　　　　　　　　　　　描述性统计分析结果

变量	M	SD	1	2	3	4	5	6	7
个体层次									
1. 性别	0.395	—							
2. 受教育程度	2.880	0.420	0.027						
3. 年龄	32.811	7.443	0.220**	−0.063					
4. 工作年限	10.935	8.759	0.179*	−0.122	0.922**				
5. 领导虚伪感	2.570	1.065	0.164*	−0.191*	0.082	0.097			
6. 感知义务	4.313	0.565	−0.014	0.116	−0.041	−0.136	−0.291**		
7. 促进性建言	4.020	0.704	0.049	0.171*	0.062	−0.013	−0.241**	0.498**	
8. 抑制性建言	3.714	0.817	0.189*	0.071	0.225**	0.123	−0.110	0.439**	0.584**
部门层次									
1. 领导宽恕	3.540	0.619							

注:性别:男(0),女(1)。受教育程度:初中及以下(1),高中或职高(2),专科或本科(3),研究生及以上(4)。

* 表示 $p<0.05$,** 表示 $p<0.01$。

4.3 假设检验

本研究采用多层线性模型分析数据。首先,我们考察了感知义务、促进性建言与抑制性建言的组内和组间方差。分析结果显示,感知义务、促进性建言与抑制性建言的组间方差占总方差的比例分别为 16.622%,14.141% 和 15.373%。因此,本研究采用多层线性模型分析数据是合适的。

(1)主效应和中介作用的检验

HLM 分析结果如表 3 所示。在控制了性别、年龄、受教育程度与工作年限后,领导宽恕对员工促进性建言(M5,$\gamma=0.185$,$p<0.01$)和抑制性建言(M8,$\gamma=0.126$,$p<0.05$)均有显著的正向影响。因此,H1a 和 H1b 得到了数据的支持。

表 3　　　　　　　　　　　　　　　　HLM 分析结果

变量	感知义务			促进性建言			抑制性建言		
模型	M1	M2	M3	M4	M5	M6	M7	M8	M9
截距	4.315** (0.048)	4.312** (0.046)	4.316** (0.048)	4.026** (0.063)	4.025** (0.0627)	4.006** (0.050)	3.719** (0.071)	3.718** (0.070)	3.711** (0.063)
个体层次									
性别	−0.019 (0.105)	−0.019 (0.105)	0.002 (0.104)	0.016 (0.097)	0.015 (0.099)	0.055 (0.094)	0.224 (0.140)	0.224 (0.140)	0.231 (0.119)
年龄	0.040 (0.023)	0.038 (0.024)	0.042 (0.025)	0.035 (0.020)	0.034 (0.020)	0.030 (0.017)	0.041* (0.019)	0.040* (0.021)	0.052* (0.021)
受教育程度	0.084 (0.128)	0.111 (0.139)	0.003 (0.133)	0.235 (0.183)	0.252 (0.188)	0.172 (0.109)	0.079 (0.198)	0.092 (0.189)	−0.021 (0.126)
工作年限	−0.041 (0.024)	−0.039 (0.024)	−0.043 (0.025)	−0.030 (0.017)	−0.029 (0.018)	−0.020 (0.015)	−0.031 (0.020)	−0.030 (0.020)	−0.028 (0.018)
感知义务						0.622** (0.117)			0.448** (0.128)
领导虚伪感			−0.130** (0.037)						
部门层次									
领导宽恕		0.141* (0.070)	0.089 (0.082)		0.185** (0.069)	0.098 (0.063)		0.126* (0.062)	0.061 (0.076)
交互项									
领导宽恕× 领导虚伪感			−0.134* (0.057)						
$R^2_{总}$	0.180	0.182	0.314	0.057	0.105	0.374	0.091	0.124	0.306

注：回归系数均为稳健标准误下的非标准化系数，括号内为回归系数的稳健标准误。

* 表示 $p<0.05$，** 表示 $p<0.01$。

H2a 和 H2b 是考察感知义务在领导宽恕与员工促进性建言和抑制性建言之间所起的中介作用。表 3 显示，在 M2 中，领导宽恕对员工感知义务有显著的正向影响（M2，$\gamma = 0.141$，$p<0.05$）。在 M6 中，当控制变量、领导宽恕与感知义务同时进入以促进性建言为结果变量的回归方程时，分析结果显示，感知义务对员工促进性建言有正向影响（M6，$\gamma = 0.622$，$p<0.01$），与此同时领导宽恕对员工促进性建言的影响由原来的显著（M5，$\gamma = 0.185$，$p<0.01$）变为不显著（M6，$\gamma = 0.098$，ns），表明感知义务在领导宽恕与员工促进性建言之间起中介作用。在 M9 中，感知义务对员工抑制性建言有正向影响（M9，$\gamma = 0.448$，$p<0.01$），与此同时领导宽恕对员工抑制性建言也由原来的显著（M8，$\gamma = 0.126$，$p<0.05$）

变为不显著(M9, $\gamma = 0.061$, ns),表明感知义务中介了领导宽恕与员工抑制性建言之间的关系。

根据 Tofighi 和 MacKinnon(2011)的建议,本研究采用 R 中介(R mediation)法检验感知义务所起中介效应的显著性。分析结果显示,感知义务在领导宽恕与员工促进性建言之间所起的中介效应为 0.088,95%的置信区间为[0.002,0.188]。类似地,感知义务在领导宽恕与员工抑制性建言之间所起的中介效应为 0.063,95%的置信区间为[0.001,0.146],表明感知义务在领导宽恕与员工促进性建言和抑制性建言之间所起的中介效应显著。因此,H2a 和 H2b 得到了验证。另外,我们采用参数 bootstrap 方法检验感知义务在领导宽恕与员工促进性建言和抑制性建言之间所起间接效应的差异是否显著(刘东等人,2012)。分析结果显示,这两个间接效应的差异不显著($\Delta = 0.025$, 95% CI $= [-0.024, 0.094]$)。

(2)领导虚伪感的调节效应检验

H3 是检验领导虚伪感在领导宽恕与员工感知义务之间所起的调节效应。分析结果显示,领导宽恕与领导虚伪感的交互项对感知义务有显著的负向影响(M3, $\gamma = -0.134$, $p < 0.05$)。本研究绘制了如图 2 所示的调节效应图,并进行了简单斜率检验。分析结果显示,当员工觉得领导不虚伪时,领导宽恕对员工感知义务有显著的正向影响($b = 0.232$, $t = 3.126$, $p < 0.01$);当员工觉得领导虚伪时,领导宽恕对员工感知义务的影响不显著($b = -0.054$, $t = -0.428$, ns)。因此,H3 得到了数据支持。

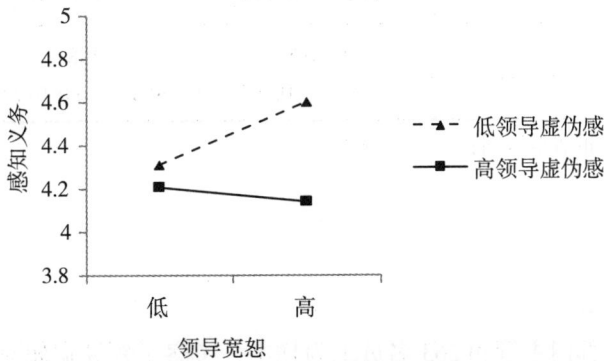

图 2　领导虚伪感的调节效应

(3)被调节的中介效应检验

根据刘东等人(2012)的做法,本研究使用 R 软件,采用参数 bootstrap 方法检验被调节的中介效应(H4a 和 H4b)。表 4 显示,在领导虚伪感的不同水平下,领导宽恕对员工感知义务影响的差异达到显著水平($\Delta = -0.286$, 95% CI $= [-0.525, -0.048]$),表明领导虚伪感对领导宽恕与员工感知义务之间的关系具有调节作用。因此,H3 得到了进一步支持。

表 4 显示,当因变量是促进性建言时,在低领导虚伪感的情况下,间接效应的 95%的置信区间(CI)不包括 0($b = 0.144$, 95% CI $= [0.020, 0.291]$),表明间接效应显著。当领导虚伪感较高时,间接效应未达到显著水平($b = -0.034$, 95% CI $= [-0.164, 0.092]$)。在领导虚伪感的不同水平下,间接效应的差异达到显著水平($\Delta = -0.178$, 95% CI $=$

[−0.353，−0.030]）。因此，H4a 得到了数据的支持。

当结果变量是抑制性建言时，在领导虚伪感的不同水平下，间接效应差异的 95% 的 CI 不包括 0($\Delta = -0.128$，95% CI=[−0.276，−0.017]），表明间接效应的差异显著，即 H4b 得到了验证。

表4 被调节的中介效应分析结果

因变量	调节变量	领导宽恕→感知义务	间接效应	总效应
促进性建言	低领导虚伪感	0.232* [0.032, 0.433]	0.144* [0.020, 0.291]	0.242* [0.067, 0.434]
	高领导虚伪感	−0.054 [−0.255, 0.145]	−0.034 [−0.164, 0.092]	0.064 [−0.116, 0.239]
	差异(Δ)	−0.286* [−0.525, −0.048]	−0.178* [−0.353, −0.030]	−0.178* [−0.353, −0.030]
抑制性建言	低领导虚伪感	0.232* [0.032, 0.433]	0.104* [0.011, 0.228]	0.165 [−0.015, 0.352]
	高领导虚伪感	−0.054 [−0.255, 0.145]	−0.024 [−0.126, 0.068]	0.037 [−0.142, 0.211]
	差异(Δ)	−0.286* [−0.525, −0.048]	−0.128* [−0.276, −0.017]	−0.128* [−0.276, −0.017]

注：括号内为95%的置信区间；* 表示 $p < 0.05$。

5. 讨论与结论

本研究以 54 名部门主管和 263 名员工为样本，考察了领导宽恕对员工促进性建言和抑制性建言的影响，并探讨了员工感知义务的中介作用与领导虚伪感的调节效应。研究结果表明：（1）领导宽恕对员工促进性建言和抑制性建言有正向影响；（2）员工感知义务在领导宽恕与员工建言（促进性建言、抑制性建言）之间起中介作用；（3）领导虚伪感在领导宽恕与员工感知义务之间起调节作用。领导虚伪感越低，领导宽恕对员工感知义务的正向影响越强；（4）领导虚伪感调节了员工感知义务在领导宽恕与员工建言（促进性建言、抑制性建言）之间所起的中介效应。领导虚伪感越低，中介效应越大。

5.1 理论贡献

首先，本研究通过探究领导宽恕与员工建言之间的关系，积累了领导宽恕的理论基础和实证证据，也丰富了建言影响因素的理论研究。另外，以往研究主要考察了领导宽恕对员工工作绩效、工作满意度的影响（张军伟等，2017）。建言行为属于角色外行为，具有风险性和挑战性，会破坏人际和谐（Burris，2012）。领导的宽恕能够包容员工的错误，允许有不同的观点出现，这会广开言路，为员工建言提供沃土。也就是说，相对于工作绩效，建言这种有风险的行为更需要领导宽恕来激发。本研究也发现，领导宽恕对员工促进性建言和抑制性建言有正向影响。此外，张军伟和龙立荣（2016）认为，探讨领导宽恕与员工建言行为之间的关系是未来研究的一个方向，本研究也回应了这一呼吁。

其次，本研究从社会交换的视角，考察了员工感知义务的中介作用，揭示了领导宽恕通过何种途径影响员工建言行为，拓展了领导宽恕对员工建言影响的研究视角。领导宽恕体现了领导的宽宏大度，强化了员工与组织之间的情感交换，这会使员工产生回报组织的责任感和义务感，而建言献策就是一种回报组织的办法（Liang et al.，2012）。因此，本研究将员工感知义务纳入研究模型，探讨了领导宽恕对员工建言行为的影响机制。本研究发现，领导宽恕通过影响员工感知义务，进行作用于员工促进性建言和抑制性建言，这一研究结果也与"知恩图报"的思想相吻合。

另外，本研究通过考察领导虚伪感的调节效应，揭示了领导宽恕在何种条件下影响员工感知义务和建言。以往领导宽恕的研究很少考虑领导宽恕的动机。领导宽恕的动机不同，领导宽恕对员工结果的影响也可能存在差异。因此，本研究将领导虚伪感纳入研究框架，试图探讨其对领导宽恕与员工感知义务之间关系的调节效应。领导的言行不一致会使员工觉得领导宽恕是虚假的宽恕，可能出于工具性目的，这不利于员工产生回报组织的责任感和义务感，因而员工的建言行为也较少。本研究也发现，领导虚伪感对领导宽恕与员工感知义务之间的关系具有调节作用，领导越虚伪，领导宽恕对员工感知义务的影响越弱。

5.2 管理启示

员工长期在生产经营一线，对于企业现状与未来发展有着独特的认识，员工的积极建言能够帮助管理者把握竞争环境的变化，并在残酷的竞争环境中立于不败之地。本研究发现，领导宽恕对员工促进性建言和抑制性建言有显著的正向影响。因此，首先，企业可以通过对团队或者部门的领导进行宽恕技巧的培训，以促进员工建言行为的表达。其次，组织可以培育宽容、节制、自我控制等文化，这也会提升领导宽恕。另外，除了领导宽恕，以往文献也表明，组织支持感与伦理型领导对员工感知义务有正向作用（Eisenberger et al.，2001；梁建，2014）。所以，企业应当关心员工的福祉和贡献，并且鼓励团队或者部门的领导以身作则，这会激发员工产生回报组织的义务感。此外，本研究还发现，领导越虚伪，领导宽恕对员工感知义务的正向影响越小。因而领导在员工面前应保持言行一致，让员工感受到领导的真诚，否则领导督促员工服务组织的行为，很难取得预期的效果。

5.3 研究局限与展望

首先，本研究收集的是横截面数据，这不能判断变量之间的因果关系。此外，领导宽恕与员工建言行为的关系可能是双向的。例如，领导宽恕会促进员工建言，但是员工建言越有效，领导也可能越宽恕。到底是领导宽恕导致了员工建言，还是员工建言促进了领导宽恕？本研究还不能给出确定的答案。因此，为了解决上述问题，未来的研究可采用分时间点或者纵向追踪的方式采集数据。

其次，宽恕不仅包括行为成分，还包括认知和情绪成分，因而以往研究通常采用自评来测量宽恕(Bobocel，2013；Booth et al.，2018；Mccullough et al.，1997)。但是，这种自我报告的数据可能存在社会称许性。我们建议未来的研究可以聚焦领导宽恕的一个成分——领导宽恕行为，并考察其对员工结果的影响。领导宽恕行为比较外显，容易被员工观察到，因而可以采用员工评价，这能减弱社会称许性对研究结果的潜在影响。

另外，根据社会交换理论，本研究探讨了感知义务在领导宽恕与员工建言之间所起的中介效应。除了感知义务，其他变量也可能会中介领导宽恕与建言之间的关系，如心理安全感，本研究并未对这一变量加以检验，这也是未来研究的方向。此外，本研究发现，感知义务在领导宽恕与员工促进性建言和抑制性建言之间所起的间接效应不存在显著的差异。促进性建言与抑制性建言具有较大的差异。相对于促进性建言，抑制性建言更会挑战领导权威，破坏上下级关系，具有较大的风险性(Chamberlin et al.，2017；Wei et al.，2015；Kakkar et al.，2016；Ward et al.，2016)。因此，后续研究可以从两者的差异入手，考察它们不同的形成机理。

最后，本研究探讨了领导宽恕对员工结果的影响机制，而忽视了领导宽恕的前因及其对领导者自身行为的作用。首先，现有文献缺乏领导宽恕影响因素的研究，特别是环境、领导价值观的影响。因此，未来的研究可以从环境与价值观的视角，探讨组织的宽恕文化和领导的价值观(如自我超越、自我提高)对领导宽恕的影响。此外，领导宽恕需要领导控制负面的行为、认知和情绪，这会消耗较多的自我控制资源(Booth et al.，2018)。根据自我损耗理论(ego depletion theory)(Muraven & Baumeister，2000)，这种自我控制资源的减少可能会引发领导的工作倦怠，更有甚者可能会导致领导的负面行为，如非伦理行为，这需要未来的研究进一步验证。

◎ **参考文献**

［1］陈文平，段锦云，田晓明.员工为什么不建言：基于中国文化视角的解析[J].心理科学进展，2013，21(5).

［2］陈晓，高辛，周晖.宽宏大量与睚眦必报：宽恕和报复对愤怒的降低作用[J].心理学报，2017，49(2).

［3］段锦云.家长式领导对员工建言行为的影响：心理安全感的中介机制[J].管理评论，2012，24(10).

［4］李锐，凌文辁，柳士顺.上司不当督导对下属建言行为的影响及其作用机制[J].心理学报，2009，41(12).

［5］梁建.道德领导与员工建言：一个调节-中介模型的构建与检验[J].心理学报，2014，46(2).

［6］刘东，张震，汪默.被调节的中介和被中介的调节：理论构建与模型检验[M]//陈晓萍，徐淑英，樊景立.组织与管理研究的实证方法[M].2版.北京：北京大学出版社，2012.

[7] 魏昕, 张志学. 组织中为什么缺乏抑制性进言? [J]. 管理世界, 2010(10).

[8] 向常春, 龙立荣. 参与型领导与员工建言: 积极印象管理动机的中介作用[J]. 管理评论, 2013, 25(7).

[9] 于维娜, 樊耘, 张婕, 门一. 宽恕视角下辱虐管理对工作绩效的影响——下属传统性和上下级关系的作用[J]. 南开管理评论, 2015, 18(6).

[10] 张军伟, 龙立荣. 上司冲突管理行为与员工宽恕的关系[J]. 管理科学, 2013, 26(6).

[11] 张军伟, 龙立荣. 员工宽恕的前因与后果: 多层次模型[J]. 心理学报, 2014, 46(8).

[12] 张军伟, 龙立荣. 领导宽恕与员工工作绩效的曲线关系: 员工尽责性与程序公平的调节作用[J]. 管理评论, 2016, 28(4).

[13] 张军伟, 龙立荣, 易谋. 上行下效: 工作场所宽恕的涓滴模型[J]. 管理工程学报, 2017, 31(1).

[14] Adams, G. S., Inesi, M. E. Impediments to forgiveness: Victim and transgressor attributions of intent and guilt[J]. *Journal of Personality and Social Psychology*, 2016, 111(6).

[15] Aquino, K., Tripp, T. M., Bies, R. J. Getting even or moving on? Power, procedural justice, and types of offense as predictors of revenge, forgiveness, reconciliation, and avoidance in organizations[J]. *Journal of Applied Psychology*, 2006, 91(3).

[16] Barclay, L. J., Saldanha, M. F. Facilitating forgiveness in organizational contexts: Exploring the injustice gap, emotions, and expressive writing interventions[J]. *Journal of Business Ethics*, 2016, 137(4).

[17] Blau, P. M. *Exchange and power in social life*[M]. New York: John Wiley, 1964.

[18] Bobocel, D. R. Coping With unfair events constructively or destructively: The effects of overall justice and self-other orientation[J]. *Journal of Applied Psychology*, 2013, 98(5).

[19] Booth, J. E., Park, T. Y., Zhu, L. L., et al. Prosocial response to client-instigated victimization: The roles of forgiveness and workgroup conflict[J]. *Journal of Applied Psychology*, 2018, 103(5).

[20] Burris, E. R. The risks and rewards of speaking up: Managerial responses to employee voice[J]. *Academy of Management Journal*, 2012, 55(4).

[21] Chamberlin, M., Newton, D. W., Lepine, J. A. A meta-analysis of voice and its promotive and prohibitive forms: Identification of key associations, distinctions, and future research directions[J]. *Personnel Psychology*, 2017, 70(1).

[22] Costa, S. P., Neves, P. Forgiving is good for health and performance: How forgiveness helps individuals cope with the psychological contract breach[J]. *Journal of Vocational Behavior*, 2017, 100.

[23] Duan, J., Li, C., Xu, Y., Wu, C. Transformational leadership and employee voice behavior: A Pygmalion mechanism[J]. *Journal of Organizational Behavior*, 2017, 38(5).

[24] Eisenberger, R., Armeli, S., Rexwinkel, B., et al. Reciprocation of perceived organizational support[J]. *Journal of Applied Psychology*, 2001, 86(1).

[25] Fehr, R., Gelfand, M. J. The forgiving organization: A multilevel model of forgiveness at work[J]. *Academy of Management Review*, 2012, 37(4).

[26] Greenbaum, R. L., Mawritz, M. B., Piccolo, R. F. When leaders fail to "walk the talk" supervisor undermining and perceptions of leader hypocrisy[J]. *Journal of Management*, 2015, 41(3).

[27] Guchait, P., Lanza-Abbott, J. A., Madera, J. M., Dawson, M. Should organizations be forgiving or unforgiving? A two-study replication of how forgiveness climate in hospitality organizations drives employee attitudes and behaviors[J]. *Cornell Hospitality Quarterly*, 2016, 57(4).

[28] Kakkar, H., Tangirala, S., Srivastava, N. K., Kamdar, D. The dispositional antecedents of promotive and prohibitive voice[J]. *Journal of Applied Psychology*, 2016, 101(9).

[29] Lam, W., Huang, X., Snape, E. D. Feedback-seeking behavior and leader-member exchange: Do supervisor-attributed motives matter? [J].*Academy of Management Journal*, 2007, 50(2).

[30] Lawler, E. J. An affect theory of social exchange[J]. *American Journal of Sociology*, 2001, 107(2).

[31] Liang, J., Farh, C. I. C., Farh, J. L. Psychological antecedents of promotive and prohibitive voice: A two-wave examination[J]. *Academy of Management Journal*, 2012, 55(1).

[32] Little, L. M., Simmons, B. L., Nelson, D. L. Health among leaders: Positive and negative affect, engagement and burnout, forgiveness and revenge[J]. *Journal of Management Studies*, 2007, 44(2).

[33] Mccullough, E., Worthington, E. L., Rachal, K. C. Interpersonal forgiving in close relationships[J]. *Journal of Personality and Social Psychology*, 1997, 73(2).

[34] Morrison, E. W. Employee voice behavior: Integration and directions for future research [J]. *Academy of Management Annals*, 2011(5).

[35] Muraven, M., Baumeister, R. F. Self-regulation and depletion of limited resources: Does self-control resemble a muscle? [J]. *Psychological Bulletin*, 2000, 126(2).

[36] Ozcelik, H., Barsade, S. G. No employee an island: Workplace loneliness and job performance[J]. *Academy of Management Journal*, 2018, 61(6).

[37] Peng, A. C., Schaubroeck, J. M., Li, Y. Social exchange implications of own and coworkers' experiences of supervisory abuse[J]. *Academy of Management Journal*, 2014, 57(5).

[38] Thompson, B. S., Korsgaard, M. A. Relational identification and forgiveness: Facilitating relationship resilience[J]. *Journal of Business and Psychology*, 2019, 34(2).

[39] Tofighi, D., Mackinnon, D. P. RMediation: An R package for mediation analysis confidence intervals[J]. *Behavior Research Methods*, 2011, 43(3).

[40] Walumbwa, F. O., Schaubroeck, J. Leader personality traits and employee voice behavior:

Mediating roles of ethical leadership and work group psychological safety[J]. *Journal of Applied Psychology*, 2009, 94(5).

[41] Ward, A. K., Ravlin, E. C., Klaas, B. S., et al. When do high-context communicators speak up? Exploring contextual communication orientation and employee voice[J]. *Journal of Applied Psychology*, 2016, 101(10).

[42] Wei, X., Zhang, Z. X., Chen, X. P. I will speak up if my voice is socially desirable: A moderated mediating process of promotive versus prohibitive voice[J]. *Journal of Applied Psychology*, 2015, 100(5).

[43] Zdaniuk, A., Bobocel, D. R. The role of idealized influence leadership in promoting workplace forgiveness[J]. *Leadership Quarterly*, 2015, 26(5).

Does Leader Forgiveness Contribute to Employee Voice Behavior?
A Moderated Mediation Model

Zhang Junwei [1]   Qiu Gongying[2]

(1   College of Economics and Management, Huazhong Agricultural University, Wuhan, 430070;

2   School of Business Administration, Hubei University of Economics, Wuhan, 430205)

Abstract: This study adopted questionnaire survey to examine the effect of leader forgiveness on employee voice. We collected data from 54 department supervisors and 263 employees and applied to hierarchical linear modeling (HLM) and the parametric bootstrap method to test our proposed hypotheses. The results of HLM revealed that leader forgiveness was associated with enhanced employee promotive voice and prohibitive voice. Moreover, felt obligation mediated the positive effects of leader forgiveness on employee promotive voice and prohibitive voice. In addition, perception of leader hypocrisy attenuated the relationship between leader forgiveness and employee felt obligation. Finally, perception of leader hypocrisy moderated the indirect effects of leader forgiveness on employee promotive voice and prohibitive voice through felt obligation. These indirect effects were stronger when perception of leader hypocrisy was low than when it was high.

Key words: Leader forgiveness; Felt obligation; Perception of leader hypocrisy; Promotive voice; Prohibitive voice

专业主编：杜旌

价值共创产品禀赋效应的减弱效应[*]
——基于单中介与双调节模型

● 刘建新[1,2]　范秀成[3]　李东进[4]

(1, 3　复旦大学管理学院　上海　200433；2　西南大学经济管理学院　重庆　400715；
4　南开大学商学院　天津　300071)

【摘　要】随着网络经济与体验经济的快速发展，消费者参与产品价值共创已经变得越来越广泛。相关研究已经对价值共创的主导逻辑、概念框架、运作模式等进行了探索，但鲜有研究价值共创对禀赋效应的影响。笔者基于对价值共创营销实践的深入观察和对已有相关文献的系统梳理，突破以往研究的局限，首次研究了价值共创产品对禀赋效应的减弱效应，并通过在西南某综合性高校招募被试印制T恤的组间实验研究方法，深入地探寻和检验了价值共创产品减弱禀赋效应的内在机理及其边界条件。三个实验研究结果表明：价值共创产品会减弱禀赋效应，并且消费者自我设计型价值共创产品较之于自我生产型价值共创产品更能减弱禀赋效应；心理所有权是价值共创产品减弱禀赋效应的重要中介机制；而自我调节和自我威胁会分别对心理所有权产生有中介的调节作用和对中介的再调节作用。本文的研究结论将对厂商改善价值共创营销、消费者理性参与价值共创消费和监管机构强化价值共创管理有重要的启示。

【关键词】价值共创产品　心理所有权　自我调节　自我威胁　禀赋效应

中图分类号：F713.50　　文献标识码：A

1. 引言

随着网络经济的发展和体验经济时代的来临，消费者越来越积极地参与价值共创，而

---

* 基金项目：国家自然科学基金重点项目"转型升级背景下消费者幸福感形成机理与提升策略研究——基于享乐论与实现论平衡视角"（项目编号：71832002）；教育部人文社科青年基金项目"品牌代言人丑闻的溢出效应研究"（项目编号：18YJC630096）；中国第64批博后基金项目"我国共享经济发展背景下消费者协同消费行为研究"（项目编号：2018M640347）；重庆市社科基金一般项目"重庆市共享经济发展模式下消费者协同消费行为研究"（项目编号：2018YBGL067）；西南大学2019年中央高校专项重点基金项目"我国社会主要矛盾变化背景下消费者的稀缺反应研究"（项目编号：SWU1909309）。

通讯作者：刘建新，E-mail：liujianxin2002@163.com。

价值共创也成为某些厂商重要的企业战略和竞争优势（Prahalad and Ramaswamy，2003）。例如，耐克、戴尔、宜家等企业均鼓励甚至提供平台或资源支持消费者参与自我设计、自我生产等价值共创。已有研究表明，无论是自我设计型价值共创还是自我生产型价值共创，不仅能让厂商有效地促进产品创新和降低成本（Bendapudi and Robert，2003），而且能给消费者带来非凡的客户体验与心理满足，因此是真正双赢的营销策略（Troye and Supphellen，2012）。例如，Dahl 和 Moreau（2007）、Franke 等（2010）、Moreau 和 Herd（2010）等就研究发现消费者对自我设计的产品有更高的产品评价、心理满足和支付意愿，并在相框、T恤、折纸、手表和滑雪板等产品域进行了实证检验，获得了有效支持；与此同时，Bendapudi 和 Robert（2003）、Norton 等（2012）、Atakan 等（2014）研究发现消费者对自我生产的产品也会产生更高的产品评价和溢价意愿等，并且在书架、相框、牛仔裤、IKEA 储物箱、T恤等产品域中进行了实证检验，也得到了有效支持。由此可见，不管是自我设计还是自我生产的价值共创产品，都会让消费者产生价值高估现象。

虽然产品领域的价值共创行为研究远没有服务领域那么备受重视和深入，但近年来包括自我设计、自我生产、自我营销等产品价值共创行为也引起了越来越多的关注和研究。成就感（Franke et al.，2010；Atakan et al.，2014）、身份感和依附感（Atakan et al.，2013）、感知自我整合性（Troye and Supphellen，2012）、心理距离（Atakan et al.，2014）、情感承诺（Atakan et al.，2013）等被发现是价值共创产品影响价值增值或心理满足的重要中介机制，而自我建构（Atakan et al.，2014）、自我投入（Atakan et al.，2013）、感知贡献（Franke et al.，2010）、参与结果（Norton et al.，2012）、先验技术（Dahl and Moreau，2007）等被发现可能会对直接或间接影响过程起重要的调节作用，以及提出了自我服务偏见（Bendapudi and Robert，2003）、偏好匹配最大化（Randall，et al.，2007）、设计努力最小化（Dellaert and Stremersch，2005）和"我自己设计"等综合性解释。毫无疑问，这些研究都是对产品价值共创行为的重要探索。但现有的研究仍然存在诸多不足：一是对价值共创的影响大多局限于直接效应的研究，例如购买意愿、顾客满意、产品评价等，而严重缺乏对其扩展效应的研究，例如禀赋效应、溢出效应、挤出效应等；二是偏重于价值共创理论研究，例如产品主导逻辑、服务主导逻辑和消费者主导逻辑等，严重缺乏对价值共创的实证检验研究；三是研究对象局限于自我设计或自我生产等单一价值共创类型，缺乏对两者的综合研究或比较研究，所提出的中介机制和调节机制难以有效诠释消费者参与两种类型价值共创的共同动机和边界条件。鉴于此，笔者转换研究视角，探察价值共创产品及其不同类型对禀赋效应的减弱效应，并进一步明确其内在机制和边界条件，将对丰富与完善价值共创理论、促进与增强价值共创实践具有重要的意义。

本文的创新之处主要体现在三个方面：一是首次探寻了价值共创产品对禀赋效应的减弱效应，揭示了价值共创的价值改变逻辑，即由买卖双方价格博弈逻辑转变为买方自愿溢价逻辑；二是深入地分析了价值共创产品减弱禀赋效应发生的内在机制，即心理所有权的中介作用；三是进一步地明确了价值共创产品减弱禀赋效应的边界条件，即自我调节与自我威胁的连续调节机制。本文将首先进行文献综述和提出研究假设，然后进行实验操作和假设检验，最后总结研究结论和提出研究展望。

2. 文献综述

目前，国内外企业积极吸引和大力支持消费者参与价值共创，包括让消费者参与设计、参与生产、参与组装、参与销售等，并且已经成为某些企业经营利润或竞争优势的重要源泉（张耀一，2017）。戴尔、苹果、小米等企业成功的价值共创实践就表明，消费者参与价值共创能够增强企业的创新能力，提高消费者的消费满意和品牌忠诚，有利于企业利润来源的拓展和竞争优势的建立（Buechel and Janiszewski，2014）。价值共创研究者认为，价值共创本质上是一种强调以体验为导向、注重消费者与企业互动的价值主张与参与行为（Ramaswamy and Gouillart，2010），具体是指消费者与生产商、零售商或其他消费者等利益相关者一起参与到为消费者服务的产品、服务、体验等价值创造过程（Prahalad and Ramaswamy，2003；Etgar，2008；Payne et al.，2008）。通过参与价值共创，消费者不仅获得了经济利益，而且获得了认知利益、社会利益和娱乐利益等（Nambisan and Baron，2009），甚至会培育或增强消费者的自信心、创造力、责任感等（Nambisan and Baron，2010）。正因为如此，随着网络信息技术的发展、企业经营系统的开放和消费者共创意识的唤醒，越来越多的消费者已经不再仅仅满足于成为"产品的被动接受者"，甚至不再满足于建议、组装、自助等初始价值共创，而是要求参与设计、共产、众筹等深度价值共创（Buechel and Janiszewski，2014），例如创意筛选、技术开发、品牌发展、产品推广等。当然，已有研究也表明，价值共创的成败不仅仅取决于消费者的参与意愿、知识、技能、感知任务复杂性等能力（Andreu et al.，2010），也取决于厂商能否提供必不可少的环境、资源、技术、机会等条件（Ramaswamy，2009；Ramaswamy and Gouillart，2010），更取决于消费者和厂商之间不断的互动与对话（Prahalad and Ramaswamy，2004；Andreu et al.，2010）。

Vargo 与 Lusch（2008）、Anker 等（2015）等研究发现，价值共创是对传统以厂商主供、消费者主消的产品主导逻辑的范式革命，逐渐确立以厂消共创、满意为准的服务主导逻辑范式，甚至有向以消费者为核心、厂商提供协助和社会全面支持的消费者主导逻辑范式演进的趋势。主导逻辑范式的转变一方面反映了依赖资源和价值权重的变化，即以物质与设备为基础的对象性资源和物理价值逐渐被以知识与技能为基础的操作性资源和体验价值所取代；另一方面也反映了消费角色与消费权利的转变，即消费者的价值创造与心理体验逐渐得到尊重并占据主导。价值共创的逻辑迭变也给消费者的消费心理与行为反应带来了重要影响（Bendapudi and Robert，2003），学者们纷纷探寻其内在机制和影响效应。例如，Bendapudi 和 Robert（2003）就研究发现消费者参与价值共创会增强满意，原因是产生了"自我服务偏差效应"；Franke 等（2010）研究发现消费者对自我设计的产品会增强支付意愿，不同于"偏好匹配最大化"与"设计努力最小化"原因解释，而是因为"我自己设计（I Designed it myself）"效应；Norton 等（2012）、Mochon 等（2012）通过实验研究发现消费者会对成功的自我制造产品增强产品评价，并将其称之为"IKEA 效应"，原因是"劳动导致爱"；等等。此外，Atakan 等（2014）还研究发现体验效价与自我建构会对自我制造产品评价产生重要影响，发现独立型自我建构仅对积极体验效价的自我制造产品有增强评价，而依存型自我建构对积极和消极体验效价的自我制造产品都会增强评价，并发现产品认同在其中起了重要的中介作用；而 Buechel 与 Janiszewski(2014)少有地探讨了价值共创过程结构对消费者产品评价的影响，他们基于过程效用研究发现当自我设计与自我组装过程分离时消费者会降低对价值共创的满意与产品评价，而当自我设计与自我组装结合时消费者才会增强对价值共创的满意与产品评价。综合而言，消费者会对价值共创存在内在驱力，并会对价值共创产品产生积极评价。但目前的研究更多地关注价值共创的直接效应，而缺乏对扩展效应的研究，例如禀赋效应等；同时也缺乏对不同类型价值共创影响效应的比较研究和实证检验。

Payne 等(2008)研究认为，消费者可以在价值产生的各个环节参与价值共创，例如概念形成、自我设计、自我生产、自我物流等，但 Etgar(2008)、Atakan 等(2014)等研究后发现，受价值共创条件和消费者共创知识等限制，目前消费者主要集中于价值链的两个阶段，即设计阶段(自我设计型价值共创)和生产阶段(自我生产型价值共创)。自我设计型价值共创(Self-Designing Value Co-Creation，SDVCC)是指厂商提供设计平台或资源，而消费者主要通过知识或脑力投入，构思与创造自己所需要或期望的产品或服务；而自我生产型价值共创(Self-Producing Value Co-Creation，SPVCC)则是指厂商提供生产平台或资源，而消费者主要通过技能或体力投入，按照预定选择自主或被协助生产或组装自己所需要的产品或服务(Etgar，2008)。可见，虽然 SDVCC 和 SPVCC 均属于价值共创或顾客参与范畴，但两者还是存在显著区别。Ballantyne 和 Varey(2006)就直接指出两者属于完全不同的构念，SDVCC 是一种通过交流互动方式给消费者带来独特价值的协同创新方式；而SPVCC 则是一种通过相互支持方式给消费者带来所需价值的协作生产方式。Etger(2008)也指出了两者的根本性差异，SDVCC 属于研发设计范畴，而 SPVCC 属于生产或消费范畴。Buechel 和 Janiszewski(2014)则进一步从消费者参与的动机比较了两者之间的区别，消费者参与 SDVCC 的主要动机是身份表达、偏好匹配和成就感等，而参与 SPVCC 的主要动机是学习新技能、证明胜任感和情境可控性等。简而言之，SDVCC 与 SPVCC 虽同属于价值共创范畴，但它们分属于不同的共创环节，需要不同的资源投入和反映不同的消费需求或参与动机，同时也会产生不同的直接效应和扩展效应。

但就目前的研究而言，不仅对于价值共创产品是否如传统产品会产生增强的禀赋效应尚不清楚，不同价值共创方式或类型是否会对禀赋效应产生差异化的影响更是不得而知。相对于传统产品因买卖双方价格博弈会导致禀赋效应增强而言，价值共创产品由于融入了消费者的智慧或劳动，产品更具有自我概念建构性和身份表达性，应该会增强消费者的产品评价和支付意愿，并最终应该会导致禀赋效应的减弱效应。其内在的核心机制在于消费者会对自我劳动的产品产生心理所有权，自我支持性心理和损失厌恶动机会增强消费者的支付意愿，从而导致禀赋效应减弱效应的产生。当然，由于不同价值共创类型需要不同的资源投入和技术要求，而且价值共创成果也具有不同的价值表征性，因此具有不同目标追求和动机强度的自我调节应该会对价值共创产品影响消费者心理所有权有中介的调节作用，而且具有不同威胁敏感性的自我威胁应该会进一步调节心理所有权对禀赋效应减弱效应的中介影响。

3. 研究假设

3.1 价值共创产品、心理所有权与禀赋效应

禀赋效应是指商品交易过程中卖方愿意接受的最低价格（Willingness to Accept，WTA）与买方愿意支付的最高价格（Willingness to Pay，WTP）之间的差异（Thaler，1980）。当卖方 WTA 不变而买方 WTP 减少时会导致产品禀赋效应的增强效应，而当卖方 WTA 不变而买方 WTP 增强时会导致产品禀赋效应的减弱效应。价值共创作为将消费者引入设计或生产过程的生产方式创新和体验消费方式，无论是 SDVCC 还是 SPVCC 都可能导致禀赋效应的减弱。就 SDVCC 而言，自我设计让消费者为产品投入了更多的脑力劳动和设计体验，能够把自己的价值观、性格和偏好有效融入所设计的产品中（Franke et al.，2010），从而使产品更能匹配自己的偏好和表达自我身份，因此会产生心理依恋、产品承诺等心理联结和情感纽带，最终会让消费者产生更高的支付意愿而减弱禀赋效应；而就 SPVCC 而言，自我生产让消费者投入了更多的体力劳动和生产体验，同时也让消费者有更多的机会接触或了解产品，已有研究表明使用更多的时间触摸和熟悉产品也会让消费者产生心理依恋、产品承诺等心理联结和情感纽带（Strahilevtiz and Loewenstein，1998；Peck and Shu，2009），因此也会让消费者增强支付意愿，并最终导致禀赋效应的减弱效应。因此，SDVCC 和 SPVCC 都会导致禀赋效应的减弱效应。

但也有研究表明，SDVCC 与 SPVCC 会让消费者产生不同的产品评价（Atakan，2011；Buechel and Janiszewski，2014），并进而导致禀赋效应程度不同的减弱效应。SDVCC 赋予消费者更多的自由、技术和挑战，需要更多地依赖于脑力劳动和专业技能，具有更强的设计创新性，所设计的产品能够更为有效地表达自己的信念、身份和个性（Belk，1988），结果导致产品个性化程度更高和心理联结更强，因此消费者会产生更高的产品评价和支付意愿（Franke et al.，2010），从而导致禀赋效应更大的减弱效应；而 SPVCC 只是赋予消费者制造、组装或重构的机会，依赖更多的是体力劳动和基本技能，具有更强的操作结构性，所生产的产品也只是消费者参与了消费型加工（Atakan，2011），而无法像 SDVCC 那样融入自己的信念和偏好等，因此消费者并不一定产生显著更强的支付意愿，并最终导致禀赋效应更大的减弱效应。据此，我们假设：

H1：价值共创产品会对禀赋效应产生减弱效应，并且 SDVCC 较之于 SPVCC 会产生更大的减弱效应。

同理，价值共创产品也会让消费者产生心理所有权，并且 SDVCC 与 SPVCC 所产生的心理所有权也会存在程度差异。心理所有权（Psychological Ownership，PO）是指"个体对包括物质或非物质的目标物或目标物的一部分感觉到是自己的一种心理状态"（Pierce et al.，2001）。它不同于法律所有权或正式所有权，法律所有权或正式所有权拥有对目标物的财产权、控制权和知情权等实权，并且被法律所承认和保护；而心理所有权只是拥有对目标物的归属感、认同感和效能感等虚权，只为个体自己所承认和保护（Peck and Shu，2009）。已有研究表明，心理所有权会影响消费者满意、关系意愿、口碑效应、支付意愿

和竞争抵制等（Asatryan and Oh，2008；Peck and Shu，2009；Fuchs et al.，2010）。例如，Kamleitner 和 Feuchtl（2015）就研究发现，想象会让消费者产生心理所有权；Peck 和 Shu（2009）研究发现触摸也会让消费者产生心理所有权；而 Strahilevtiz 和 Loewenstein（1998）研究发现所有权时间会影响目标产品的评价等。按照 Pierce 等（2001，2003）的观点，心理所有权主要由归属感、认同感和效能感等维度构成，因此增强控制、增强了解和不断投入等能够发展或增强心理所有权。并且进一步的研究发现，心理所有权本质上是消费者与目标物之间的心理联结，占有感是心理所有权的核心（Reb and Connolly，2007），它会影响到消费者对目标物的主观评价和禀赋效应等（Reb and Connolly，2007；Morewedge et al.，2009；Dommer and Swaminathan，2013）。

无论是 SDVCC 还是 SPVCC，虽然厂商提供了资源或平台，但消费者付出了劳动、参与了价值共创（Etgar，2008；Frake et al.，2010；Buechel and Janiszewski，2014），设计构思和生产接触等参与过程都会让消费者与产品之间建立心理联结与情感纽带，并产生归属感、认同感与效能感，形成心理所有权。但由于 SDVCC 消费者更多地付出脑力劳动和专业技能，参与了构思与设计，产品融入和蕴涵了自己的信念、性格与偏好（Buechel and Janiszewski，2014），更多地形成与消费者偏好匹配化程度更高的定制化产品（Etgar，2008），能够更好地体现消费者的创造性与成就感（Buechel and Janiszewski，2014），甚至容易成为自我延伸（Belk，1988），因此会导致消费者更强的支付意愿，进而导致禀赋效应更大的减弱效应；而 SPVCC 消费者虽然也参与了产品的生产或组装过程，但更多地付出体力劳动和基本技能，最终产品是并不一定具有创造性和个性化的标准化产品，消费者所得到的是生产成就与过程体验（Atakan，2013；Buechel and Janiszewski，2014），相较于标准成品而言，消费者有更强的支付意愿并会导致禀赋效应更大的减弱效应，但相较于 SDVCC 产品而言会有更低的支付意愿，因此会导致禀赋效应更小的减弱效应。据此，我们假设：

H2：价值共创产品会产生心理所有权，并且 SDVCC 较之于 SPVCC 会产生更高的心理所有权。

禀赋效应是商品交易的普遍规律（Thaler，1980），损失厌恶一直被视为禀赋效应形成的核心机制（Kahneman et al.，1990），但逐渐有研究发现心理所有权才是禀赋效应产生的核心机制（Morewedge et al.，2009；Dommer and Swaminathan，2013；Chatterjee et al.，2013）。然而，Morewedge 等（2009）、Chatterjee 等（2013）都是以卖方的视角探索和论证拥有产品心理所有权的卖方通过把禀赋效应作为应对自我威胁的自我增强手段，而非探索和论证对产品产生心理所有权的买方会产生更强的支付意愿而导致禀赋效应的减弱效应。事实上，已有研究表明，心理所有权的形成会增强消费者对目标产品的评价（Yeung，2012），其原因在于：一方面，心理所有权形成后消费者会产生促进机制，心理所有权所带来的归属感、认同感与效能感需要通过谋求真实所有权用以证明和维持（Avey et al.，2009），因此更愿意支付心理溢价，从而导致禀赋效应的减弱效应；另一方面，心理所有权形成后也会产生防御机制，即消费者会产生对目标产品的保护欲望与责任心理（Avey et al.，2009），也会更愿意支付心理溢价，从而导致禀赋效应的减弱效应。因此，无论是对 SDVCC 产品还是 SPVCC 产品，一旦形成心理所有权消费者就会产生更强的支付意愿从而导致禀赋效应的减弱效应。当然，由于 SDVCC 产品较之于 SPVCC 产品更具偏好匹配性和自我表达性，因此其更高的心理所有权会让消费者的溢价支付意愿会更强，最终也会导致禀赋效应更大的减弱效应。据此，我们假设：

H3：心理所有权会对减弱禀赋效应产生积极影响，并且心理所有权会对价值共创产品减弱禀赋效应产生中介作用。

3.2 自我调节的调节作用

价值共创产品影响消费者心理所有权会受到自我调节的调节作用。自我调节（Self-Regulation）是指源于理想自我与责任自我之间的自我差异，个体会呈现进取与规避的聚焦倾向（Higgins，1997）。具体而言，它包括促进聚焦（Promotion Focus）和预防聚焦（Prevention Focus），前者是指基于进取动机，个体努力实现自己的理想、希望和愿望，注重个人的发展与自我实现，因此特别聚焦于正面结果、成就和进步等，积极追求积极结果的出现；而后者是指基于预防动机，个体努力避免错误和失败，注重履行自己的责任和义务，以及满足他人的期望等，因此特别聚焦于负面结果、安全和责任等，积极追求消极结果的避免（Higgins，1997）。它们的情绪体验差异为前者敏感于快乐或沮丧，而后者敏感于紧张或焦虑。以往研究认为两者分属于不同的特质倾向（Higgins，1997，2002），但后来的研究发现它们共存于个体之内，具体倾向显现取决于情境。在产品价值共创中，SDVCC 需要消费者更多的脑力劳动和专业技能，共创过程充满了自由、专业与挑战（Buechel and Janiszewski，2014），所设计或创造的产品是融入了消费者的信念、个性与偏好的自我延伸、成就证明和身份表达（Dahl and Moreau，2007），因此更适合于促进聚焦的消费者或消费情境；而 SPVCC 更多的是依赖消费者的体力劳动和基本技能，在共创过程虽然消费者会持续接触和享受愉悦，但无法融入自己的信念、个体与偏好（Buechel and Janiszewski，2014），所制造或组装的产品更多的是个性化低、风险性小的标准化产品，因此更适合于预防聚焦的消费者或消费情境。据此，我们假设：

H4：自我调节会对价值共创产品影响消费者心理所有权产生有中介的调节作用。

3.3 自我威胁的再调节作用

心理所有权减弱禀赋效应过程还会受到自我威胁的再调节作用。自我威胁（Self-Threat）是指对有可能侵犯或损害自我概念或自尊的心理感知，"当对自我有利的观点受到质疑、反驳、责难、欺骗、挑战或其他不利情境时"自我威胁就会发生（Baumeister et al.，1996；Campell and Sedikides，1999）。自我威胁无处不在，可能会给消费者带来不利反应，例如自我概念的改变、自尊的降低和自信心减弱等，以及挫折、生气、焦虑、敌意或抑郁等消极情绪（Campell and Sedikides，1999）。为了应对自我威胁，消费者可能会采取自我服务偏见、防御性消费等自我增强应对策略去保护、维护和重申自我（Qiu，2010）。其中，增强自己占有的价值是自我增强最有效的手段（Dommer and Swaminathan，2013）。因此，在价值共创中，当已经具有心理所有权的产品可能无法得到时，消费者会将该"失去"视为自我威胁（Dommer and Swaminathan，2013），而且该自我威胁程度越高，消费者越可能有更高的支付意愿，从而导致禀赋效应的减弱效应更大，反之则会更小。在自我调节情境下，由于 SDVCC 有更高的心理所有权，因此当自我威胁增强时，消费者也会有更高的支付意愿，并导致更大的禀赋效应减弱效应；而对于 SPVCC 而言，由于最终是标准化产品，心理所有权的强度虽然比标准成品要高，但显然要低于 SDVCC 产品，因此消费者会有较低的支付意愿，并会导致更小的禀赋效应减弱效应。据此，我们假设：

H5：自我威胁会对心理所有权减弱禀赋效应产生再调节作用。

综合以上文献综述和研究假设，本文提出如图 1 所示的概念框架研究模型，并通过三个实验检验所有研究假设和整个概念框架模型。实验 1 主要检验价值共创产品对禀赋效应的减弱效应以及心理所有权的中介效应；实验 2 主要检验自我调节对价值共创产品影响心理所有权的调节作用；实验 3 主要检测自我威胁对心理所有权减弱禀赋效应的再调节作用。

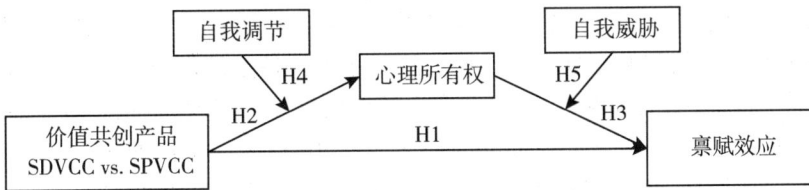

图 1　整个概念框架模型

4. 实验操作与假设检验

4.1 实验 1：心理所有权的中介效应

4.1.1 预实验

预实验的主要目的是检验实验材料、实验情境和价值共创产品类型的有效性和差异性等。T 恤被很多价值共创研究作为有效的实验商品（Atakan et al.，2014），原因是不仅能有效反映价值共创的参与性，而且过程简单、可控、低廉等。适逢某高校 110 周年校庆，需要印制一批纪念 T 恤，经研究组请求学校同意拿出部分 T 恤印制任务做实验。在该综合性高校招募了 36 名被试（男 16 名/女 20 名），平均年龄为 21.36 岁（SD=0.87），将他们随机地分配给三个组，即自我设计价值共创组（SDVCC）、自我生产价值共创组（SPVCC）和控制组（VCCC）。SDVCC 利用图形编辑软件在预定的 12 幅学校风景画进行选择、设计、编辑等以备印制到 T 恤胸前，要求不准印制自己或他人肖像、任何学校校名或其 Logo 等；SPVCC 则是利用 T 恤印花机进行 T 恤印制任务，只印制而不设计；VCCC 则是观察和评价已经印制好的成品 T 恤。各组同时且独立进行实验，每组的实验操作为 20 分钟，实验答题 10 分钟，测项评价为 5 项 7 点制 Likert 量表问题（例如"你有参与感吗？"，1=非常不赞同或消极情绪，7=非常赞同或积极情绪）。

预实验 T 检验结果显示，SDVCC 和 SPVCC 较之于 VCCC 均有更强的参与感（M_{SDVCC}=6.08，M_{VCCC}=1.58，$t(22)$=18.47，$p<0.05$；M_{SPVCC}=6.17，M_{VCCC}=1.58，$t(22)$=24.60，

$p < 0.05$），并且 SDVCC 较之于 SPVCC 有更显著的设计参与感（$M_{SDVCC} = 6.17$，$M_{SPVCC} = 1.50$，$t(22) = 24.82$，$p < 0.05$），而 SPVCC 较之于 SDVCC 有更显著的生产参与感（$M_{SDVCC} = 1.67$，$M_{SPVCC} = 5.58$，$t(22) = -14.54$，$p < 0.05$），但 VCCC 无论是设计型参与感还是生产型参与感均不显著（$M_{SDVCC} = 1.25$，$p > 0.05$；$M_{SPVCC} = 1.18$，$p > 0.05$）；同时，SDVCC 和 SPVCC 分别较之于 VCCC 有更积极的参与情绪（$M_{SDVCC} = 5.83$，$M_{VCCC} = 4.33$，$t(22) = 6.85$，$p < 0.05$；$M_{SPVCC} = 5.25$，$M_{VCCC} = 4.33$，$t(22) = 3.53$，$p < 0.05$）；最后，SDVCC 和 SPVCC 分别较之于 VCCC 也有更高的支付意愿（$M_{SDVCC} = 5.92$，$M_{VCCC} = 2.75$，$t(22) = 16.01$，$p < 0.05$；$M_{SPVCC} = 5.25$，$M_{VCCC} = 2.75$，$t(22) = 11.27$，$p < 0.05$）。因此，实验材料、实验情境和价值共创产品类型均适合于该实验，并将会被用于主实验中。

4.1.2 实验设计

实验 1 的主要目的是检验不同价值共创类型是否会产生不同的禀赋效应减弱效应，以及心理所有权是否会产生中介效应。实验采用单因素组间设计，实验材料、实验组别、实验过程和价值共创产品类型跟预实验一样。除此之外，各组被试还需要分别填写"心理所有权测量量表"和"禀赋效应测量量表"及个人统计信息。"心理所有权测量量表"采用的是 Peck 与 Shu(2009)、Lessard-Bonaventure 与 Chebat(2015)等所采用的 3 项 7 点制 Likert 量表（例如"我好像觉得这件 T 恤是我的"，1 = 非常不赞同，7 = 非常赞同），并因应景略有改动；禀赋效应测量是在实验开始时实验者展示一件 T 恤样品后先提出一个卖价(60 元)，然后要求被试独立填写一个还价，而在实验结束后实验者再次要求被试填写一个买价，该买价减去前一还价的值即为禀赋效应的减弱值。在西南某综合性高校招募了 97 名被试，并将他们随机地分配给三个组，并按实验设计同时且独立进行实验，实验结束后领取奖品（T 恤或 30 元钱）并被致谢。最后，经仔细检查，有 11 名被试因为猜出实验目的或问卷回答全为相同评级而被剔除，剩下有效问卷 86 份（男 44 份/女 42 份），有效被试平均年龄为 21.63 岁(SD = 0.87)。

4.1.3 实验结果

SPSS20.0 的信度分析结果显示，心理所有权的 Cronbach's α 为 0.95 > 0.70(Churchill，1979)，因此测量是有效的，将其同项加总均值化形成心理所有权指数。禀赋效应的减弱值按实验设计的计算公式进行计算。为了计算的需要，分别对 SDVCC、SPVCC 和 VCCC 编码为 1、-1 和 0。对禀赋效应的减弱值和心理所有权的独立 T 检验结果显示，就禀赋效应减弱值而言，SDVCC 和 SPVCC 较之于 VCCC 均有更大的减弱效应（$M_{SDVCC} = 9.24$，$M_{VCCC} = 1.94$，$t(59) = 21.54$，$p < 0.05$；$M_{SPVCC} = 7.80$，$M_{VCCC} = 1.94$，$t(55) = 17.79$，$p < 0.05$），并且 SDVCC 较之于 SPVCC 产生更大的禀赋效应减弱效应（$M_{SDVCC} = 9.24$，$M_{SPVCC} = 7.80$，$t(52) = 3.75$，$p < 0.05$），因此 H1 得到有效支持；同时，SDVCC 和 SPVCC 较之于 VCCC 均有更高的心理所有权（$M_{SDVCC} = 5.75$，$M_{VCCC} = 3.26$，$t(59) = 18.43$，$p < 0.05$；$M_{SPVCC} = 5.27$，$M_{VCCC} = 3.26$，$t(55) = 14.82$，$p < 0.05$），并且 SDVCC 较之于 SPVCC 也产生更高的心理所有权（$M_{SDVCC} = 5.75$，$M_{SPVCC} = 5.27$，$t(52) = 3.75$，$p < 0.05$），因此 H2 也得到有效支持；最后，以心理所有权为自变量、禀赋效应减弱值为因变量进行回归分析，回归分析结果显示回归方程是有效的（$F(1, 84) = 3947.03$，$p < 0.05$），并且标准化回归系数为 $\beta = 0.79$（$t(84) = 62.83$，$p < 0.05$），表明心理所有权有正向的禀赋效应减弱效应，因此

H3 的前半部分得到有效支持。

按照 Zhao 等(2010)提出的中介效应分析程序,参照 Preacher(2008)和 Hayes(2013)提出的 Bootstrap 方法进行中介效应检验,选择模型 4,样本量选择为 5000,取样方法为选择偏差校正的非参数百分位法。结果显示(见表 1),心理所有权对价值共创产品减弱禀赋效应起到了中介作用,中介效应大小为 0.21(LLCI = 0.10,ULCI = 0.32,不包含 0)。同时,控制了中介变量后,价值共创产品对禀赋效应的减弱效应不再显著(LLCI = −0.02,ULCI = 0.04,包含 0),表明心理所有权起到了完全中介作用。因此,H3 的后半部分得到有效支持,据此整个 H3 得到完整支持。

表 1　　　　　　　　　　　心理所有权的中介效应

效应类型	效应值	标准误	t 值	显著性 p 值	95%置信区间	
					LLCI	ULCI
直接效应	0.01(ns)	0.01	−0.97	0.34	−0.02	0.04
中介效应	0.21	0.05*	—	—	0.10	0.32

注:心理所有权、禀赋效应减弱值等各变量数据为标准化数据;* 表示"Boot SE";ns 代表不显著。

实验 1 有效地检验了 H1、H2 和 H3,它们均得到了完整支持,但价值共创产品通过心理所有权的中介作用减弱禀赋效应是否如假设所言会受到自我调节的调节作用影响呢?接下来,将通过实验 2 进行检验。

4.2　实验 2:自我调节的调节作用

4.2.1　实验设计

实验 2 的主要目的是检验自我调节对价值共创产品影响中介变量心理所有权的调节作用。实验采用的是 2(价值共创产品:SDVCC vs. SPVCC)×2(自我调节:促进聚焦 vs. 预防聚焦)的组间因子设计。实验材料和实验情境跟实验 1 一样。实验过程为将所招募的被试随机地分为四组,给每组呈现预实验中不同的实验任务和启动不同的自我调节,其余过程与实验 1 一样。心理所有权测量量表和禀赋效应减弱值的计算方法也与实验 1 相同;自我调节的启动方法则采用 Dholakia 等(2006)使用的短文撰写情境启动法,即促进聚焦组别和预防聚焦组别分别撰写题为"成功在于作为"和"预防是最好的治疗"的短文,各列举至少 5 条支持性论据,然后双盲于实验目的的两名判者进行检测和判断,对每一条确定为成功、成就、抱负或失败、责任、义务的论据分别赋值 1 分,有异议者进行讨论。实验结束后,被试领取奖品(T 恤或 30 元钱)并被致谢。在西南某综合性高校招募了 144 名被试,基于与实验 1 相同的原因剔除掉 23 份被试问卷后还剩 121 份有效问卷(男 53 份/女 68 份),有效被试平均年龄为 21.78 岁(SD = 0.87)。

4.2.2　实验结果

(1)操控检验

操纵检验结果显示,促进聚焦组被试较之于预防聚焦组被试有更多的促进聚焦导向

（$M_{促进聚焦}$ = 6.80，$M_{预防聚焦}$ = 3.02，$t(119)$ = 23.42，$p<0.05$），而预防聚焦组被试较之于促进聚焦组被试有更多的预防聚焦导向（$M_{预防聚焦}$ = 5.80，$M_{促进聚焦}$ = 3.22，$t(119)$ = −19.70，$p<0.05$），因此自我调节的操纵是成功的。

（2）调节检验

心理所有权的 Cronbach's α 为 0.89>0.70（Churchill，1979），因此测量是有效的，同样将其问项加总均值化形成心理所有权指数。单因素分析 ANOVA 结果显示，自我调节与价值共创产品之间的交互效应显著（$F(1, 117)$ = 322.31，$p<0.05$），表明在促进聚焦导向下 SDVCC 较之于 SPVCC 有更高的心理所有权（M_{SDVCC} = 5.65，M_{SPVCC} = 3.96），而在预防聚焦导向下 SPVCC 较之于 SDVCC 有更高的心理所有权（M_{SPVCC} = 4.70，M_{SDVCC} = 3.68）（见图2）。同时，价值共创产品（$F(1, 117)$ = 19.38，$p<0.05$）和自我调节（$F(1, 117)$ = 66.25，$p<0.05$）的主效应也显著。因此，H4 得到有效检验。

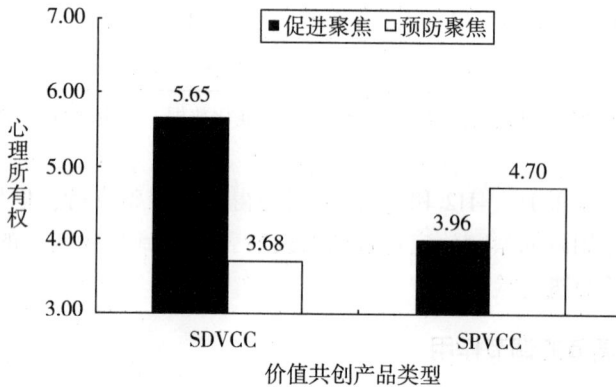

图2　自我调节的调节作用

（3）中介检验

采用与实验1相同的中介效应分析程序和参数标准。结果显示（表2），在促进聚焦导向下心理所有权的中介效应显著（LLCI = 0.76，ULCI = 1.02，不包含0），中介效应大小为0.88；而在预防聚焦导向下心理所有权的中介效应也显著（LLCI = −0.71，ULCI = −0.48，不包含0），中介效应大小为 −0.60。同时，控制了中介变量后，直接效应不再显著（LLCI = −0.01，ULCI = 0.02，包含0）。这表明，无论是在促进聚焦导向还是预防聚焦导向下，心理所有权都发挥了中介效应，因此 H3 的后半部分同样得到有效支持。

表2　　　　　　　　　　　　　　自我建构调节下心理所有权的中介效应

效应类型	自我调节	效应值	标准误	t 值	显著性 p 值	95%置信区间	
						LLCI	ULCI
直接效应		−0.01	0.01	−0.67	0.50(ns)	−0.01	0.02

效应类型	自我调节	效应值	标准误	t 值	显著性 p 值	95%置信区间	
						LLCI	ULCI
中介效应	促进聚焦	0.88	0.07*	—	—	0.76	1.02
	防御聚焦	−0.60	0.06*	—	—	−0.71	−0.48

注：心理所有权、禀赋效应减弱值等各变量数据为标准化数据。* 表示"Boot SE"；ns 代表不显著。

实验 2 有效检验了 H4，结果表明自我调节会对心理所有权产生调节作用。但心理所有权的中介效应是否还会受到自我威胁的再调节作用影响呢？接下来，本文将通过实验 3 做进一步的检验。

4.3 实验 3：自我威胁的再调节作用

4.3.1 实验设计

实验 3 的主要目的是检验自我威胁对心理所有权中介效应的再调节作用。实验设计采用 2(价值共创产品：SDVCC vs. SPVCC)×2(自我调节：促进聚焦 vs. 预防聚焦)×2(自我威胁：高 vs. 低)的组间因子设计。实验材料、实验情境、自我调节的启动、心理所有权量表和禀赋效应减弱值处理等与实验 1 和实验 2 一样。所不同的是，被试被分为八组，其中各有四组被试在评定心理所有权后将会被启动高低自我威胁。自我威胁的启动方法采用的是 Campbell 与 Sedikides(1999)和 Qiu(2010)等建议和使用的方法，即向不同被试在完成心理所有权测试后展示"如果你自己觉得做的产品很失败，我们将焚毁"信息以诱发高自我威胁感和"如果你自己觉得做的产品很成功，我们将收购"信息以诱发低自我威胁感。"自我威胁测量量表"采用的是 4 项 7 点制 Likert 量表(例如"我感觉我做的 T 恤很失败"，1=非常不赞同，7=非常赞同)。在西南某综合性高校招募了 204 名被试，基于与实验 1 相同的原因剔除掉 18 份被试问卷后还剩 186 份有效问卷(男 107 份/女 79 份)，有效被试平均年龄为 21.83 岁(SD=0.87)。

4.3.2 实验结果

(1)操纵检验

自我调节和自我威胁的操纵检验结果显示：在启动促进聚焦后，促进聚焦导向较之于预防聚焦导向有更高的促进聚焦导向($M_{促进聚焦}$=6.83，$M_{预防聚焦}$=3.40，$t(184)$=27.07，$p<0.05$)，而在启动预防聚焦后，预防聚焦较之于促进聚焦导向有更高的预防聚焦导向($M_{预防聚焦}$=6.27，$M_{促进聚焦}$=3.25，$t(184)$=−28.80，$p<0.05$)，因此自我调节操纵是成功的；同时，在启动自我威胁后"如果你自己觉得做的产品很失败，我们将焚毁"信息较之于"如果你自己觉得做的产品很成功，我们将收购"信息，诱发了被试更高的自我威胁感($M_{高自我威胁}$=5.59，$M_{低自我威胁}$=2.42，$t(184)$=61.68，$p<0.05$)，因此自我威胁的操纵也是成功的。

(2)调节检验

心理所有权的 Cronbach's α 为 0.95>0.70(Churchill，1979)，因此测量是有效的，表

明具有良好的内部一致性和可靠性。心理所有权和禀赋效应减弱值的处理跟实验 1 一样。就自我调节的调节作用而言，单因素 ANOVA 结果显示，自我调节与价值共创产品之间的交互效应显著($F_{(1, 182)}$＝1021.98，$p<0.05$)，同时自我调节($F_{(1, 182)}$＝248.32，$p<0.05$)和价值共创产品($F_{(1, 182)}$＝41.15，$p<0.05$)的主效应也显著，因此自我调节的调节作用显著，H4 再次得到稳健检验；就自我威胁的调节作用而言，自我威胁与心理所有权的交互效应也显著($F_{(1, 182)}$＝7.92，$p<0.05$)，表明在高自我威胁下被试有更高的禀赋效应减弱效应，因此 H5 得到有效支持。

（3）中介检验

采用与实验 1 相同的中介效应分析程序和参数标准。结果显示(表 3)，在促进聚焦被启动后，SDVCC 较之于 SPVCC 无论是高自我威胁还是低自我威胁均有更高的禀赋效应减弱效应，心理所有权分别所起的中介效应为 0.90(LLCI＝0.84，ULCI＝0.96，不包含 0)和 0.78(LLCI＝0.72，ULCI＝0.84，不包含 0)；而在预防聚焦被启动后，SDVCC 较之于 SPVCC 无论是高自我威胁还是低自我威胁均有更低的禀赋效应减弱效应，心理所有权分别所起的中介效应为－0.60(LLCI＝－0.66，ULCI＝－0.54，不包含 0)和－0.49(LLCI＝－0.55，ULCI＝－0.43，不包含 0)。同时，无论是在被启动促进聚焦还是预防聚焦下，所形成的心理所有权在高自我威胁较之于低自我威胁下均有更大的禀赋效应减弱值(绝对值)，表明高自我威胁会导致心理所有权产生更强的禀赋效应减弱效应。此外，在控制了中介变量后，价值共创产品对禀赋效应的减弱效应不再显著(LLCI＝－0.01，ULCI＝0.02，包含 0)。该研究结论一方面表明了心理所有权的中介效应，有效支持了 H3；另一方面也表明了自我调节和自我威胁的调节作用，有效支持了 H4 和 H5。

表3 自我调节与自我威胁连续调节下心理所有权的中介效应

效应类型	自我调节	自我威胁	效应值	标准误	t 值	显著性 p 值	95%置信区间	
							LLCI	ULCI
直接效应		—	0.01	0.01	1.54	0.13(ns)	−0.01	0.02
中介效应	促进聚焦	高	0.90	0.03*	—	—	0.84	0.96
		低	0.78	0.04*	—	—	0.72	0.84
	防御聚焦	高	−0.60	0.03*	—	—	−0.66	0.54
		低	−0.49	0.02*	—	—	−0.55	−0.43

注：心理所有权、禀赋效应减弱值等各变量数据为标准化数据。＊表示"Boot SE"；ns 代表不显著。

实验 3 不仅有效检验了心理所有权的中介效应和自我调节的调节作用，而且更为重要的是有效检验了自我威胁的调节作用。研究结果表明，在经过自我调节(促进聚焦 vs. 预防聚焦)的调节作用后，消费者对价值共创产品所形成的心理所有权对禀赋效应减弱效应的影响还会受到自我威胁的再调节作用，即高自我威胁较之于低自我威胁更容易让消费者产生更强的支付意愿，并进而导致禀赋效应更大的减弱效应，因此 H5 也得到有效检验。

5. 研究结论与展望

5.1 研究结论

(1)价值共创产品会对禀赋效应产生减弱效应，并且 SDVCC 较之于 SPVCC 对禀赋效应有更大的减弱效应。

禀赋效应是指商品交易过程中卖方愿意接受的最低价格与买方愿意支付的最高价格之间的差异。买卖价格之间差额越大，表明禀赋效应越强，反之则越弱。Thaler（1980）、Kahneman 等（1990）等研究发现，损失厌恶感是导致禀赋效应产生的根本原因，但后来的研究发现，心理所有权更具有解释力（Reb and Connolly, 2007；Morewedge et al., 2009；Dommer and Swaminathan, 2013）。本文的研究发现，价值共创产品由于产品本身融入了消费者的智慧或劳动，由此导致消费者有更强的支付意愿，并会导致禀赋效应减弱。而且进一步研究发现，SDVCC 由于融入了消费者更多的脑力劳动和专业技能，因此较之于融入消费者更多体力劳动和结构化操作的 SPVCC，对禀赋效应有更大的减弱效应。三个实验均证实了该研究结论。

(2)价值共创产品减弱禀赋效应的中介机制是心理所有权。

心理所有权是个体对包括物质或非物质的目标物或目标物的一部分感觉到是自己的一种心理状态。价值共创产品由于让消费者参与价值共创，在共创过程中不仅融入了消费者的脑力或体力劳动，而且增进了对产品的熟悉和了解，甚至会建立情感联系或心理依恋，因此让消费者对其产生了心理所有权，而心理所有权的形成将会增强消费者的支付意愿。价值共创产品之所以减弱禀赋效应，正是因为心理所有权发挥了关键的中介作用。三个实验均证实心理所有权在价值共创产品减弱禀赋效应中发挥了完全中介作用。

(3)自我调节与自我威胁会对心理所有权的中介效应产生调节作用。

心理所有权对价值共创产品减弱禀赋效应并非是无条件限制的，实验 2 和实验 3 表明自我调节与自我威胁会对心理所有权的中介效应产生调节作用。自我调节是指源于理想自我与责任自我之间的自我差异，个体会呈现进取与规避的聚焦倾向。实验 2 表明促进聚焦会对 SDVCC 有更大的禀赋效应减弱效应，而预防聚焦会对 SPVCC 有更大的禀赋效应减弱效应。自我威胁是指对有可能侵犯或损害自我概念或自尊的心理感知。实验 3 进一步表明，即使经过自我调节的调节作用后，高自我威胁较之于低自我威胁会让心理所有权有更大的禀赋效应减弱效应。自我调节与自我威胁调节机制的发现将进一步明确心理所有权中介价值共创产品减弱禀赋效应的边界条件。

5.2 管理启示

本文的研究具有重要的管理启示。

首先，对于厂商而言，主要有三个方面的指导意义：

一是随着体验经济的盛行和消费者参与或创新意识的唤醒，价值共创已成必然之势，厂商必须审时度势，转变经营观念或经营模式，积极发展价值共创，以此来创造新的利润源泉和竞争优势源泉。其背后的逻辑是，价值共创不同于传统价值交换的博弈逻辑，即买卖双方出于自利动机而最优化自身价格从而导致禀赋效应增大，会最终损失市场效率和损害买卖双方幸福感；相反，它是采用相互利他的合作逻辑，共同创造价值从而减弱禀赋效应，最终会增强市场效率和买卖双方的幸福感。

二是不同的价值共创类型需要不同的资源投入和技能要求，并且其价值共创成果具有不同的物理价值或象征意义，因此厂商必须准确识别不同价值共创的特点和影响，针对不同的消费者提供不同的价值共创方案，才能让其产生更高的心理所有权，进而增强其支付意愿。

三是不同的消费者具有不同的追求目标和消费偏好。例如，追求成就动机的促进聚焦者更愿意参与自我设计型价值共创，而追求规避动机的预防聚焦者更愿意参与自我生产型价值共创，因此厂商必须因人而异，切不可一视同仁，才能实现预期的营销效果；同时，研究结论也发现，当消费者对价值共创产品感知到"自我威胁"时，会增强其支付意愿，因此当消费者对价值共创产品产生"心之所有"时，厂商可以在不违反相关法律和商业伦理的基础上采取适当的"威胁"策略，这将在一定程度上增强消费者的支付意愿，从而实现厂商溢价销售与成本节约的"双重剥削"。

其次，对于消费者而言，应该正确认识价值共创现象并理性参与价值共创行为，既要充分发挥自己的聪明才智、积极参与价值共创，增强消费体验和消费学习；又要避免陷入价值共创"陷阱"，造成参与成瘾和过度消费，影响健康消费习惯或生活方式的形成和发展。

最后，对于行业监管者而言，应该加强价值共创经营监管和规范，既要对积极健康的价值共创经营和消费加强引导，又要对弄虚作假、坑蒙拐骗的价值共创不良做法加强惩戒，以维护健康的市场秩序和市场主体的合法利益。

5.3　研究局限及展望

本文也存在一定的研究局限，将是未来进一步研究的方向。首先，本文仅仅研究了心理所有权的中介效应和自我调节、自我威胁的调节作用，显然是不够的，需要进一步探索其他中介机制和调节机制，例如心理流体验、心理依附感、心理授权、心理特权感等的影响，尤其是应加强对双中介或多重中介机制的探索和检验，以进一步增强模型或结论的解释力。其次，本文主要聚焦于价值共创的结果影响，由于价值共创属于体验式消费，共创体验过程的认知、情绪和动机对于共创产品价值的评价至关重要，未来的研究应更加关注价值共创过程的影响，例如感知耗力、感知可控性、共创情绪等对产品评价的影响，以及互联网环境的价值共创和消费众筹等新型价值共创方式。再次，本文的研究仅仅关注了价值共创的驱动因素和积极影响，毫无疑问，价值共创也存在阻碍因素或消极影响，消费者的学习成本、多次共创的心理饱厌感、共创过程或结果的社会比较等都可能阻碍消费者的价值共创，同时价值共创也可能产生外部负效应，这都是未来值得研究的重要选题。最后，本文所采用的实验商品、实验方法、实验被试等可能限制了模型检验的生态效度，因此扩大商品品类、改善调查方法和增加样本范围等也是未来需要努力的方向。

◎ 参考文献

[1] 张耀一. 创客空间、理论逻辑、模式选择及案例研究[J].江淮论坛,2017(3).

[2] Andreu, L., Sánchez, I., Mele,C. Value co-creation among retailers and consumers: New insights into the furniture market[J]. *Journal of Retailing & Consumer Services*, 2010, 17 (4).

[3] Anker, T. B., Sparks, L., Moutinho, L., et al. Consumer dominant value creation: A theoretical response to the recent call for a consumer dominant logic for marketing[J]. *European Journal of Marketing*, 2015, 49(3/4).

[4] Atakan, S. S., Bagozzi, R. P., Yoon, C. Consumer participation in the design and realization stages of production: How self-production shapes consumer evaluations and relationships to products[J]. *International Journal of Research in Marketing*, 2014, 31(4).

[5] Atakan, S. S., Bagozzi, R. P., Yoon, C. Make it your own: How process valence and self-construal affect evaluation of self-made products[J]. *Psychology & Marketing*, 2014,31(6).

[6] Atakan, S.S. How and why self-production affects product evaluations: The role of process valence and involvement in shaping evaluation of, attachment to, and identification with self-made products[D]. *Dissertations & Theses — Gradworks*, 2011.

[7] Avey, J.B., Avolio, B. J., Crossley, C. D., et al. Psychological ownership: Theoretical extensions, measurement and relation to work outcomes [J]. *Journal of Organizational Behavior*, 2009, 30(2).

[8] Ballantyne, D., Varey, R. J. Creating value-in-use through marketing interaction: The exchange logic of relating, communicating and knowing[J]. *Journal of Oriental Researches*, 2006, 62(6).

[9] Baumeister, R. F., Smart, L., Boden, J. M. Relation of threatened egotism to violence and aggression: The dark side of high self-esteem[J]. *Psychological Review*, 1996, 103(1).

[10] Belk, R. W. Possessions and the extended self[J]. *Journal of Consumer Research*, 1988, 15(9).

[11] Bendapudi, N., Leone, R. P. Psychological implications of customer participation in co-production[J]. *Journal of Marketing*, 2003, 67(1).

[12] Buechel, E. C., Janiszewski, C. A lot of work or a work of art: How the structure of a customized assembly task determines the utility derived from assembly effort[J]. *Journal of Consumer Research*, 2014, 40(5).

[13] Campbell, W. K., Sedikides, C. Self-threat magnifies the self-serving bias: A meta-analytic integration[J]. *Review of General Psychology*, 1999, 3(1).

[14] Chatterjee, P., Irmak, C., Rose, R. L. The endowment effect as self-enhancement in response to threat[J]. *Journal of Consumer Research*, 2013, 40(3).

[15] Churchill Jr, G. A. A paradigm for developing better measures of marketing constructs[J].

Journal of Marketing Research, 1979, 16(2).

[16] Dahl, D. W., Moreau, C. P. Thinking inside the box: Why consumers enjoy constrained creative experiences[J]. *Journal of Marketing Research*, 2007, 44(3).

[17] Dellaert, B. G. C., Stremersch, S. Marketing mass-customized products: Striking a balance between utility and complexity[J]. *Journal of Marketing Research*, 2005, 42(2).

[18] Dholakia, U. M., Gopinath, M., Bagozzi, R. P., Nataraajan, R. The role of regulatory focus in the experience and self-control of desire for temptations[J]. *Journal of Consumer Psychology*, 2006, 16(2).

[19] Domme, S. L., Swaminathan, V. Explaining the endowment effect through ownership: The role of identity, gender, and self-threat[J]. *Journal of Consumer Research*, 2013, 39(5).

[20] Etgar, M. A descriptive model of the consumer co-production process[J]. *Journal of the Academy of Marketing Science*, 2008, 36(1).

[21] Franke, N., Schreier, M., Kaiser, U. The "I designed it myself" effect in mass customization[J]. *Management Science*, 2010, 56(1).

[22] Hayes, A. F. Introduction to mediation, moderation, and conditional process analysis: A regression-based approach[M]. Greensboro, NC: Guilford Press, 2013.

[23] Higgins, E. T. Beyond pleasure and pain[J]. *American Psychologist*, 1997, 52(12).

[24] Kahneman, D., Knetsch, J. L., Thaler, R. H. Experimental tests of the endowment effect and the coase theorem[J]. *Journal of Political Economy*, 1990, 98(6).

[25] Kamleitner, B., Feuchtl, S. "As if it were mine": Imagery works by inducing psychological ownership[J]. *Journal of Marketing Theory & Practice*, 2015, 23(2).

[26] Lessard-Bonaventure, S., Chebat J C. Psychological Ownership, Touch, and Willingness to Pay for an Extended Warranty[J]. *Journal of Marketing Theory and Practice*, 2015, 23(2).

[27] Mochon, D., Norton, M.I., Dan, A. Bolstering and restoring feelings of competence via the IKEA effect[J]. *International Journal of Research in Marketing*, 2012, 29(4).

[28] Moreau, C.P., Herd, K. B. To each his own? how comparisons with others influence consumers' evaluations of their self-designed products[J]. *Journal of Consumer Research*, 2010, 36(5).

[29] Morewedge, C. K, Shu, L. L., Gilbert, D. T., Wilson, T. D. Bad riddance or good rubbish? ownership and not loss aversion causes the endowment effect[J]. *Journal of Experimental Social Psychology*, 2009, 45(4).

[30] Nambisan, S., Baron, R. A. Different roles, different strokes: Organizing virtual customer environments to promote two types of customer contributions[J]. *Organization Science*, 2010, 21(21).

[31] Nambisan, S., Baron, R.A. Virtual customer environments: Testing a model of voluntary participation in value co-creation activities[J]. *Journal of Product Innovation Management*, 2009, 26(4).

[32] Norton, M. I., Mochon, D., Dan, A. The IKEA effect: When labor leads to love[J]. *Journal of Consumer Psychology*, 2012, 22(3).

[33] Payne, A. F., Storbacka, K., Frow, P. Managing the co-creation of value[J]. *Journal of the Academy of Marketing Science*, 2008, 36 (1).

[34] Peck, J., Shu, S. B. The effect of mere touch on perceived ownership[J]. *Journal of consumer Research*, 2009, 36(3).

[35] Pierce, J. L., Kostova, T., Dirks, K. T. The state of psychological ownership: Integrating and extending a century of research[J]. *Review of General Psychology*, 2003, 7(1).

[36] Pierce, J. L., Kostova, T., Dirks, K. T. Toward a theory of psychological ownership in organizations[J]. *Academy of Management Review*, 2001, 26(2).

[37] Prahalad, C. K., Ramaswamy, V. Co-creation experiences: The next practice in value creation[J]. *Journal of Interactive Marketing*, 2004, 18(3).

[38] Prahalad, C. K., Ramaswamy, V. The new frontier of experience innovation[J]. *MIT Sloan Management Review*, 2003, 44(4).

[39] Qiu, P. Defensive reactions to self-threat in consumption: The moderating role of affirmation [D].Winnipeg:University of Manitoba, 2010.

[40] Ramaswamy, V., Gouillart, F. Building the co-creative enterprise[J]. *Harvard Business Review*, 2010, 88(10).

[41] Ramaswamy, V. Leading the transformation to co-creation of value[J]. *Journal of Strategy and Leadership*, 2009, 37(2).

[42] Reb, J. Connolly, T. Possession,feelings of ownership and the endowment effect[J]. *Judgment & Decision Making*, 2010, 2(2).

[43] Strahilevtiz, M. A., Loewenstein, G. The effect of ownership history on the valuation of objects[J]. *Journal of Consumer Research*, 1998, 25(3).

[44] Thaler, R. Toward a positive theory of consumer choice[J]. *Journal of Economic Behavior & Organization*, 1980, 1(1).

[45] Troye, S. V., Supphellen, M. Consumer participation in coproduction: "I made it myself" effects on consumers' sensory perceptions and evaluations of outcome and input product[J]. *Journal of Marketing*, 2012, 76(2).

[46] Dahl, D, W., Moreau, C. P. Thinking inside the box: Why consumers enjoy constrained creative experiences[J]. *Journal of Marketing Research*, 2007, 44(3).

[47] Vargo, S.L., Lusch, R. F. A service logic for service science[J]. *Service Science Research & Innovations in the Service Economy*, 2008.

[48] Yeung, K. L. An implicit approach to object valuation and psychological ownership[D]. *Ames:Iowa State University*, 2012.

[49] Zhao, X., Lynch., J. G., Chen, Q. Reconsidering Baron and Kenny: Myths and truths about mediation analysis[J]. *Journal of Consumer Research*, 2010, 37(2).

The Attenuating Effect of Value Co-creating Products
on the Endowment Effect: Based on the Model
of Single Mediator and Double Moderators

Liu Jianxin[1,2]   Fan Xiucheng[3]   Li Dongjin[4]

(1, 3   School of Management, Fudan University, Shanghai, 200433;

2   College of Economics and Management, Southwest University, Chongqing, 400715;

4   Business School, Nankai University, Tianjin, 300071)

Abstract: With the rapid development of internet economy and experience economy, it is increasingly ubiquitous to facilitate consumers participating into value co-creation. Although some related researches have preceded some important explorations to its dominant logic, conceptual framework, operation mode and so on, researches seldom focus on its influence on the endowment effect. On the basis of profound observation to marketing practice of value co-creation and systematic summary for extant research literature on value co-creation, breaking through previous researching limitation, the paper firstly puts forward the attenuating effect of the value co-creating products on the endowment effect, and furthermore through the between-subjects experiment way by participants recruited from a certain university in Southwest China to paint T-shirts, deeply explores and tests the internal mechanism driving value co-creating products attenuating the endowment effects, as well as its boundary conditions. Three experiments' results indicate that the value co-creating products will bring the attenuating effect on the endowment effect, and moreover, self-designing value co-creating products exert more attenuating effect of the endowment effect than self-producing value co-creating products; psychological ownership is the important mediating mechanism driving value co-creating products attenuating the endowment effects; and self-regulation and self-threat will separately serve as a mediated moderator and a re-moderator on psychological ownership. These findings have an important implication to direct manufactures or merchants to improve value co-creation marketing, help consumers participate rationally in value co-creation consumption, and guide regulators to strengthen value co-creation management.

Key words: Value co-creating products; Psychological ownership; Self-Regulation; Self-Threat; The endowment effect

专业主编：曾伏娥

产品伤害危机中的恐惧心理、
调节导向与溢出效应[*]

● 涂　铭[1]　陈　通[2]　游良志[3]

（1，2，3　华中农业大学经济管理学院　湖北　武汉　430070）

【摘　要】近年来，产品伤害危机频频发生，其溢出效应引起广泛关注。引入恐惧心理和调节导向，构建了产品伤害危机属性对溢出效应影响的模型。以"速成鸡"事件为背景，通过问卷调查和统计分析对模型假设进行验证。结果表明：产品伤害危机的伤害性、持续性、群发性对品类态度有显著负向影响；恐惧心理在危机属性与品类态度的关系中起中介作用；提升调节导向能削弱伤害性、持续性对品类态度的负向影响。最后对文章的理论和实践价值，以及局限与展望进行了陈述和讨论。

【关键词】产品伤害危机属性　溢出效应　恐惧心理　调节导向

中图分类号：F722.2　　文献标志码：A

1. 引言

产品伤害危机（Product-harm Crisis），也简称产品危机，是指偶尔出现并被广泛宣传的关于某产品有缺陷或对消费者有危险的事件（Siomkos & Kurzbard，1994）。互联网时代信息资讯高度发达，微博、社区等新媒体的诞生使消费者能便捷地发送和获取信息；产品危机关系到消费者切身利益，极易成为媒体和民众关注的焦点（青平等，2016）。个别企业的产品危机的负面影响并不仅限于该企业内部（李亚林和景奉杰，2016），还危害到行

* 基金项目：国家社会科学基金重大项目"全球产业链转移新趋势下的中国出口价值链提升举措研究"（项目批准号：15ZDA061）；国家自然科学基金面上项目"国际化战略是否有助于企业提高绩效？基于资源和制度的双重调节模型构建"（项目批准号：71372123）；国家自然科学基金项目与国际（地区）合作与交流项目"作物营养强化对改善人口营养健康影响及评估研究"（项目批准号：71561147001）；国家自然科学基金青年项目"服务互动方式对顾客体验价值的影响机制研究：社会比较理论的视角"（项目批准号：71702063）；教育部人文社科基金项目（项目批准号：17YJC630140）；中央高校基本科研业务费专项基金资助（项目批准号：2662014BQ050、2662015QC055）。

通讯作者：涂铭，tuming586@126.com。

业内同类产品(张璇和张红霞,2014),波及整个产业链,甚至影响国家形象(王新刚等,2017),这是负面的溢出效应(negative spillover effect)(费显政等,2010)。三聚氰胺事件导致中国乳业遭受重挫,进口奶粉大受追捧;双汇瘦肉精事件也造成巨大震动,引起国务院九大部门对肉品行业的联合整治。

理论界对产品伤害危机的溢出效应讨论可分为宏观、中观和微观3个层面。从市场结构的宏观层面而言,产品伤害危机对市场品类需求产生负面影响,并改变市场结构(马宝龙等,2010)。从企业管理的中观层面来看,危机品牌对竞争品牌的影响受到危机品牌声誉、危机严重程度的调节作用。但这些结论无法揭示产品危机溢出效应的内在作用机制,缺乏顾客微观视角的研究,无法解释顾客为何这样行为的作用机制。以往研究表明,消费者的人口特征(性别、年龄)对于消费者经历产品伤害危机后的购买行为有影响,但是这些人口变量无法深度揭示消费者内在心理作用机制,也无法显示理论效用的作用边界。还有一些研究从责任归因、考虑集等方面讨论了消费者理性的行为反应,但是多样化的信息来源导致危机责任归属不明(Laufer et al.,2009)。

实际上,市场信息错综复杂,使得消费者难以获取完全的信息以做出决策。面临潜在伤害和威胁时,一般消费者难以通过理性判断来鉴别产品伤害危机的责任。与经济学传统的理性人假设不同,心理学家认为在负面情境下情绪对决策有重要影响,强烈的情绪甚至可以让人排除对风险的理性思考(Ledoux,1996)。因此,本文尝试引入恐惧心理变量来考察产品伤害危机中消费者对于同类产品的负面溢出效应,并探讨其内在机制以及调节导向的边界作用。

2. 理论与假设

2.1 危机类型、企业应对及消费者反应

产品伤害危机频发,学界与业界都给予极大关注。不同类型产品伤害危机影响的差异是过去文献研究的重点所在。根据危机严重程度可以分为高水平/低水平(Collins,1989);根据危机产生原因又可以分为性能型/价值观型(Pullig et al.,2006),受害型/过失型/故意型(Coombs,2007),能力型/道德型(Votola & Unnava,2006);根据法律责任认定可划分为可辩解型/不可辩解型(方正等,2010)。不同类型危机会触发消费者不同的行为反应方式,企业也可以有针对地安排补救策略。这些类型划分从不同视角为企业采取应对策略提供了理论依据。研究者通常按照从消极到积极的递增方向,将产品伤害危机中企业响应方式进行分类。在最初的研究中,研究者的划分方式通常比较宽泛。企业应对策略可以分为坚决否认、强制召回、主动召回、积极承担责任4种(Siomkos & Kurzbard,1994);也可以分为坚决否认、积极承担责任、积极沟通并且无条件回收产品(Dawar & Pillutla,2000)。直到近年来,学者们才研究了不同危机类型及与之相关的应对策略。方正等(2010;2011)指出,企业对可辩解型危机宜采用辩解策略,对不可辩解型危机宜采用和解策略。王晓玉等(2006;2008)发现,如果企业和专家同时响应,则会对消费者的考虑集产生正面影响。

消费者对产品伤害危机的行为反应研究主要从考虑集、责任归因、购买意愿及消费者个人因素等几方面展开。产品伤害危机会对消费者购买考虑集造成负面影响，在王晓玉等（2006；2008）的研究中有详细论述。产品伤害危机中消费者的道德信念、责任归因以及愤怒情绪都会降低消费者的购买意愿（Vassilikopoulou et al.，2011）。消费者的个人因素，特别是性别、年龄等人口学特征，也会影响到对产品伤害危机的反应。有研究发现，女性比男性更容易将产品伤害危机责任归咎于企业（Laufer & Gillespie，2004）。实验研究表明，与年轻人相比，老年人感知到的产品伤害危机威胁更小，更少地将责任归因于企业，相反对危机产品还有更强的推荐意愿（Silvera et al.，2012）。

2.2 危机属性

透过产品伤害危机类型不难发现，危机本身具有的属性是影响的关键。产品伤害危机属性为消费者的认知评价和购买决策过程提供了判断的依据和条件。经过对现有文献的归纳，本文发现有 3 种重要的属性产生作用，分别是伤害性、群发性和持续性。

伤害性指产品危机给消费者造成损失的程度。以往研究虽然表述方式有所不同，但在基本维度上还是能达成一致。产品质量安全问题给消费者带来的伤害性主要有 3 方面：身体伤害、经济伤害和心理伤害（Smith & Cooper-Martin，1997），也有研究将产品危机的伤害属性分为经济财产、身体健康、精神安全 3 部分（Siomkos & Kurzbard，1994）。

群发性。随着产品伤害危机频频发生，学者们的研究逐步深入，发现危机企业数量逐渐增多，并呈现行业范围的群发性（阎俊和佘秋玲，2010；靳明等，2015）。群发性一方面会增加消费者对危机产品的感知风险（景奉杰等，2012）、降低信任（崔保军，2016），另一方面也增加了对行业内其他企业/产品的负面溢出效应（汪兴东等，2012）。群发性高的危机会使消费者对整个行业失去信心，从而影响消费者对同行业类似产品的购买持续性。

持续性。产品危机发生的时间长短是影响消费者行为的一个重要因素，但是一直缺乏关注（Standop，2006），相关研究一直较少。从产品危机发生到企业开始处理危机，这其中经历的时间能够影响消费者的态度和行为（Standop，2006）。此外，持续时间越长，对消费者购买行为的负向影响越大。有研究表明，企业开展各种危机应对行为以后，随着危机处理的时间累积，消费者的购买意愿会不断回升（Vassilikopoulou et al.，2009）。因此，危机时间的持续性会影响消费者购买意愿，危机处理越及时、越有效，消费者购买意愿越高。

2.3 溢出效应

溢出效应（spillover effect）指信息影响到该信息并未直接提及的其他对象的现象（Ahluwalia et al.，2001）。产品伤害危机会产生两种溢出效应，第一种是危机品牌内不同产品间的溢出效应，第二种是危机品牌对行业内其他品牌的溢出效应。在通常情况下，负面溢出效应是显而易见的，所谓"城门失火殃及池鱼"。某品牌爆发产品危机后，该品牌旗下的各种产品和行业内同类产品会受到不同程度的牵连（Dahlen & Lange，2006）。当然也存在正面溢出效应的特殊情况，其他品牌不但未受牵连，反而因祸得福（Siomkos et al.，

2010)。

对比以往研究发现，产品危机正面/负面溢出效应的差异呈现很强的行业特征。同样是某个品牌遭遇产品危机，汽车行业容易发生正面溢出效应(Reilly & Hoffer，1983)，食品/农产品行业容易发生负面溢出效应(Siomkos et al.，2010)。原因在于食品和农产品拥有相似的原料和产业链构成，三鹿"三聚氰胺"事件发生后国产奶粉销量骤减，对进口奶粉趋之若鹜；而双汇"瘦肉精"事件不仅使双汇品牌遭受重创，也给肉制品行业带来巨大影响。

2.4 产品伤害危机属性与溢出效应

在早期的研究中，学者们曾提到产品危机对其他品牌可能存在溢出效应(Reilly & Hoffer，1983)。最近的研究对群发属性的溢出效应的关系有较多讨论(景奉杰等，2012；汪兴东等，2012)。而实际上，伤害性和持续性也可能影响到溢出效应。根据激活扩散理论(spreading activation theory)，人类大脑中的词组都是节点，各类节点相互连接形成网络。危机产品与市场同类产品之间具有一定相似性而共存于一个网络中，一定条件下可以由一个激活另外一个(Collins & Loftus，1975)。产品伤害危机的伤害性会因为其危险的后果刺激人们的神经，从而产生溢出效应，如2013年底康泰乙肝疫苗风波使一些家长不敢给幼儿接种各类疫苗。

产品伤害危机群发属性高意味着涉及的焦点企业数量多，会产生两种作用：(1)产品品类和品牌的网络中多个节点同时出现伤害危机，消费者接触到负面信息的概率增加，在面临新的购买决策时联想到该产品伤害事件的概率就会增加，产品品类被激活的可能性会增大；(2)同一个产品品类中多个品牌出现同一种产品伤害，提高了伤害信息的诊断性，让消费者认为该产品伤害事件具有普遍性，进而又增加了负面溢出效应。因此，被曝光的产品伤害危机事件越多，消费者就越容易对该品类产品产生负面联想，对整个行业的负面影响就越大。在现实市场中，乳品行业可谓危机不断，从2008年三鹿奶粉三聚氰胺事件，到皮革奶、黄曲霉素M1、过期奶等事件，我国消费者对国产乳品的信心急剧下降，而高价的进口奶粉销量则不断攀升。

产品伤害危机的持续发展导致危机企业和产品的名字不断被曝光扩散，时间上的持续性容易波及产品类别，进而影响到消费者对于整体产业的判断。在"酒鬼酒塑化剂事件"中，针对单个品牌的持续争议最终导致消费者对整体行业的质疑。与之相反，如果产品伤害危机迅速处理，消费者的购买意愿会不断回升(Vassilikopoulou et al.，2009)。因此，危机时间的持续性会影响消费者购买意愿，危机处理越及时越有效，消费者购买意愿越高。基于以上对于产品伤害危机属性与品类影响的论述，本文提出如下假设。

H1：产品危机属性(H1a 伤害性、H1b 群发性、H1c 持续性)会负向影响消费者的品类态度。

2.5 恐惧心理

情感/情绪被很多研究认为是人们遭遇产品危机的主要心理体验。产品伤害危机与服务失败的情境不同，大部分购买者往往是经由媒体传播得知产品的质量问题，缺乏与厂商直接接触处理纠纷的机会。对于普通消费者而言,产品伤害危机表现出一种不确定的隐患威胁状态(涂铭等,2013)。消费者通常难以在纷繁复杂的产品伤害危机中做出确切评估,这种高度不确定的风险感觉可能会产生恐惧心理(Godfrey,2005)。

恐惧心理(Fear)是人们对未知事件和负面后果的担忧和害怕(Kahneman & Tversky,1979)。趋利避害是人的本能,恐惧心理是人们面对威胁时的常见情绪反应,是生物生存进化的重要适应能力。在行为决策中,人们对失去带来痛苦的敏感性高于获得带来的喜悦。作为负面事件和潜在伤害的下意识情绪状态,恐惧心理会促使人们产生规避风险、保护自己的动机(Arthur & Quester,2004)。此外,恐惧心理是消费者购买行为中的常见情绪状态。而在特殊的产品伤害危机中(如转基因技术),由于潜在的毒性、耐药性、致敏性等问题,消费者会有更高的恐惧风险和未知风险(王汉瑛等,2018)。

产品伤害危机的基本属性(如伤害性、持续性、群发性)程度越高,消费者感知到的恐惧程度就越高,而在与人们健康安全相关的食品领域显得尤为突出。即使消费者未遭受实质性的身体健康、经济损失,也难免因为产品潜在的质量问题而心存恐惧,进而影响未来的购买行为。来自产品伤害危机的负面信息刺激,会触发消费者的恐惧心理,并进一步影响到消费者对于同类产品的认知判断。

与此同时,在以往研究中,情绪反应往往被学者们作为产品伤害危机中的重要中介变量不断得到检验。义愤情绪中介了 CSR 声誉对报复行为的影响(王汉瑛等,2018)。愤怒情绪中介了网络意见领袖动员方式对网络集群行为的影响(青平等,2016)。基于以上论述,本文推断恐惧心理可能在产品伤害危机属性和溢出效应之间的关系中起到中介作用,故提出如下假设。

H2:产品危机属性(H2a 伤害性、H2b 群发性、H2c 持续性)会通过恐惧心理的中介作用影响品类态度。

2.6 调节导向

产品危机给消费者造成了一个不确定的模糊情境。一方面,消费者要通过购买产品获取其使用价值,以满足自身诉求;另一方面,产品危机的发生预示着潜在的危险。消费者对产品及品类的态度会受到外在的危机属性的影响,这些属性包括伤害性、群发性和持续性,在前文有详细论述。除此以外,消费者的态度和价值判断还会受自身调节导向的影响。

Higgins(1997)将自我调节系统分为提升调节导向(Promotion Focus)和防御调节导向(Prevention Focus),下面将分别简称为提升导向和防御导向。提升导向的人更倾向尽力追求正面结果,防御导向的人更倾向尽力避免负面结果。因此,提升导向实现预期目的的方式是接近,而防御导向实现预期目的的方式是规避。Idson 和 Liberman(2000)发现以收益最大化为目标,重视有无收益的人具有提升导向;而以损失最小化为目标,重视有无损失的人具有防御导向。Aaker 和 Lee(2002)发现,针对提升导向的人采用收益性信息更具说服力,但针对防御导向的人采用损失性信息更具说服力。

在不同的调节导向之下,消费者会产生不同的认知和判断。对于提升导向的消费者,他们的目标是获取产品价值、满足自身需求,会更少地受到危机产品溢出效应的影响,会更少地对同类品牌产生负面联想。对于防御导向的消费者，他们的目标是降低风险、避免损失，会更多地受到危机产品溢出效应的影响，会更多地对同类品牌产生负面联想。调节导向作为一种个人内在特质，常常被用作调节变量来探讨消费者的判断决策问题。因此，本文推断在产品危机属性和品类态度的负向关系中，调节导向会起到调节作用。与提升导向的消费者相比，防御导向的消费者关于危机属性和品类态度的负向关系更显著。因此提出假设 H3。

H3：调节导向能够调节危机属性与品类态度之间的关系。与提升导向高的消费者相比，当消费者防御导向高时，产品危机属性（H3a 伤害性、H3b 群发性、H3c 持续性）对品类态度的负向影响更为显著。

综合以上论述和假设，得出了本研究的基本框架，见图 1。

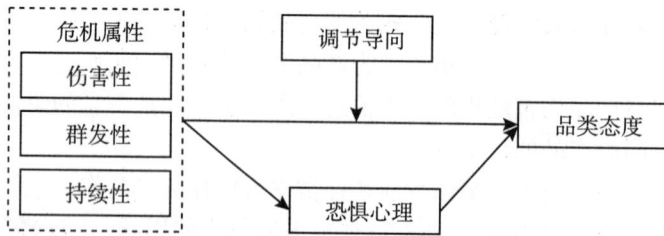

图 1　研究框架

3. 研究方法

3.1　测量工具

通过问卷调查的方法收集数据，问卷主要包括三部分。第一部分是背景材料，介绍了"速成鸡"事件的来龙去脉，包含事件的媒体报道、企业反应和监管部门态度。主要内容节选自《中国青年报》《南方都市报》《第一财经报》等知名报刊，涉及的企业包括著名快餐品牌（肯德基、麦当劳、吉野家、永和大王等），与肉鸡供应商（六和、粟海等），提及的监管部门包括农业农村部、国家药品监管局、国家市场监管总局，此外还有若干添加药品的名称在报道中出现。

第二部分为问卷量表，问卷量表的题项均借鉴自权威文献的成熟量表，内容效度良好。背景材料和量表题项都经过营销专业三位博士和三位硕士的共同商讨，在正式调查前进行了小范围的预调查，并根据结果进行了适当修订。第三部分为受访者基本人口统计信息，此外还问到了在最近 6 个月中受访者及其家人的快餐厅就餐经历。

（1）伤害性（Harmfulness）。参照 Siomkos 和 Kurzbard（1994）的题项，从经济财产、身体健康、精神安全 3 个方面来测量，并采用 7 级李克特量表计分。3 个题项分别是：这次事件对人体健康危害（1 表示很小，7 表示很大）；这次事件造成的经济损失（1 表示很低，7 表示很高）；这次事件带来的精神损失（1 表示很小、7 表示很大）。

（2）群发性（Cluster）。采用景奉杰等（2012）的 3 个题项来测量，并采用 7 级李克特量表计分。为适应背景材料有所修改，3 个题项分别是："速成鸡"事件涉及企业数量（1 表示很少，7 表示很多）；"速成鸡"事件反映了（1 表示个别现象，7 表示行业问题）；同类食品存在类似的质量问题的可能性（1 表示很低，7 表示很高）。

（3）预计伤害时间的持续性（Duration）。参考了 Standop（2006）和 Vassilikopoulou 等（2009）的研究，采用 3 个题项，并采用 7 级李克特量表计分。3 个题项分别是：这次事件的持续时间非常（1 表示短，7 表示长）；各方面对事件的处理非常（1 表示迅速，7 表示缓慢）；事件带来的潜在伤害时间（1 表示短，7 表示长）。

（4）恐惧心理（Fear）。采用 Arthur 和 Quester（2004）的 6 个题项来测量，如"阅读以上新闻材料后，在多大程度上我会有如下的情绪感受：担心；紧张；不安；害怕；恶心；不舒服"。运用 7 级李克特量表来计分（1 表示一点也不会，7 表示非常可能）。

（5）调节导向（Regulation Focus）。采用 Cunningham 等（2005）的 4 个题项来测量，并采用 7 级李克特量表计分（1 表示非常不同意，7 表示非常同意）。4 个题项分别是：我非常重视可以丰富我生活经验的所有机会；我时常有动机去努力寻求一些潜在的成功机会；我非常重视去保护自己以避免一些潜在的危险与负面事情的发生；我在处理事情时总是想着要避免有所损失就好。其中，前两个题项代表提升导向，后两个题项代表防御导向。

（6）品类态度（Category Attitude）。参照以往研究选用品类态度来测量溢出效应。采用 Dahlen 和 Lange（2006）的 4 个题项来测量，分别是：我觉得这类食品（1 表示不安全，7 表示很安全）；我觉得这类食品（1 表示不好，7 表示很好）；我觉得这类食品（1 表示不受欢迎，7 表示很受欢迎）；我觉得这类食品（1 表示没吸引力，7 表示有吸引力）。

3.2 数据收集

国内市场上各行各业的产品伤害危机层出不穷，为了保证研究背景的真实性和时效性，本研究选取了快餐行业"速成鸡"事件为研究背景。基于该事件开展的产品伤害、食品安全问题的实证研究也已获得了相关发表（靳明等，2015）。此外，以肯德基、麦当劳为代表的西式快餐独具特色，经营环境整洁美观、产品不断推陈出新、广告形式欢乐活泼、促销活动丰富多样，深受青少年喜爱。中国连锁经营协会的报告表明，青少年是西式快餐的最主要消费群体。因此，本研究在中部地区某高校针对有过快餐消费经历的大学生进行问卷调查。在一周的调查中，共收回 315 份有效样本，样本年龄分布在 18 至 24 岁之间；男女比例分别为 45.7% 和 54.3%；每月可支配收入 1000 元以下占 77.8%，1000—2000 元占 16.5%，2000 元以上占 5.7%；在最近的 6 个月中，68.3% 的受访者及 41.3% 的受访者家人光顾过包括肯德基、麦当劳在内的知名快餐厅。

3.3 数据分析

3.3.1 信效度检验

本研究通过计算 Cronbach's α 值来检验量表的内部一致性。表 2 显示，各变量的 α 系数分别为：伤害性（0.892）、群发性（0.849）、持续性（0.867）、恐惧心理（0.941）、提升导向（0.902）、防御导向（0.936）、品类态度（0.953），表明量表具有良好的信度。采用验证性因子分析（CFA）检验变量之间的区分效度，表1显示，七因子模型比其他模型拟合效果更好，表明变量间区分效度良好。

表1 验证性因子分析结果

模　　型	卡方 (χ^2)	自由度 (df)	卡方自由度比 (χ^2/df)	渐进残差均方和平方根 (RMSEA)	规准适配指数 (NFI)	非规准适配指数 (TLI)	比较适配指数 (CFI)
单因子（HA+CL+DU+FE+PRO+PRE+AT）	3724.806	230	16.195	0.220	0.336	0.283	0.348
二因子（HA+CL；DU+FE+PRO+PRE+AT）	3257.485	229	14.225	0.205	0.420	0.376	0.435
三因子（HA+CL；DU+FE；PRO+PRE+AT）	2884.414	227	12.707	0.193	0.486	0.447	0.504
四因子（HA+CL；DU+FE；PRO+PRE；AT）	1563.871	224	6.982	0.138	0.721	0.718	0.750
五因子（HA+CL；DU+FE；PRO；PRE；AT）	1195.038	220	5.432	0.119	0.787	0.791	0.818
六因子（HA+CL；DU；FE；PRO；PRE；AT）	773.353	215	3.597	0.058	0.862	0.877	0.896
七因子（HA；CL；DU；FE；PRO；PRE；AT）	324.502	209	1.553	0.042	0.942	0.974	0.978

注：变量用英文字母缩写表示：伤害性（HA）；群发性（CL）；持续性（DU）；恐惧心理（FE）；提升导向（PRO）；防御导向（PRE）；品类态度（AT）

3.3.2　描述统计与相关系数

各变量的均值、标准差及相关系数矩阵如表2所示。危机伤害性与恐惧心理正相关（$r=0.212$，$p<0.01$），与品类态度负相关（$r=-0.213$，$p<0.01$）。群发性与恐惧心理正相关（$r=0.263$，$p<0.01$），与品类态度负相关（$r=-0.262$，$p<0.01$）。持续性与恐惧心理正相关（$r=0.289$，$p<0.01$），与品类态度负相关（$r=-0.189$，$p<0.01$）。恐惧心理与品类态度负相关（$r=-0.251$，$p<0.01$）。变量间的相关关系为后续进一步的模型与假设检验提供了基础。

表2 相关矩阵与描述统计

变量	均值	标准差	1	2	3	4	5	6	7
伤害性（HA）	5.349	0.743	**0.892**						
群发性（CL）	5.098	0.750	0.071	**0.849**					
持续性（DU）	4.750	0.964	0.175**	0.214**	**0.867**				
恐惧心理（FE）	5.232	0.904	0.212**	0.263**	0.289**	**0.941**			
提升导向（PRO）	4.568	1.459	-0.092	0.009	0.023	0.007	**0.902**		
防御导向（PRE）	4.606	1.573	0.014	-0.040	0.139*	0.263**	-0.024	**0.936**	
品类态度（AT）	2.381	0.747	-0.213**	-0.262**	-0.189**	-0.251**	0.168**	-0.088	**0.953**

注：对角线上为 α 系数，* 表示 $p<0.05$，** 表示 $p<0.01$。

3.3.3 模型比较与中介效应检验

为验证结构模型假设与中介效应，需要具备四个条件：①自变量显著影响因变量；②自变量显著影响中介变量；③中介变量显著影响因变量；④控制中介变量后，自变量对因变量的影响变得不显著或显著减弱。

第一步，构建直接作用模型。伤害性、群发性、持续性对品类态度有显著的负向影响，路径系数分别为 -0.163（$p<0.01$）、-0.273（$p<0.001$）、-0.105（$p<0.05$）。模型拟合指数为 $\chi^2 = 109.669$，$df = 59$，$\chi^2/df = 1.859$，$RMSEA = 0.052$，$GFI = 0.956$，$CFI = 0.982$，$NFI = 0.962$，表明模型拟合效果较好。可见，假设 H1a、H1b、H1c 得到验证，条件①得到满足。

第二步，首先构建假设模型（完全中介模型）。伤害性、群发性、持续性都对恐惧心理有显著正向影响，路径系数分别为 0.208（$p<0.01$）、0.296（$p<0.001$）、0.218（$p<0.001$）假设 H2a、H2b、H2c 得到验证，条件②得到满足；恐惧心理对品类态度有显著负向影响，路径系数为 -0.232（$p<0.001$），假设 H3 得到验证，条件③得到满足。随后将假设模型（完全中介模型）与 3 个竞争模型（部分中介模型）进行比较，从而选择一个拟合度高并且相对节俭的模型。

模型比较结果通过 $\Delta\chi^2$ 的显著性来鉴别，当 $\Delta\chi^2$ 不显著时，假设模型与竞争模型的拟合效果没有显著差异，依照节俭原则选择路径较少的竞争模型；当 $\Delta\chi^2$ 显著时，假设模型与竞争模型的拟合效果有显著差异，应选择拟合效果更好的假设模型。表 3 显示，在完全中介模型的基础上分别或同时增加伤害性、群发性、持续性对品类态度的影响，与完全中介模型 M1 相比，部分中介模型 M2~M8 的拟合度都发生了显著改善（$p<0.05$）。总体而言，增加 3 条路径的 M8 拟合效果最优，但是与 M5 相比并无显著差异（$\Delta\chi^2[1] = 2.139$，$p>0.05$），因此选择路径较少的竞争模型 M5。同时，考察增加自变量到因变量直接影响后的路径系数，伤害性→品类态度（$\beta = -0.152$，$p<0.05$），群发性→品类态度（$\beta = -0.256$，$p<0.001$），与直接作用模型相比有所减弱，因此验证了 H2。图 2 显示，产品危机属性（H2a 伤害性、H2b 群发性、H2c 持续性）会通过恐惧心理的中介作用影响品类态度，恐惧心理在伤害性、群发性与品类态度的关系中是部分中介作用，恐惧心理在持续性与品类态度的关系中是完全中介作用。

表3   **模 型 比 较**

	模　　　型	卡方 (χ^2)	自由度 (df)	卡方自由度比 (χ^2/df)	卡方差 ($\Delta\chi^2$)	比较适配指数 (CFI)	渐进残差均方和平方根 (RMSEA)
M1	完全中介模型	276.218	145	1.905		0.971	0.054
M2	部分中介模型：增加伤害性→品类态度	269.781	144	1.873	6.437*	0.972	0.053
M3	部分中介模型：增加群发性→品类态度	262.393	144	1.822	13.825***	0.974	0.051
M4	部分中介模型：增加持续性→品类态度	270.568	144	1.879	5.65*	0.972	0.053

模　　　型		卡方 (χ^2)	自由度 (df)	卡方自由度比 (χ^2/df)	卡方差 ($\Delta\chi^2$)	比较适配指数 (CFI)	渐进残差均方和平方根 (RMSEA)
M5	部分中介模型：增加伤害性→品类态度 增加群发性→品类态度	256.512	143	1.794	19.706 ***	0.975	0.05
M6	部分中介模型：增加伤害性→品类态度 增加持续性→品类态度	265.589	143	1.857	10.629 **	0.973	0.052
M7	部分中介模型：增加群发性→品类态度 增加持续性→品类态度	259.245	143	1.813	16.973 ***	0.974	0.051
M8	部分中介模型：增加伤害性→品类态度 增加群发性→品类态度 增加持续性→品类态度	254.373	142	1.791	21.845 ***	0.975	0.05

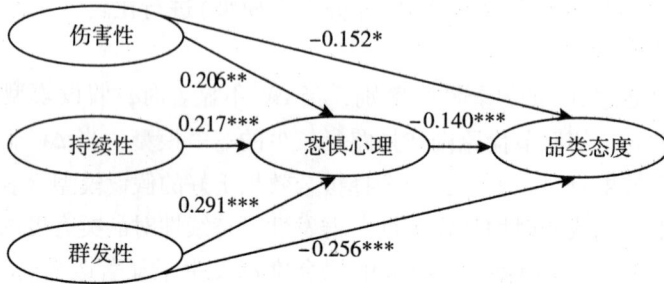

图 2　中介作用检验

注：＊表示 $p<0.05$，＊＊表示 $p<0.01$，＊＊＊表示 $p<0.001$。

3.3.4　调节效应检验

用提升导向的两个指标之和减去防御导向的两个指标之和得到一个差值，再将差值转化成 Z 分数。以 $Z\pm1$ 作为提升/防御调节导向的分界点，即 Z 分数大于 1 的样本归为提升导向类，Z 分数小于 −1 的样本归为防御导向类。运用回归分析，检验调节导向对危机属性与品类态度之间关系的调节作用。

统计结果表明，对于提升导向的样本，伤害性对品类态度的影响并不显著（$\beta = -0.026$，$p>0.05$）。对于防御导向的样本，伤害性对品类态度有显著的负向影响（$\beta = -0.423$，$p<0.001$）。因此，调节导向对伤害性与品类态度关系的调节作用显著，假设 H3a 得到检验，见图 3。

对于提升导向的样本，群发性对品类态度的负向影响显著（$\beta=-0.495$，$p<0.01$）。对于防御导向的样本，群发性对品类态度的负向影响显著（$\beta=-0.474$，$p<0.001$）。两个样本的回归系数及其显著性都没有显著差异，因此调节导向对群发性与品类态度关系的调节作用不显著，假设 H5b 未得到检验，见图 4。

对于提升导向的样本，持续性对品类态度的负向影响不显著（$\beta=-0.045$，$p>0.05$）。

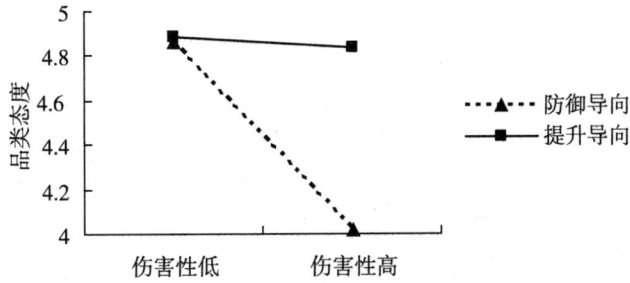

图 3　调节导向对伤害性与品类态度关系的调节作用

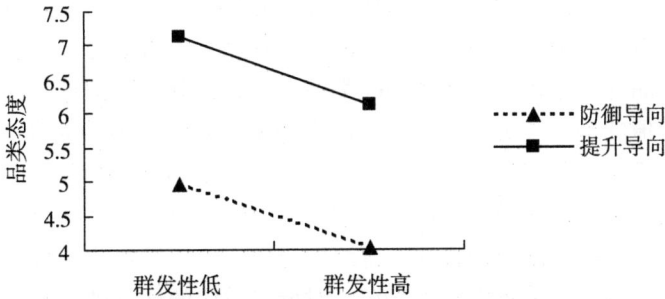

图 4　调节导向对群发性与品类态度关系的调节作用

对于防御导向的样本，持续性对品类态度的负向影响显著($\beta = -0.300$，$p < 0.001$)。因此调节导向对持续性与品类态度关系的调节作用成立，假设 H5c 得到检验，见图 5。

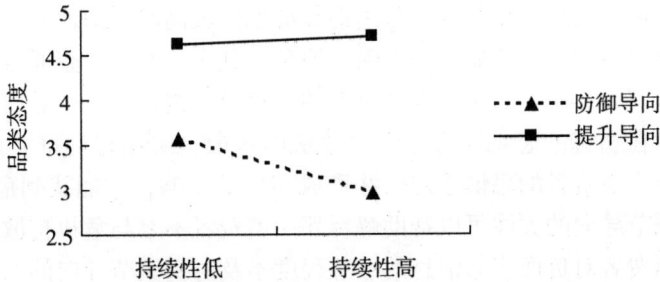

图 5　调节导向对持续性与品类态度关系的调节作用

4. 结论与讨论

4.1　研究结论

本研究旨在从微观情绪的视角，引入恐惧心理和调节导向等变量，讨论产品伤害危机属性对溢出效应的影响。结合问卷调查和统计分析方法，得出了如下研究结论：（1）产品伤害危机的伤害性、持续性、群发性会负向影响消费者对产品品类的态度，即会形成负面溢出效应；(2)产品伤害危机属性会通过恐惧心理的中介作用影响品类态度，具体而言，恐惧心理在伤害性、群发性与品类态度的关系中起到部分中介作用，而在持续性与品类态度的关系中起到完全中介作用；(3)调节导向能在伤害性、持续性与品类态度的关系中起到调节作用，具体而言，与提升调节导向的消费者相比，具有防御调节导向消费者的伤害性、持续性与品类态度的负向关系更为显著。

4.2　理论意义

本文的理论意义主要体现在以下三个方面。第一，从产品伤害危机的具体属性来讨论溢出效应问题，在一定程度上触及了产品伤害危机溢出效应的本源。其中，伤害性、群发性、持续性是对已有研究中代表性、相似性的有效补充，丰富了现有文献。第二，恐惧心理的引入揭示了产品伤害危机中消费者的品类态度形成机制，这是对危机溢出效应内在作用机理的一次有价值的探索尝试。以往文献对影响溢出效应的各种因素(如危机属性、危机类别、企业应对策略)讨论较多，而对于众多因素与溢出效应之间的"黑箱"缺乏深入研究。第三，引入调节导向作为调节变量，为危机属性与溢出效应之间的关系找到了适当的边界条件。提升调节导向能削弱伤害性、持续性与溢出效应的负向关系，但这种削弱作用在群发性与溢出效应的负向关系中并不存在。对调节效应的探索进一步厘清了产品伤害危机溢出效应的发生条件，使问题的探讨可以更加情景化、具体化。

4.3　管理意义

本文研究结论的管理意义分为三个方面。首先，有助于为行业内企业预防溢出效应提供预警。企业能够根据产品伤害危机的属性来预测消费者的品类态度，对溢出效应的整体趋势有所判断与把握。当危机伤害性、持续性和群发性较高时，即使是非危机焦点企业也要提早建立危机预警预案，避免城门失火殃及池鱼。其次，有助于企业掌握产品伤害危机中消费者的心理状态，方便企业实施有针对性的危机应对策略。对产品质量信息的不确定性认知，以及对潜在伤害的恐惧心理，会对危机的扩散、溢出起到推波助澜的作用。为此，企业应设法揣摩消费者的恐惧心理，并形成相应的策略，才能找到危机问题的关键。最后，对消费者调节导向的关注可以帮助解释那些消费者不参与危机扩散的原因。一部分提升调节导向的消费者对负面产品信息的敏感程度不及防御调节导向的消费者，他们更关注于产品带来的效用胜过潜在质量风险。而那些防御调节导向的消费者则正好相反，他们更担心潜在质量风险，所以对同类品牌持保守怀疑的态度，因而助涨了负面溢出效应。

4.4　研究局限与展望

本文存在以下三方面的局限与不足。第一，本文采用实证研究的方法，选取"速成鸡"事件作为研究对象，但其代表性存在一定局限。尽管过去的产品伤害危机大多采用单一的食品农产品危机作为情境，但忽略了产品类别差异会影响研究的外部效度。食品农产品直接关系到消费者的生命健康安全，它们的潜在伤害威胁不同于一般的快速消费品、电子产品。因此，对于研究结论的推广性需要在未来进行更多品类的反复验证。第二，研样本的代表性与分布性需要进一步加强，以此来检验本研究结论在不同样本人群中的普遍适用性。第三，研究情境中的肯德基、麦当劳等著名外资快餐品牌可能具有较强的品牌知名度暗示，这对于被试存在怎样的影响值得商榷。因此在今后的研究中，可以尝试构建虚拟品牌和虚拟场景，从而最大限度地剔除品牌知名度的影响。

◎ 参考文献

[1] 崔保军. 群发性产品伤害危机对广义信任水平的影响研究[J]. 管理学报, 2016, 13 (7).

[2] 方正, 江明华, 杨洋, 等. 产品伤害危机应对策略对品牌资产的影响研究——企业声誉与危机类型的调节作用[J]. 管理世界, 2010(12).

[3] 方正, 杨洋, 江明华, 等. 可辩解型产品伤害危机应对策略对品牌资产的影响研究: 调节变量和中介变量的作用[J]. 南开管理评论, 2011, 14(4).

[4] 方正, 杨洋, 李蔚, 等. 产品伤害危机溢出效应的发生条件和应对策略研究——预判和应对其他品牌引发的产品伤害危机[J]. 南开管理评论, 2013, 16(6).

[5] 费显政, 李陈微, 周舒华. 一损俱损还是因祸得福? 企业社会责任声誉溢出效应研究[J]. 管理世界, 2010 (4).

[6] 靳明, 赵敏, 杨波, 张英. 食品安全事件影响下的消费替代意愿分析——以肯德基食品安全事件为例[J]. 中国农村经济, 2015(12).

[7] 景奉杰, 崔聪, 涂铭. 产品伤害危机群发属性负面溢出效应研究[J]. 珞珈管理评论, 2012(2).

[8] 李亚林, 景奉杰. 企业负面事件对品牌延伸评价的影响研究: 感知背叛感的中介效应[J]. 管理评论, 2016, 28(11).

[9] 马宝龙, 李飞, 王高, 等. 产品伤害危机对品牌绩效指标的影响研究——基于随机模型方法的实证分析[J]. 预测, 2010(4).

[10] 青平, 张莹, 涂铭, 等. 网络意见领袖动员方式对网络集群行为参与的影响研究——基于产品伤害危机背景下的实验研究[J]. 管理世界, 2016(7).

[11] 涂铭, 景奉杰, 汪兴东. 产品伤害危机中的负面情绪对消费者应对行为的影响研究[J]. 管理学报, 2013, 10(12).

[12] 王汉瑛, 田虹, 邢红卫. 企业会为名所累吗? ——基于转基因产品伤害危机中消费者报复行为的研究[J]. 管理评论, 2018, 30(12).

[13] 汪兴东, 景奉杰, 涂铭. 单(群)发性产品伤害危机的行业溢出效应研究[J]. 中国科技论坛, 2012(11).

[14] 王小燕. 西式快餐店分析[M]. 郭戈平. 中国连锁经营年鉴. 中国商业出版社, 2001.

[15] 王晓玉, 晁钢令, 吴纪元. 产品伤害危机及其处理过程对消费者考虑集的影响[J]. 管理世界, 2006(5).

[16] 王晓玉, 晁钢令, 吴纪元. 产品伤害危机响应方式与消费者考虑集变动——跨产品类别的比较[J]. 中国工业经济, 2008(7).

［17］王新刚，周玲，周南. 品牌丑闻跨国非对称溢出效应研究——国家形象构成要素视角［J］. 经济管理，2017(4).

［18］阎俊，佘秋玲. 消费者抵制的心理机制研究［J］. 营销科学学报，2010, 6(2).

［19］张璇，张红霞. 毁灭还是重生——多品牌危机中的替罪羊效应［J］. 营销科学学报，2014(4).

［20］Aaker, J. L., Lee, A. Y. Understanding regulatory fit［J］. *Journal of Marketing Research*. 2006, 43(1).

［21］Ahluwalia, R., Unnava, H. R., Burnkrant, R. E. The moderating role of commitment on the spillover effect of marketing communications［J］. *Journal of Marketing Research*, 2001, 38(4).

［22］Arthur, D., Quester, P. Who's afraid of that ad? Applying segmentation to the protection motivation model［J］. *Psychology & Marketing*, 2004, 21(9).

［23］Collins, A. M., Loftus, E. F. A spreading-activation theory of semantic processing［J］. *Psychological Review*, 1988, 82(6).

［24］Collins, D. Organizational harm, legal condemnation and stakeholder retaliation: A typology, research agenda and application［J］. *Journal of Business Ethics*, 1989, 8(1).

［25］Coombs, W. T. Protecting organization reputations during a crisis: The development and application of situational crisis communication theory［J］. *Corporate Reputation Review*, 2007, 10(3).

［26］Craig Smith, N., Cooper-Martin, E. Ethics and target marketing: The role of product harm and consumer vulnerability［J］. *Journal of Marketing: A Quarterly Publication of the American Marketing Association*, 1997, 61(3).

［27］Cunningham, W. A., Raye, C. L., Johnson, M. K. Neural correlates of evaluation associated with promotion and prevention regulatory focus［J］. *Cognitive Affective & Behavioral Neuroscience*, 2005, 5(2).

［28］Dahlen, M., Lange, F. A disaster is contagious: How a brand in crisis affects other brands［J］. *Journal of Advertising Research*, 2006, 46(4).

［29］Dawar, N., Pillutla, M. Impact of product-harm crises on brand equity: The moderating role of consumer expectations［J］. *Journal of Marketing Research*, 2000, 37(2).

［30］Godfrey, P. C. The relationship between corporate philanthropy and shareholder wealth: A Risk management perspective［J］. *The Academy of Management Review*, 2005, 30(4).

［31］Higgins, E. T. Beyond pleasure and pain［J］. *American Psychologist*, 1997, 52(12).

［32］Idson, L. C., Liberman, N., Higgins, E. T. Distinguishing gains from nonlosses and losses from nongains: A regulatory focus perspective on hedonic intensity［J］. *Journal of Experimental Social Psychology*, 2000, 36(3).

［33］Kahneman, D., Tversky, A. Prospect theory: An analysis of decision under risk［J］. *Econometrica: Journal of the Econometric Society*, 1979, 47(2).

［34］Laufer, D., Gillespie, K., Silvera, D. H. The role of country of manufacture in consumers' attributions of blame in an ambiguous product-harm crisis [J]. *Journal of International Consumer Marketing*, 2009, 21(3).

[35] Laufer, D., Gillespie, K. Differences in consumer attributions of blame between men and women: The role of Perceived Vulnerability and empathic Concern [J]. *Psychology and Marketing*, 2004, 21(2).

[36] Ledoux, J. *The emotional brain* [M]. New York: Simon & Schuster, 1996.

[37] Pullig, C., Netemeyer, R. G., Biswas, A. Attitude basis, certainty, and challenge alignment: A case of negative brand publicity [J]. *Journal of the Academy of Marketing Science*, 2006, 34(4).

[38] Reilly, R. J., Hoffer, G. E. Will retarding the information flow on automobile recalls affect consumer demand [J]. *Economic Inquiry*, 1983, 21(3).

[39] Silvera, D. H., Meyer, T., Laufer, D. Age-related reactions to a product harm crisis [J]. *Journal of Consumer Marketing*, 2012, 29(4).

[40] Siomkos, G. J., Kurzbard, G. The hidden crisis in product-harm crisis management [J]. *European Journal of Marketing*, 1994, 28(2).

[41] Siomkos, G., Triantafillidou, A., Vassilikopoulou, A., et al. Opportunities and threats for competitors in product-harm crises [J]. *Marketing Intelligence & Planning*, 2010, 28(6).

[42] Standop, D. Product recall versus business as usual: A preliminary analysis of decision-making in potential product-related crises [C], 2006.

[43] Vassilikopoulou, A., Chatzipanagiotou, K., Siomkos, G., et al. The role of consumer ethical beliefs in product-harm crises [J]. *Journal of Consumer Behaviour*, 2011, 10(5).

[44] Vassilikopoulou, A., Siomkos, G., Chatzipanagiotou, K., et al. Product-harm crisis management: Time heals all wounds? [J]. *Journal of Retailing and Consumer Services*, 2009, 16(3).

[45] Votola, N. L., Unnava, H. R. Spillover of negative information on brand alliances [J]. *Journal of Consumer Psychology*, 2006, 16(2).

The Effect of Fear, Regulatory Focus and Spillover Effect in Product Harm Crisis

Tu Ming[1] Chen Tong[2] You Liangzhi[3]

(1, 2, 3 College of Economics & Management, Huazhong Agricultural University, Wuhan, 430070)

Abstract: Product harm crisis have happened frequently, and their spillover effect has caused widely public concern over the recent years. From the prospect of fear and regulatory focus, this article builds a model to investigate the effect of product harm crisis attribute on spillover effect. Through questionnaire survey and statistical analysis in the context of instant chicken event, the proposed model has been confirmed. The results of the study are listed as follows: (1) The attribution of crisis — the harmfulness, cluster and duration of the product harm crisis — have significantly negative relations with the product's category attitude; (2) Fear plays a mediation role in the relationship between product harm crisis attribute and product category attitude; (3) Promoting regulatory focus weakens the negative relation between harmfulness (duration) of product harm crisis and the spillover effects. In the conclusion, the theoretical contribution, practical contribution, and limitation are also fully discussed.

Key words: Product harm crisis attribution; Spillover effect; Fear; Regulatory focus

专业主编：曾伏娥

潜水还是交互？印象管理视角下的品牌微博顾客参与类型影响因素研究*

● 赵海川[1]　秦春青[2]　Su Xiaolei[3]

（1　山东大学管理学院　济南　251000；2　济南大学计划财务处　济南　251000；
3　香港城市大学市场营销系　香港　810000）

【摘　要】随着微博的发展和流行，越来越多的企业开始在微博平台上建立品牌微博，并用其进行营销推广活动。顾客的参与对品牌微博的营销至关重要。很多顾客在品牌微博中长期处于潜水状态，很少进行交互式参与，因此探究影响消费者潜水和交互式参与的影响因素对于理论和实践都有很大意义。基于印象管理理论，构建了消费者品牌微博营销活动参与类型的选择模型。探讨了促进和抑制消费者交互式参与和非交互式参与（潜水）的因素。并运用偏最小二乘回归（PLS）对模型进行了验证。结果表明自我保护因素（评价顾忌）会抑制消费者的交互式参与意愿，但是会增强消费者的非交互式参与意愿。相反，自我增强因素（信息质量、交互支持和品牌喜爱）会促进消费者的交互式参与意愿，但是会抑制消费者的非交互式参与意愿。

【关键词】品牌微博　交互式参与　非交互式参与　印象管理理论

中图分类号：C93　　　文献标识码：A

1. 引言

自以 Twitter 为代表的微博从 2006 年 6 月被推出以来，其实时、交互、聚集、连通等社会化媒体的特性一直吸引着企业开展微博创新营销活动。许多公司也投入大量的资源在微博上建立自己的品牌微博账户。这种基于社交媒体的品牌社区为企业和消费者之间提供

＊基金项目：本文系国家自然科学基金青年项目"在线购物车刺激策略对消费者购买行为和口碑的影响机制研究"（项目批准号：71902104）；教育部人文社科研究基金 "电商企业如何消除负面口碑引起的消费者不信任：基于稳定归因和可控性归因视角"（项目批准号：17YJC630223）；中国博士后科学基金"电子商务环境下消费者负面口碑修复策略研究"（项目批准号：2017M612299）阶段性成果。

通讯作者：秦春青，E-mail：qinchunqing00@163.com。

了实时对话沟通的机会，赋予了企业面向消费者进行品牌沟通的新渠道。①② 目前，很多企业(如戴尔、联想、华为、小米等)纷纷建立了基于社交媒体的品牌微博账号。但是，很多品牌微博由于过低的消费者参与度运营举步维艰。很多品牌微博花费很大力气吸引消费者的关注以后，只有少数粉丝在品牌微博里进行交互(评论、转发)，大部分粉丝长期处在潜水状态，他们只对感知有价值的品牌微博信息及消费者交互的信息进行阅读，却很少与品牌微博及其他消费者交互。研究指出消费者的交互对品牌微博信息的传播、品牌关系的构建至关重要，因此，找到影响消费者选择交互式参与和非交互式参与(潜水)的影响因素和背后的心理动机，对于理论和实践都有很大的意义。

2. 文献综述

品牌微博是一种基于社交媒体的品牌社区，因此，本文将参考品牌社区的文献开展研究。目前，虚拟品牌社区参与已经引起了国内外学者的普遍关注。首先，Burnett(2000)指出消费者的品牌社区参与分为交互式参与和非交互式参与。非交互式参与又可以叫作"潜水"，潜水者只对品牌社区的信息进行浏览和阅读，而没有其他任何交互行为；交互式参与是指消费者主动地在品牌社区里转发、评论、发布信息，并积极地和品牌社区的管理者或其他社区成员交流互动。从现有的文献可以看出，这两种参与行为在交互方式和参与程度方面都有很大的不同。其次，现有的研究着重探讨了品牌社区参与的驱动因素和动机。Dholakia 等 (2004)发现了五种驱动消费者参与在线品牌社区的因素。这项研究指出信息价值、自我发现、社会交互、社会增强、娱乐性这五种动机驱动着消费者参与品牌社区。Lin 等 (2011) 也指出消费者期望的社会价值、享乐价值、实用价值会一起决定消费者的参与意愿。Chen 和 Hung (2010) 从社会认知理论和社会交换理论的角度来研究消费者的社区参与。他们发现信任、社会交互、认同正向影响着消费者在社区里分享和获取信息的意愿。从社会关系资本的角度，Gao 和 Liu (2014) 进一步发现消费者的信任信念、社会信念、经济信念会提高消费者感知到的电子商务社区的可信性程度，从而消费者会更加愿意参与电子商务社区的活动。Zhao 等 (2016)发现社会认同是影响消费者参与品牌社区的重要驱动因素。从上述文献可知，现有的研究主要从信息内容、社会交互质量、社会关系质量、消费者实用价值等方面研究消费者的品牌社区参与动机。现有的社区参与文献对以下结论达成了共识：消费者的个体特征、品牌偏好、社区信息质量、社区平台质量、互动质量、社会认同感等因素都会影响消费者参与品牌社区的动机。

从现有的文献来看，目前对于品牌微博和品牌社区的研究存在以下不足：

(1)目前关于品牌微博参与的研究很少。品牌微博和传统的在线品牌社区在社会关系

① Coyle, R. James, T. Smith, G. Platt. "I'm here to help" How companies' microblog responses to consumer problems influence brand perceptions [J]. *Journal of Research in Interactive Marketing*, 2012, 6 (1): 27-41.

② Kim, J. Angella, Ko Eunju. Do social media marketing activities enhance customer equity? An empirical study of luxury fashion brand[J]. *Journal of Business Research*, 2012, 65 (10): 1480-1486.

网络、实时性、和传播性等方面都有很多不同(李震, 2017)。因此, 在微博情境下对消费者的社区参与行为进行研究是十分必要的。

(2)现有的关于品牌社区参与的实证研究对社区的参与类型没有细分, 绝大多数文献在研究的过程中把品牌社区参与行为或意愿作为一个整体变量来研究。Burnett(2000)指出消费者的品牌社区参与分为交互式参与和非交互式参与, 并指出两种参与行为是完全不同的, 那么把这两种不同的参与方式作为一个整体变量来研究显然有很大的局限。

(3)虽然 Burnett 提出了消费者的品牌社区参与行为可以分为交互式参与行为和非交互式参与行为, 但是后续的研究并没有找出影响消费者选择这两种参与方式的驱动和抑制因素, 以及消费者选择不同的参与方式背后的心理机制。

本文基于以上现有文献不足从以下几个方面开展研究。针对现有文献把品牌社区参与作为一个整体的变量研究, 本研究根据已有文献把消费者品牌社区的参与行为分为交互式参与和非交互式参与(潜水), 详细探讨两种参与行为的区别, 并引入印象管理理论来解释什么因素会让消费者选择交互式参与或者非交互式参与, 通过印象管理理论来详细探讨消费者采取不同的参与方式的心理动机是什么。本文提出, 当消费者预期到交互式参与会增强他们的形象的时候, 他们会更愿意选择交互式的参与方式; 当消费者预期到交互式参与会给他们现有的形象造成损失的时候, 他们更愿意选择非交互式参与(潜水)。

3. 理论基础及研究假设

本文将主要基于印象管理理论和已有文献分析构建研究框架。在查阅相关资料和相关调研之后本文识别了两类影响消费者选择交互式参与和非交互式参与的影响因素。

印象管理是指人们试图管理和控制他人对自己所形成的印象的过程。印象管理可以分为两种策略: 保护性印象管理策略和获得性印象管理策略。前者是防御型策略, 后者是增强型策略。Philip 和 Antony(1984)对这两种策略进行了很好的区分。他们指出保护性印象管理策略是指人们试图保护自己已经建立的社会形象, 而避免他人消极地看待自己的防御性策略。获得性印象管理策略是指人们试图提高自己个人的社会形象, 这种策略是由想要在他人眼中建立良好印象的自我增强动机所触发。这两种策略本质的区别是一个想要避免行为带来的形象风险, 一个想要追求行为带来的形象收益。

社交媒体平台通过发帖、转发和评论的功能为企业及个人用户提供了一个沟通的工具。消费者在发帖和转发前都有足够的时间对内容进行考虑和编辑。社交媒体的这种异步性为消费者选择性地发布或者转发信息提供了条件。这也更有利于他们进行印象管理。在基于社交媒体的品牌社区中, 消费者可以采取交互式(转发、评论)或者非交互式(潜水)的参与方式。通过非交互式参与方式浏览社区信息是非公开的, 浏览过程只有自己知道。相反, 交互式参与是公开的行为, 交互式参与者的追随者和社区的成员都有机会看到消费者的发言或观点。因此, 消费者在社交媒体中的交互式参与行为不仅仅是为了满足自身的情感和社交需求, 还需要对他人对自己交互内容的评价和感知有所顾忌(评价顾忌)。印象管理理论指出人们在大众面前的公开行为会触发人们的印象管理的动机。人们有两种印象管理策略: 保护性印象管理策略和获得性印象管理策略。保护性印象管理策略是指消费者为了保护已有的形象而采取的风险规避策略，因此，具有保护性印象管理动机的消费者会为了规避公开行为带来的风险而不实施该行为。获得性印象管理是指消费者为了提高或增强自己在他人心目中的形象而采取的自我增强策略，因此，具有获得性印象管理动机的消费者会为了获得公开行为带来的形象收益而实施该行为。基于以上讨论，本文识别了两类影响消费者选择交互式参与和非交互式参与的因素：（1）自我形象保护因素（交互式参与的抑制因素）：人们会通过自我保护相关的因素进行保护性印象管理，从而规避交互式参与行为可能带来的形象损失；（2）自我形象增强因素（交互式参与的促进因素）：人们会通过自我增强相关的因素进行获得性印象管理，从而在他人心目中建立良好的形象。本文根据印象管理理论提出，当人们发现他们在社区的交互式行为会给他们已有的形象带来风险的时候，他们会更多地选择非交互式行为，而避免采取交互式参与行为；相反，如果他们意识到社区的交互式行为会给增强他们现有的形象的时候，他们会选择交互式行为，而放弃非交互式参与行为。接下来，本文将识别影响消费者参与方式选择的自我形象保护因素和自我形象增强因素，并探讨这些因素对交互式参与和非交互式参与意愿的影响。

3.1 自我形象保护因素（抑制因素）

基于印象管理理论，消费者在社交媒体中公开的信息分享行为都会顾忌他人对自己的评价，即担心他人对自己的行为有负面评价，希望他人对自己的行为有正面评价，消费者的评价顾忌会激起人们自我形象保护的动机①[15]。由于在品牌微博中交互式参与可以促进企业的商业行为，因此当消费者选择交互式参与的时候会担心其他人是不是觉得自己得到了品牌微博的好处才进行评价和转发，从而产生评价顾忌。当消费者的评价顾忌较高的时候，他们会选择非交互式参与的行为，避免他人对自己的评价。另外，消费者可能对交互式参与之后其他人对自己的评价有着不确定性，从而产生不确定性评价顾忌。当消费者的不确定性评价顾忌较高的时候，消费者不愿意冒风险去进行交互式参与行为，而仅仅选择潜水的方式进行参与。基于此，本研究提出：

H1：评价顾忌负向影响消费者的交互式参与意愿。

H2：评价顾忌正向影响消费者的非交互式参与意愿。

3.2 自我形象增强因素（促进因素）

品牌微博包含的主要元素包括品牌、品牌微博信息、品牌粉丝交互。因此，本文从信息、品牌和交互三个方面来识别自我形象增强因素。Chiang 和 Suen（2015）指出人们分享高质量的信息会增加粉丝对他们的喜爱和认同，从而增强自我形象；Yuan 和 Woodman（2010）指出群体对交互的支持会让消费者更愿意参与组织，从而获得更好的个人形象；Karjaluoto 等（2016）指出对品牌喜爱的消费者更愿意通过品牌进行自我表达，因此喜爱的品牌是消费者进行自我形象增强的媒介。根据以上文献，我们识别了三个自我形象增强因

---

① Narissra M. Punyanunt-Carter, J. J. Jorge Delacruz, Jason S. Wrench. Investigating the relationships among college students' satisfaction, addiction, needs, communication apprehension, motives, and uses & gratifications with snapchat[J]. *Computers in Human Behavior*, 2017（75）：15-26.

素，包括：信息质量、交互支持和品牌喜爱。

3.2.1 信息的质量

品牌微博是消费者获取和交流品牌信息的平台。信息的质量对消费者的交互起到关键性作用①。本文把信息的质量定义为信息的有用、有趣和及时程度②③。首先，对消费者有用的信息使他们会更加乐于阅读或者分享。因为这样一方面可以给自己带来效用，另一方面还可以通过转发得到别人的认可。因此，对于有用的信息消费者不仅仅会自己浏览（非交互式参与），也会把信息分享（交互式参与）给他人以获得他人的认可。其次，信息表达是否有趣也决定了消费者的阅读意愿和互动意愿。有趣的信息会让阅读者感觉到愉悦，从而激发他们互动的意愿，而不仅仅局限在阅读的层面。最后，信息发布是不是及时也影响了消费者的交互意愿。消费者不愿意看到看过很多遍或者已经过时的信息，因此，发布及时的信息会让消费者更愿意分享给其他人，而不仅仅自己进行阅读。所以，本文提出：

H3：信息的质量正向影响消费者的交互式参与意愿。

H4：信息的质量负向影响消费者的非交互式参与意愿。

3.2.2 交互支持

在品牌微博这种基于社交媒体的社区中，消费者可以通过评论或转发品牌微博官方信息或其他消费者的信息进行交互，从而和其他人建立关系。如果消费者感知到品牌微博鼓励消费者进行交互式参与，对消费者的交互式参与提供支持，那么消费者就会感觉到他们的参与行为会得到了品牌微博的赞赏，从而会获得一个好的形象收益，因此就会更愿意进行交互式参与，而不仅仅通过潜水阅读品牌微博的信息。此外，品牌微博对消费者交互的支持会让消费者认为自己的交互不会给自己带来风险，不用太担心他人对自己的评价，因此会更愿意进行交互式参与。

综上所述，本文提出：

H5：品牌微博对交互的支持正向影响消费者的交互式参与意愿。

H6：品牌微博对交互的支持负向影响消费者的非交互式参与（潜水）意愿。

3.2.3 品牌喜爱

消费者参与品牌微博不仅仅取决于信息质量及互动氛围的好坏，还和消费者的品牌感知有关。如果消费者对一个品牌十分喜爱，那么他们就会更愿意搜集该品牌的信息、参与该品牌的活动，和该品牌的消费者进行互动，从而对品牌微博的构建做出贡献④[5]，而不仅仅局限在从品牌微博获取信息的层面。另外，如果该消费者喜欢该品牌，他们会更愿意

---

① Zhao, H., Su, C., Hua, Z. Investigating continuance intention to follow a brand micro-blog: Perceived value and social identification[J]. *Information Development*, 2016, 32 (5): 32-50.

② DeLone H. William, McLean R. Ephraim. Information systems success: The quest for the dependent variable[J]. *Information Systems Research*, 1992, 3 (1): 60-95.

③ Zhao, H., Su, C., Hua, Z., To participate or not to participate in a brand micro-blog: facilitators and inhibitors[J]. *Information Development*, 2016, 32 (5): 35-54.

④ Carroll, B. A., Ahuvia, A. C. Some antecedents and outcomes of brand love[J]. *Marketing Letters*, 2006, 17 (2): 79-89.

参与该品牌相关的活动，这会帮助消费者进行自我表达、展现自我，也会促进消费者在品牌社区里的交互式参。基于此，本研究提出：

H7：品牌喜爱正向影响消费者的交互式参与意愿。

H8：品牌喜爱负向影响消费者的非交互式参与意愿。

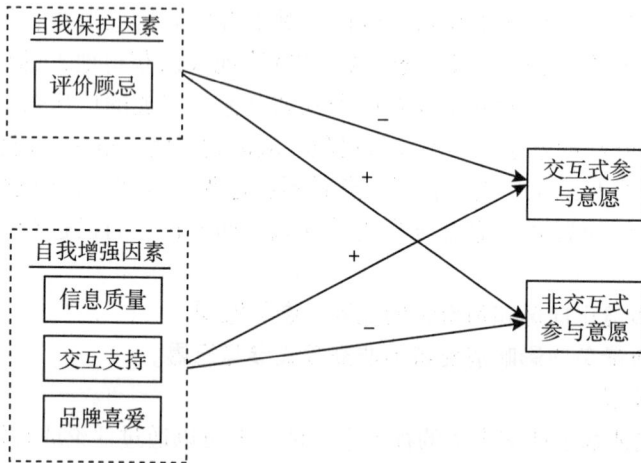

图 1　基于印象管理理论的消费者参与方式选择模型

4. 问卷设计和数据收集

为了有效地测量模型中的变量，本文尽可能地采用已有经典文献中的量表，在参考相关文献的基础上，与有关专家和受访对象进行深入交流后，根据研究情境对量表进行了调整和改良。问卷设计完成后，首先进行了小范围的预调查，对量表的信度和效度进行了预分析，根据分析结果对量表进行了进一步的改进，确定最终调查问卷。问卷所采集的基本信息有性别、年龄、职业、学历和年收入，问卷主体部分采用了 7 级李克特量表：数值 1 表示"完全不同意"、数值 4 表示"不确定"、数值 7 表示"完全同意"。问卷主体部分包括评价顾忌、信息质量、交互支持、品牌喜爱、交互式参与意愿和非交互式参与意愿 6 个变量，共 20 个题项，问卷主要内容如表 1 所示。

本文选择在新浪微博上进行在线问卷收集。新浪微博是中国较有影响的品牌微博服务平台，很多企业在上面建立了品牌微博进行营销推广活动。本研究的调研对象是关注过任何品牌微博的消费者，为了促进品牌微博用户的参与，我们给每一位调研对象 10 元钱的支付宝红包奖励，调查问卷通过在线链接发送给他们。整个调研过程持续了一个月的时间。剔除掉 22 份回答不完整的问卷后，最终收集到 321 份有效问卷。被调者男性占 59%，女性占 41%，年龄层次以 20～30 岁为主（占 78.3%），受教育水平较高（大专以上占 85.6%）。

本研究采用自我报告法收集数据，可能会导致共同方法偏差效应。首先，本研究采用了程序方法进行控制，具体包括：(1)问卷采用匿名调查；(2)量表具有较高信度，因此可以避免系统误差。此外，数据收集完成后，进一步采用 Harman 单因子检验对共同方法偏差进行诊断，结果发现，：共产生 5 个特征值大于 1 的因子，并且第一个因子解释的变异量为 33.9%，小于 40% 的临界标准。这表明该研究共同方法偏差问题不明显。

表1 潜变量的测量

潜变量	显变量内容	来源
评价顾忌 （EA）	EA1. 在品牌微博中我很注重他人对我的看法	Bruce 等（2002）
	EA2. 我很顾忌他人对我交互式参与内容的看法	
	EA3. 决定在品牌微博中交互式参与前我会犹豫再三，因为我担心他人不接受我的观点	
信息质量 （IQ）	IQ1. 我认为该品牌微博里面的内容很有用	Ronald & Andrew（2011）
	IQ2. 我认为该品牌微博里面的内容很有趣	
	IQ3. 我认为该品牌微博里面的内容很及时	
交互支持 （IS）	IS1. 该品牌微博鼓励消费者交互	Yuan 等（2010）
	IS2. 品牌微博很重视消费者的交互	
	IS3. 品牌微博中的其他消费者很乐意与我交互	
	IS4. 品牌微博中的其他消费者很乐意提供帮助	
品牌喜爱 （BL）	BL1：该品牌是一个很好的牌子	Carroll & Ahuvia（2006）
	BL2：这个品牌让我感觉很满意	
	BL3：这个品牌带给我愉快的感觉	
	BL4：我喜欢这个品牌	
交互式参与意愿 （IP）	IP1. 我喜欢转发该品牌微博的信息	Algesheimer 等（2005）
	IP2. 我喜欢评论该品牌微博的信息	
	IP3. 我很乐意把该品牌微博推荐给其他人	
非交互式参与意愿 （NP）	NP1. 我更愿意潜水阅读该品牌微博信息，而不愿意分享给他人	Algesheimer 等（2005）
	NP2. 我只愿意自己浏览该品牌微博的信息，而不愿意评论该品牌微博的信息	
	NP3. 我只愿意自己关注该品牌微博，而不愿意把它推荐给其他人	

5. 实证分析

本文采用结构方程模型进行数据分析。PLS（偏最小二乘分析法）相对于 SEM 对数据分布没有要求，且对样本量需求较少。此外，PLS 的另一个优势是具有较好地筛选对因变量不显著的影响因素的能力。因此，本文采用 SmartPLS 3.0 Program 软件，进行 PLS 数据分析。

5.1 测量模型

表 2   可信度衡量

潜变量	测量指标	标准化因子载荷	Cronbach's α度	组合效度（CR）	平均提取方差（AVE）
评价顾忌	EA1	0.953	0.956	0.972	0.920
	EA2	0.964			
	EA3	0.959			
信息质量	IQ1	0.915	0.918	0.948	0.859
	IQ2	0.923			
	IQ3	0.943			
交互支持	IS1	0.933	0.942	0.958	0.852
	IS2	0.906			
	IS3	0.955			
	IS4	0.898			
品牌喜爱	BL1	0.806	0.871	0.910	0.717
	BL2	0.867			
	BL3	0.903			
	BL4	0.807			
交互式参与意愿	IP1	0.987	0.986	0.991	0.974
	IP2	0.988			
	IP3	0.985			
非交互式参与意愿	NP1	0.984	0.983	0.989	0.966
	NP2	0.986			
	NP3	0.979			

表 3   区 别 效 度

	评价顾忌	信息质量	交互支持	品牌喜爱	交互式参与	非交互式参与
评价顾忌	**0.96**					
信息质量	−0.68	**0.93**				

	评价顾忌	信息质量	交互支持	品牌喜爱	交互式参与	非交互式参与
交互支持	-0.52	0.68	**0.92**			
品牌喜爱	-0.49	0.60	0.64	**0.85**		
交互式参与	-0.52	0.69	0.63	0.64	**0.99**	
非交互式参与	0.53	-0.63	-0.61	-0.60	-0.67	**0.98**

注：表中对角线上的数值为 AVE 平方根，其余数值为相关系数矩阵。

表 2 是信度和效度检验，包括标准化因子载荷、Cronbach's α 值、组合效度和平均提取方差。首先是信度检验，表 2 显示各个测量指标的因子载荷均超过 0.7，说明各测量指标有效地反映了对应的潜变量。潜变量的 Cronbach's α 都大于 0.8，且组合效度 CR 都大于 0.9，因此本文的测量指标具有较高的内部一致性。其次是效度检验，平均提取方差 AVE 都大于 0.7，说明结构变量的聚合效度较好。

表 3 是区别效度检验数据，表中对角线上的数值为 AVE 平方根，其余数值为相关系数矩阵。表 3 显示所有潜变量 AVE 值的平方根都大于其与其他维度之间的相关系数，表明区别效度良好。

5.2 结构模型

图 2 显示了结构方程模型的各路径系数。对路径系数的显著性检验表明，评价顾忌会抑制消费者的交互式参与意愿($\beta = -0.221$, $t = 4.66$, $p < 0.001$)，但是会增强消费者的非交互式参与意愿($\beta = 0.143$, $t = 3.23$, $p < 0.001$)。这说明消费者越担心品牌微博中他人对自己的评价的时候，他们越愿意选择潜水阅读信息而不去进行交互。因此，假设 H1 和 H2 得到了验证。信息质量会促进消费者的交互式参与意愿($\beta = 0.371$, $t = 5.66$, $p < 0.001$)，但是会抑制消费者的非交互式参与意愿($\beta = -0.229$, $t = 3.44$, $p < 0.001$)。高质量的信息可

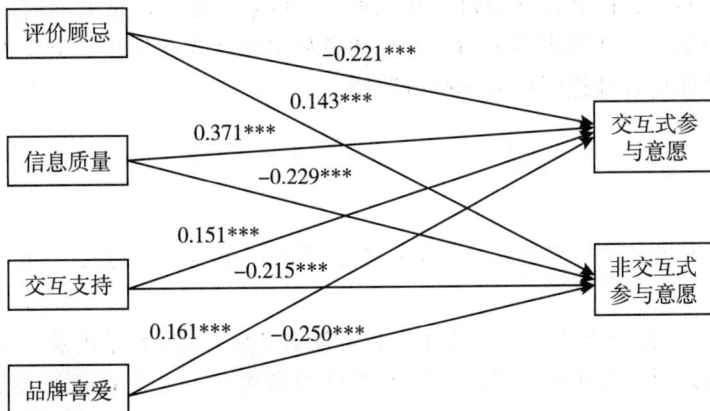

注：* 表 $p < 0.05$；** 表 $p < 0.01$；*** 表 $p < 0.001$。

图 2　PLS 结果图

117

以激发消费者交互的动机，假设H3和H4得以验证。交互支持正向影响消费者的交互式参与意愿（$\beta=0.151$，$t=2.87$，$p<0.01$），但是负向地影响非交互式参与意愿（$\beta=-0.215$，$t=3.57$，$p<0.001$）。这说明品牌微博的交互氛围会促进消费者的交互式参与，品牌微博对消费者的交互越支持，他们越愿意互动。假设 H5 和 H6 得以验证。品牌喜爱正向促进消费者的交互式参与意愿（$\beta=0.161$，$t=3.96$，$p<0.01$），但是会抑制消费者的非交互式参与意愿（$\beta=-0.25$，$t=5.05$，$p<0.01$）。这说明消费者对品牌的喜爱程度会让他们更愿意在品牌微博里进行互动，而不仅仅潜水阅读信息。因此，假设 H7 和 H8 得以验证。

6. 结语

针对过去的实证研究没有对消费者的品牌社区参与行为进行细分，本研究把消费者的品牌社区参与行为分为了交互式参与和非交互式参与行为，并在印象管理理论的基础上，找出了消费者选择这两种参与行为的促进和抑制因素。本研究结果显示，自我保护因素（评价顾忌）会抑制消费者的交互式参与，当消费者自我形象保护动机较强的时候更愿意选择潜水，而不是进行互动；相反，自我增强因素（信息质量、交互支持和品牌喜爱）会促进消费者的交互式参与，而不仅仅停留在潜水阶段。我们的研究进一步丰富和扩展过去关于品牌社区参与的文献和理论。

另外，本研究也有很多管理意义。2015 年，随着国家"互联网+"行动计划的提出和推进，越来越多的企业开始认识并采用基于社交媒体的品牌社区进行产品、品牌的营销。这种营销工具是提高企业竞争力的重要手段。但是，企业管理者对如何使用这种基于社交媒体的品牌社区进行企业产品、品牌的营销充满疑虑。本研究对消费者的参与行为进行了细分，试图揭示消费者不同的参与方式背后的促进和抑制因素，并且深入探究消费者不同的参与方式下的心理机制，从而为企业在社交媒体上开展营销活动、促进消费者参与指明方向。本文指出品牌微博营销者可以通过降低消费者的评价顾忌、提高信息质量、增加对交互的支持、促进消费者的品牌喜爱，提高消费者的交互式参与意愿。本文的结论可以为企业找出驱动消费者在品牌社区进行交互式参与的因素，也可以帮助他们避开抑制消费者交互式参与的因素，并让管理者更加了解消费者从事交互式参与和非交互式参与背后的心理影响机制，从而更好地进行好品牌微博营销。

◎ **参考文献**

[1] 李震. 互联网平台如何创造体验价值：基于互动视角的分析[J]. 广东财经大学学报，2017(2).

[2] 周浩，龙立荣. 共同方法偏差的统计检验与控制方法. 心理科学进展，2004，12(6).

[3] 祝仲坤，冷晨昕. 互联网使用对居民幸福感的影响——来自 CSS 的经验证据[J]. 经济评论，2018(1).

[4] Algesheimer, R., Dholakia, U. M., Herrmann, A. The social influence of brand community: Evidence from European car clubs[J]. *Journal of Marketing*, 2005, 69 (3).

[5] Bruce, A. Reinig, Bongsik Shin. The dynamic effects of group support systems on group meetings[J]. *Journal of Management Information Systems*, 2002, 19 (2).

[6] Burnett, Information exchange in virtual communities: A typology[J].*Information Research*, 2000, 5 (4).

[7] Carroll,B.A., Ahuvia, A.C. Some antecedents and outcomes of brand love[J]. *Marketing Letters*, 2006, 17 (2).

[8] Chen, C., Hung,S., To give or to receive? Factors influencing members' knowledge sharing and community promotion in professional virtual communities [J]. *Information & Management*, 2010, 47 (4).

[9] Chiang, K. H., Suen, H. Y. Self-presentation and hiring recommendations in online communities: Lessons from LinkedIn[J]. *Computers in Human Behavior*, 2015, 48(C).

[10] Coyle, R. James, T. Smith, G. Platt. "I'm here to help" How companies' microblog responses to consumer problems influence brand perceptions [J]. *Journal of Research in Interactive Marketing*, 2012, 6 (1).

[11] DeLone H. William, McLean R. Ephraim. Information systems success: The quest for the dependent variable[J]. *Information Systems Research*, 1992, 3 (1).

[12] Dholakia,U.M., Bagozzi, R.P., Pearo, L.K., A social influence model of consumer participation in network-and small-group-based virtual communities [J]. *International Journal of Research in Marketing*, 2004, 21 (3).

[13] Gao,H., Liu, D. Relationship of trustworthiness and relational benefit in electronic catalog markets[J]. *Electronic Markets*, 2014, 24 (1).

[14] Kim J.Angella, Ko Eunju. Do social media marketing activities enhance customer equity? An empirical study of luxury fashion brand[J]. *Journal of Business Research*, 2012, 65 (10).

[15] Karjaluoto, H., Munnukka,J., Kiuru, K. Brand love and positive word of mouth: The moderating effects of experience and price[J]. *Journal of Product & Brand Management*, 2016, 25(6).

[16] Lin, B., Su,M., Hou, B., Virtual brand community participation and the impact on brand loyalty: A conceptual model [C]. Business Management and Electronic Information (BMEI), 2011 International Conference on, IEEE, 2011.

[17] Narissra M. Punyanunt-Carter, J. J. Jorge Delacruz, Jason S. Wrench. Investigating the relationships among college students' satisfaction, addiction, needs, communication apprehension, motives, and uses & gratifications with snapchat[J]. *Computers in Human Behavior*, 2017(75).

[18] Philip, E. Tetlock, Antony, S. Manstead. Impression management versus intrapsychic explanations in social psychology[J]. *Psychological Review*, 1985, 92 (1).

[19] Ronald, T. Cenfetelli, A. Schwarz. Identifying and testing the inhibitors of technology usage intentions[J]. *Information Systems Research*, 2011, 21 (1).

[20] Yuan, F., Woodman, W. Richard. Innovative behavior in the workplace: The role of performance and image outcome expectations[J]. *Academy of Management Journal*, 2010, 53 (2).

[21] Zhao, H., Su, C., Hua, Z. To participate or not to participate in a brand micro-blog: Facilitators and inhibitors[J].*Information Development*, 2016, 32 (5).

[22] Zhao, H., Su, C., Hua, Z. Investigating continuance intention to follow a brand micro-blog: Perceived value and social identification [J]. *Information Development*, 2016, 32 (5).

Lurk or Interaction? Research on Customers Choice of Interactive and Noninteractive Participation in Brand Micro-blog

Zhao Haichuan[1]　Qin Chunqing[2]　Su Xiaolei[3]

(1　School of Management, Shandong University, Jinan, 251000;

2　Department of Planning Finance, University of Jinan, Jinan, 251000;

3　Department of Marketing, City University of Hong Kong, Hong Kong, 810000)

Abstract: Customers' participation is crucial to brand micro-blogs markeing innovation. However, many brand micro-blogs still face the challenge of low interactive participation, most customers as lurkers at long term. Thus, understanding the determines of customer interactive and non-interactive participation is meaningful. Based on the impression management theory, we propose a theoretical framework of customers' choice of interactive and non-interactive participation in brand micro-blog, and discusses the facilitators and inhibitors of interactive and non-interactive participation intention. Using PLS method, our results show that self-protection related factor negatively effect on interactive participation intention, and positively effect on non-interactive participation intention; while, self-enhancement related factors positively effect on interactive participation intention, and negatively effect on non-interactive participation intention.

Key words: Brand micro-blogs; Interactive participation; Non-Interactive participation; Impression management theory

专业主编：曾伏娥

IVB 广告水平移动方向对受众认知水平及产品态度的影响研究[*]

● 廖以臣[1]　文　琪[2]　杜文杰[3]　廖佐江[4]

(1，2，3　武汉大学经济与管理学院　武汉　430072；4　武汉理工大学　武汉　430070)

【摘　要】随着网络视频市场体量的不断扩张，学界对于多元化在线视频广告研究的必要性逐渐提升。在诸多类型的视频广告中，IVB 广告以其高性价比、灵活展示方式等特点得到了广告主的广泛青睐。本研究通过实证研究发现，IVB 广告的水平移动方向对不同书写阅读方向（语言体系）受众的认知水平及产品态度的影响差异较大，当 IVB 广告水平移动方向与书写阅读方向一致时，受众对广告具有更高的认知水平及产品态度。

【关键词】IVB 广告　认知水平　产品态度　流畅性

中图分类号：G206　　文献标识码：A

1. 引言

自 2012 年以来，我国网络视频市场呈现了井喷式发展，以广告为主的商业模式越来越趋于成熟和稳定，不同类型的网络视频广告百花争艳。Analysys 易观发布的《2016—2019 年中国网络视频市场趋势预测专题研究报告》显示：2019 年国内网络视频广告体量将达到 690 亿元。在微观层面，与网络视频广告收入节节攀升之势相反，很多观众对于网络视频广告的态度却越来越挑剔，尤其对于视频播放前较长时间的贴片广告愈加失去耐心，消费者对产品的认知效果无法得到保证。基于以上现状，对于广告主和在线视频网站来说，寻求多元化的广告方式显得尤为必要。

网络视频广告是以网络视频网站为依托，在网站上以视频形式表达广告内容的一种在线广告。按照网络视频广告的呈现形式可以分为视频贴片广告、植入广告、角标广告、视频内置旗帜广告（inner video banner 广告，下称 IVB 广告）等类型。视频贴片广告类似于电

* 基金项目：国家自然科学基金项目"大数据驱动的消费市场的全景响应式营销管理与决策研究"（项目批准号：91746206）；国家自然科学基金项目"移动时代全景营销模式：三元交互协同与产品一体化情感激发"（项目批准号：71672132）。

通讯作者：廖以臣，E-mail：lyc@whu.edu.cn。

视节目广告，主要是在视频播放前、播放中和播放后 3 个时间段中插入广告，一般占用整个屏幕；植入式广告则多出现在娱乐节目中，通过并不明显的形式植入企业广告，以达到使消费者对品牌产生积极的关系联结或品牌态度的目的；角标广告是指在播放过程中浮现在视频画面一角的图片，常见的图片如品牌标志等。现今学术界对 IVB 广告的学术定义暂未统一，根据 IVB 广告的实际展现形式及特征，我们将其定义为网络视频播放时以静态、动态图片或 flash 形式呈现在画面中的旗帜广告。

在外形上看，IVB 广告和角标广告十分相似，都是位于视频画面之上，占据空间较小的图片类网络视频广告。相比贴片广告和植入式广告，IVB 广告和角标广告都具有观影干扰少、成本费用低等优点，但在展现形式和广告内容上，两者又存在显著区别。在展现形式上，角标广告出现方式较为突兀，通常出现在视频的左右下角，一旦出现就基本固定不再移动，停留时间较长；而 IVB 广告出现方式则较为灵活，表现为渐变浮现、水平移动出现、垂直移动出现等等，在广告出现之后，位置可灵活移动，停留时间也较短。在广告内容上，角标广告通常为静态的企业标志，而 IVB 广告内容则常常与当前视频内容紧密结合，呈现出静态、动态和交互式三种形式，例如在综艺节目《奔跑吧，兄弟》中出现竞技类画面时，出现与视频内容关联度极高的"东鹏特饮让你醒着拼！"的动态图片。由于其灵活多样的特征，相较其他广告形式有明显的优势，观众对于 IVB 广告的认知效果也相对较好。

为了更好地利用其创造价值，对于不同 IVB 广告展现形式对观众的认知效果及态度的影响研究就显得尤为必要。对于 IVB 广告的移动性来说，有水平移动和垂直移动两种方式，水平移动是最多的、也更符合人们的习惯。可是，水平移动可分为由左向右和由右向左，哪种方向更加影响观众对广告内容的认知和获得更好的广告效果，目前无法知晓。

综上所述，本研究选取了 IVB 广告的移动方向（由左向右或者由右向左）作为研究对象，对不同移动方向下 IVB 广告对观众认知水平及产品态度的影响进行研究，以揭示何种 IVB 广告移动方式会引发观众更好的认知效果和产品态度。

2. 理论基础与研究假设

2.1 书写阅读方向与方向偏好

人们的书写阅读方向会对信息处理方式、逻辑思维与方向偏好造成影响，如英语、汉语、法语等语言体系的书写阅读方向都是从左向右进行的，这意味着以英语和中文为母语的人们对于非语言信息的处理也趋向于从左向右进行，而乌尔都语、阿拉伯语等语言体系的书写阅读方向是从右向左进行的，以其为母语者对于信息处理的方向偏好则恰好相反。有学者在对中国大陆被试、英国被试及中国台湾被试的研究中发现，由于书写体系方向的不同，英国被试和中国大陆被试更关注视野的左上角，而中国台湾被试更关注视野的右上角（Chan & Benjamin，2005）。

从接受书写阅读教育开始，人们由于书写阅读方向所形成的对于方向偏好的记忆就深入认知和心理，形成人们的内隐记忆。内隐记忆是指人们对于信息的自动加工处理过程所依赖的学习经验系统，它是潜意识的、快速的、并非主要由语言表达的、内隐的系统(孙敏，2010)。当人们利用内隐记忆所构成的自动加工系统对信息进行处理时，会形成较高的认知水平。

基于内隐记忆形成的信息加工处理方式，我们可以推测：对于以汉语为母语的中国人来说，当接触到从左向右移动的 IVB 广告时，会触发其通过学习书写阅读而形成的从左向右的方向性偏好的内隐记忆，此时人们是通过自动加工系统对 IVB 广告进行信息加工的，由于信息处理先前于意识且处理速度快，因此会形成较高的认知水平。而对于以乌尔都语为母语的巴基斯坦人来说，情况则恰好相反。

因此，我们提出 H1：

H1：IVB 广告水平移动方向与书写阅读方向是否一致会影响人们对广告信息的认知水平

2.2 信息处理的流畅性

现有的心理学实验研究通过控制流畅性来测量人们在计算以及阅读中采用的认知模式。研究表明流畅性会导致个体采用不同的认知模式：在高流畅性的条件下，个体会采用启发型认知策略，即采用依赖于内隐记忆的自动加工系统对外界的信息或刺激进行加工处理，此时个体会更容易接受外界的信息，对事物的认知水平也比较高；而低流畅性的条件下，个体则会选择分析型认知策略，即采用依赖于外显知识的控制加工系统对外界的信息或刺激进行加工处理，此时个体在短时间内对于外界的信息及刺激进行编码及存储的过程会更困难，对于事物的认知水平也比较低(王育晓，等，2018)。

此外，消费者在处理产品或品牌信息时的流畅性会影响消费者对该产品的评价和购买意愿。有研究发现，消费者会由于在阅读 DVD 播放机的产品介绍辨认字体的难易程度不同，导致感知的信息处理流畅性差异，产生对于 DVD 播放机不同的产品评价(Lee，2013)。流畅性对消费者产品态度的影响源于消费者根据该信息的早期经历对于流畅性的归因。消费者在不能对产品的质量、性能做出合理判断的时候，流畅性便会作为一种更加直观的、替代产品本身属性的判断标准帮助消费者对产品做出判断。这种可替代性的存在是源于消费者心中将感知的流畅性与产品本身属性所建立的一种正向联系(Unkelbach，2007)。

当 IVB 广告水平移动方向与人们的书写阅读方向一致时，人们会感觉到更高的流畅性。这种流畅性所触发的认知模式会对人们的认知水平产生影响，同时由这种流畅性所引发的积极情绪又会被人们归因到广告中的品牌和产品上(Shah & Oppenheimer，2007；吴莹，2013)。因此，我们可以合理推知，当 IVB 广告水平移动方向与人们的书写阅读方向一致时，会产生更高的流畅性，从而影响到其对广告的认知水平与产品态度。

因此，我们提出 H2 及 H3：

H2：IVB 广告水平移动方向与书写阅读方向是否一致会影响消费者的产品态度

H3：IVB 广告水平移动方向与书写阅读方向是否一致对认知水平及产品态度的影响受到流畅性的中介作用

综合以上，本研究的研究模型如图 1 所示：

123

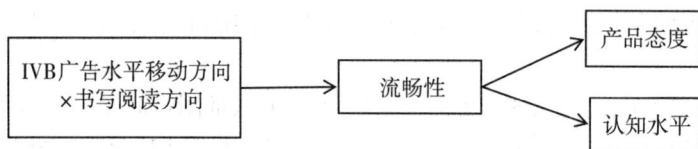

图 1 研究模型图

3. 研究设计

3.1 被试选择

本实验分为四组，分别是被试的书写阅读方向与 IVB 广告方向一致组（a 组：中国被试；b 组：巴基斯坦被试）及不一致组（c 组：中国被试；d 组：巴基斯坦被试）。有研究表明，在不同语言体系的国家生活、学习的人们，其对方向的偏好及熟悉度会显著地受到生活学习所在地的影响，例如，对于一直在阿拉伯国家生活的阿拉伯人（书写阅读方向为 RL①）来说，他们对于 RL 方向的偏好要比在意大利（书写阅读方向为 LR）生活的阿拉伯被试更加显著，而后者对 RL 方向的偏好又要比一直生活在意大利的意大利被试高（Maass & Russo，2003）。根据练凤琴等（2005）对外籍员工在中国的文化与心理适应研究，外籍人员对中国社会文化的适应与时间的关系呈双 U 形，在 7 个月和 56 个月左右的时间上呈现了最大的文化适应困难，心理适应困难随时间而下降。因此，我们在巴基斯坦被试的选择上要求其在中国学习生活不足 6 个月。此外，实验选取的被试未参与过有关实验，视力或矫正视力正常。

3.2 实验材料选择

实验要求被试先观看一段时长为 60 秒左右的综艺视频片段，在该视频中出现从左向右水平移动或从右向左水平移动的 IVB 广告，广告出现持续时长保持在 6 秒。中国被试观看的综艺片段选择的是游戏竞技类综艺节目《全员加速中》，为了匹配该视频片段的情节内容，实验选取了功能性饮料来作为 IVB 广告的推广产品；巴基斯坦被试观看的综艺片段是街头足球大神 Séan Garnier 在巴基斯坦街头拍摄的一段综艺节目视频，实验同样选取了功能性饮料来作为 IVB 广告的推广产品。

在广告细节的设计上，需要考虑并控制其他可能的影响因素。以往较多研究发现：（1）外界信息或刺激的客观特征会影响被试的流畅性、态度及认知，例如刺激信息与背景的色彩对比是否强烈（Reber et al.，1999；Reber et al.，2004b；Unkelbach，2007；Hansen et al.，2008）、刺激信息的持续时间（Whittlesea & Williams，1998）、刺激信息简单与否（Alter & Oppenheimer，2006）等；（2）被试对于外界信息或刺激的熟悉度也会影响被试的

---

① RL(right to left)表示从右向左，LR(left to right)表示从左向右。

流畅性、态度及认知，例如学者 Begg 等（1992）提出先前重复出现过的广告会使被试产生较高的流畅性，这种高流畅性的感知被理解为熟悉时，这种熟悉感会带来积极的影响并提高被试对产品的喜爱（Reber et al., 2004a）；Brown 和 Nix（1996）也曾提出主观熟悉感与语句的客观暴露次数都有可能增加被试对语句真实性的判定。针对以上可能的影响因素，在产品和品牌的选择上，我们采用了自行设计的虚拟产品、品牌及广告；在广告及产品颜色的设计上，我们采用了对比度比较高的黄色、白色及红色，也比较适合中国及巴基斯坦的功能性饮料的特点与协调性；在广告中采用汉语/乌尔都语书写品牌名称，使用英文单词（fighting）书写广告语，提升广告与背景视频内容的匹配度；在广告的形状上，选择与现在常见的 IVB 广告呈现形式相似的矩形；此外，在广告的呈现时间上，根据前测实验的结果，当广告水平移动呈持续间为 4 秒时，65.7% 的被试无法注意到广告或者无法回忆起广告的特征，当广告水平移动时间为 8 秒时，被试间流畅性的操控不显著，因此在实验中，我们将广告水平移动的持续时间更改为 6 秒。

3.3 实验测量

针对被试注意力及认知水平的测量，Migo 等（2012）提出，可以根据被试对于刺激物的特征自由回忆的正确性得分进行评价。因此，研究人员在问卷中通过询问针对广告细节特征的问题来测量被试对 IVB 广告的注意力及认知水平。被试的流畅性水平，则通过被试对于回忆和再确认的困难性报告进行测量：被试对回忆和再认的困难性越小，则被认为被试的流畅性越高。本研究参考 Lee（2013）和陈宁（2001）的量表对题项进行改编，主要内容为"我能够较容易/较清晰地回想起该广告的特征及细节"两个题项及"我能够较容易/较清晰地回想起该产品的特征及细节"两个题项。此外，Johnston 等（1985）通过实验验证了流畅性造成的旧事物误差，研究指出如果被试对特定事物的信息处理流畅性较高，那么在被试判断是否曾见过此事物时，经常会将新事物认定为自己曾经接触过的老事物。据此，本研究在量表中加入题项"我觉得该产品比较熟悉"。针对产品态度的测量，则根据 Shamdasani 等（2001）归纳的产品态度的 7 条项目量表改编而成，在本研究的问卷中调整为 4 项：（1）我认为该产品能够较好地发挥功用，（2）我对该产品产生了好奇心，（3）我对该产品的评价是正面的，（4）我认为该产品有吸引力。

本实验的被试为 80 名中国人及 62 名巴基斯坦人。其中，中国被试中男性占比 52.5%，女性占比 47.5%；巴基斯坦被试中男性占比 53.2%，女性占比 46.8%。

4. 实验结果分析

4.1 操控性检验

以 IVB 广告水平移动方向为因变量，针对 ac 两组和 bd 两组被试分别进行 ANOVA 方差分析。结果显示，对于 a 组与 c 组的中国被试来说，对从左向右移动的 IVB 广告感知到的 IVB 广告水平移动方向与书写阅读方向的一致性更高（M_a 组 = 5.27，M_c 组 = 2.22，$F(1, 79) = 13.760$，$p < 0.001$）；对于 b 组与 d 组的巴基斯坦被试来说，对从右向左移动

的 IVB 广告感知到的 IVB 广告水平移动方向与书写阅读方向的一致性更高(M_b 组 = 5.35，M_d 组 = 2.43，$F(1, 61) = 14.38$，$p<0.001$）

此外，以 IVB 广告与背景视频内容的匹配度为因变量对 a 组的中国被试和 b 组的巴基斯坦被试进行 ANOVA 方差分析。结果显示，被试对于不同产品的 IVB 广告的匹配度感知不存在显著差异，也就是说中国被试组与巴基斯坦被试组所看到的 IVB 广告产品虽然不同，但是 IVB 广告对于被试的影响在组间可以忽略不计（$F(1, 69) = 65.58$，$p<0.01$；M_a 组 = 5.24，M_b 组 = 5.06）。

4.2 IVB 广告水平移动方向对广告认知水平的影响

为了验证 H1 中自变量对认知水平的影响，我们首先以认知水平作为因变量对 a 组与 c 组数据进行方差分析。结果发现，对于书写阅读方式是 LR 体系的 a 组及 c 组被试，被试对于从左向右移动的 IVB 广告的认知水平要比从右向左移动的 IVB 广告的认知水平显著要高（M_a 组 = 10.06，M_c 组 = 5.72，$F(1, 79) = 55.88$，$p<0.001$）。我们再对书写阅读方向为 RL 体系的 b 组与 d 组巴基斯坦被试进行均值描述，在 IVB 广告内容无显著差异的条件下（如前述操控过程所示），被试对于从右向左移动的 IVB 广告的认知水平要比从左向右移动的 IVB 广告的认知水平显著要高（M_b 组 = 9.25，M_d 组 = 5.03，$F(1, 61) = 48.67$，$p<0.001$）。以上实验结果表明，无论对于中国被试还是巴基斯坦被试，IVB 广告水平移动方向与被试书写阅读方向一致对于被试的认知水平的影响都存在显著的交互效应。a，b，c，d 四组被试的详细的认知水平描述如图 2 所示。

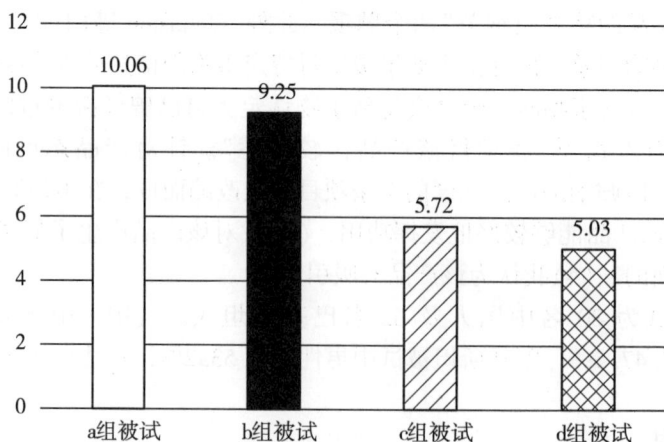

图 2 被试的认知水平比较结果

4.3 IVB 广告水平移动方向对产品态度的影响

我们以产品态度作为因变量，首先对 a 组、c 组数据进行方差分析。结果显示，当被试的书写阅读方式是 LR 体系时，被试对于从左向右移动的 IVB 广告的产品态度更好（$M_a = 19.76$，$M_c = 11.55$，$F(1, 79) = 16.74$，$p<0.001$）。我们再对书写阅读方向为

RL 体系的 b 组和 d 组巴基斯坦被试进行方差分析，结果显示，在 IVB 广告内容无显著差异的条件下（如前述操控过程所示），被试对于从右向左移动的 IVB 广告的产品态度更好（$M_b = 16.21$，$M_d = 10.06$，$F(1，61) = 18.35$，$p < 0.001$）。以上实验结果表明，无论对于中国被试还是巴基斯坦被试，IVB 广告水平移动方向与被试书写阅读方向的一致性对于产品态度的影响都存在显著的交互效应。a，b，c，d 四组被试的详细的产品态度描述如图 3 所示。

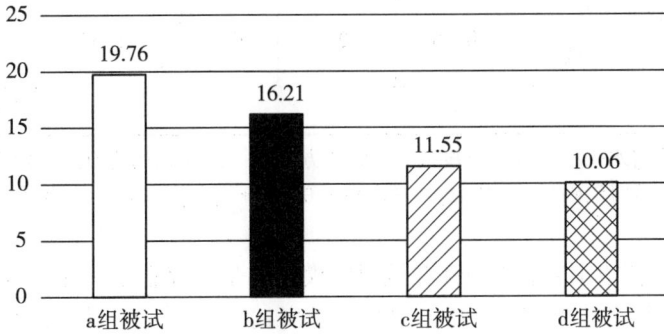

图 3 被试的产品态度比较结果

4.4 流畅性的中介作用检验

为了验证 H3 中被试对 IVB 广告的认知效果受到流畅性的调节，我们首先参考 Baron 和 Kenny（1987）的中介分析方法进行回归，回归结果证明了流畅性的中介作用。详细的回归结果如表 1 和表 2 所示。

表 1   以认知水平为因变量的中介效应分析

	模型 1		模型 2		模型 3	
	认知水平		流畅性		认知水平	
	β 值	t 值	β 值	t 值	β 值	t 值
IVB 广告水平移动方向	0.23	1.08	0.22	1.12	0.23	0.89
书写阅读方向	0.31	0.65	0.07	0.22	0.30	0.65
IVB 广告水平移动方向与被试书写阅读方向一致	0.56	5.53***	0.38	3.32***	0.31	4.20***
流畅性	—	—	—	—	0.66	8.91***

127

表 2   以产品态度为因变量的中介效应分析

	模型 1		模型 2		模型 3	
	产品态度		流畅性		产品态度	
	β 值	t 值	β 值	t 值	β 值	t 值
IVB 广告水平移动方向	0.12	0.37	0.39	0.15	0.12	0.11
书写阅读方向	0.69	1.36	0.44	1.22	0.28	0.89
IVB 广告水平移动方向 与被试书写阅读方向一致	0.36	5.22***	0.87	3.32	0.45	3.46**
流畅性	—	—	—	—	0.55	10.97***

注：对于 IVB 广告水平移动方向与被试书写阅读方向不一致时编码为 0，IVB 广告水平移动方向与被试书写阅读方向一致时编码为 1。其中：* 代表 $p<.05$；** 代表 $p<.01$；*** 代表 $p<.001$。

为进一步验证假设 H3 中流畅性在该研究模型中是否存在部分中介作用，本研究按照江程铭等（2015）和温忠麟等（2004；2005）提出的中介效应分析程序，参照 Preacher、Hayes（2004）和 Hayes（2013）提出的 Bootstrap 方法进行中介效应的检验。Bootstrapping 样本量选择 5000，选择误差修正，置信度为 95%。

针对以认知水平分析为因变量的检验结果显示，有调节的中介效应的区间没有包含 0（Lower BCCI = 0.7089，Upper BCCI = 3.4230），表明中介作用显著，并且当流畅性中介存在时，IVB 广告的移动方向和被试书写阅读方向交互作用的区间不包含 0（Lower BCCI = 0.6783，Upper BCCI = 1.9599），所以流畅性存在部分中介效应；针对以产品态度为因变量的检验结果显示，有调节的中介效应的区间没有包含 0（Lower BCCI = 1.5548，Upper BCCI = 7.2612），表明中介作用显著，并且当流畅性中介存在时，IVB 广告的移动方向和被试书写阅读方向交互作用的区间不包含 0（Lower BCCI = 0.3978，Upper BCCI = 1.9483），表明流畅性的部分中介效应存在。

5. 结论与展望

5.1 结论

本研究通过实验的方法，对 IVB 广告的移动方向与受众书写阅读方向对受众的认知水平和产品态度的交互影响作用进行了研究。研究结果发现，当 IVB 广告的水平移动方向与受众的书写阅读方向一致时，受众的认知水平及产品态度会显著高于两者不一致的情况。具体而言，书写阅读方向为 LR 体系（从左向右）的人们对于从左向右移动的 IVB 广告的认知水平及产品态度更好，而对于书写阅读方向为 RL 体系（从右向左）的被试来说则恰恰相反。为深入研究这一效应背后的作用机制，本研究引入流畅性作为中介变量。实验结果发现，当 IVB 广告的水平移动方向与被试的书写阅读方向一致时，其由书写阅读方向形成的内隐记忆被启动，此时被试对于 IVB 广告的认知水平更高，由于这种方向偏好熟悉感的提升导致了更高的流畅性，被试对于产品的态度也更好。

出于成本产出比的考量，企业的营销推广都力求能够用最低的成本得到最高的消费者认知和最好的消费者产品态度。本研究认为，企业可以选择性价比高且形式多样的 IVB 广告进行基于网络视频的营销推广，在具体实施过程中，需要根据不同的目标消费者对 IVB 广告的水平移动方向的需求差异引起注意，尽量使 IVB 广告的水平移动方向与消费者的书写阅读方向一致。

5.2 未来研究展望

本研究还可以从以下角度进行扩充及后续探索：Chan(2005)对语言体系的区别对被试方向偏好的差异进行过研究，也有学者通过实证研究指出被试的方向偏好会影响他们对于具有时间属性的产品的认知及偏好(Ouellet et al.，2010；Chae et al.，2013)。基于以上研究，后续研究可以结合产品的时间属性对被试的认知或偏好进行进一步细分，如研究具有不同时间属性的产品在使用 IVB 广告时应该如何选择广告的展现逻辑。此外，本研究虽然赞同学者 Bornstein 和 Agostino(1994)的观点，认为流畅性所引发的被试情绪是积极的，但是研究并没有对被试的情绪进行区分，未来可以对广告引发的被试情绪进行区分，以便探究被试情绪对认知或偏好的影响。

◎ 参考文献

[1] 陈宁. 广告频率和品牌成熟度对信息加工模式的影响[J]. 心理学报，2001，33(5).

[2] 江程铭，李纾. 中介分析和自举(Bootstrap)程序应用[J]. 心理学探新，2015，35(5).

[3] 廖以臣，杜文杰，张梦洁. 在线视频中嵌入广告位置对广告注意程度的影响研究[J]. 管理学报，2017(4).

[4] 练凤琴，郑全全，岳琳. 外籍员工在中国的文化与心理适应研究[J]. 中国心理卫生杂志，2005，19(2).

[5] 孙敏. 认知活动双加工过程的非理性偏差研究[D]. 上海：华东师范大学，2010.

[6] 王育晓，张明亲，付睿. 心理契约、合作满意度与军民融合技术创新网络稳定性[J]. 西部论坛，2018，28(3).

[7] 吴莹. 传统产品与高科技产品情境下流畅性对产品评价的影响研究[D]. 南京：南京大学，2013.

[8] 翟天昶，胡冰川. 消费习惯形成理论研究综述[J]. 经济评论，2017(2).

[9] Alter, A. L., Oppenheimer, D. M. Predicting short-term stock fluctuations by using processing fluency[J]. *Proceedings of the National Academy of Sciences of the United States of America*, 2006, 103(24).

[10] Baron, R. M., Kenny, D. A. The moderator-mediator variable distinction in social psychological research：Conceptual, strategic, and statistical considerations[J].*Journal of Personality & Social Psychology*, 1987, 51(6).

[11] Begg, I. M., Anas, A., Farinacci, S. Dissociation of processes in belief：Source

recollection, statement familiarity, and the illusion of truth[J]. *Journal of Experimental Psychology*, 1992, 121(4).

[12] Bornstein, R. F., D'Agostino, P. R. The attribution and discounting of perceptual fluency: Preliminary tests of a perceptual fluency/attributional model of the mere exposure effect[J]. *Social Cognition*, 1994, 12(2).

[13] Brown, A. S., Nix, L. A. Turning lies into truths: Referential validation of falsehoods[J]. *Journal of Experimental Psychology Learning Memory & Cognition*, 1996, 22(5).

[14] Chae, B., Hoegg, J. A. The future looks "right": Effects of the horizontal location of advertising images on product attitude[J]. *Journal of Consumer Research*, 2013, 40(2).

[15] Chan, T.T., Benjamin, B. Writing direction influences spatial cognition[C]. Proceedings of the twenty-seventh annual conference of the cognition science society, 2005.

[16] Hansen, J., Dechêne, A., Wänke, M. Discrepant fluency increases subjective truth[J]. *Journal of Experimental Social Psychology*, 2008, 44(3).

[17] Hayes, A. F. Introduction to mediation, moderation, and conditional process analysis: A regression-based approach[J]. *Journal of Educational Measurement*, 2013, 51(3).

[18] Johnston, W. A., Dark, V. J., Jacoby, L. L. Perceptual fluency and recognition judgments [J]. *Journal of Experimental Psychology Learning Memory & Cognition*, 1985, 11(1).

[19] Lee, A. Y. Effects of implicit memory on memory-based versus stimulus-based brand choice [J]. *Journal of Marketing Research*, 2013, 39(4).

[20] Maass, A., Russo, A. Directional bias in the mental representation of spatial events: Nature or culture? [J]. *Psychological Science*, 2003, 14(4).

[21] Migo, E. M., Mayes, A.R., Montaldi, D. Measuring recollection and familiarity: Improving the remember/know procedure[J]. *Conscious Cogn*, 2012, 21(3).

[22] Ouellet, M., Santiago, J., Funes, M. J., et al. Thinking about the future moves attention to the right. [J]. *Journal of Experimental Psychology Human Perception & Performance*, 2010, 36(1).

[23] Preacher, K. J., Hayes, A. F. SPSS and SAS procedures for estimating indirect effects in simple mediation models[J]. *Behavior Research Methods*, 2004, 36(4).

[24] Reber, R., Schwarz, N. Effects of perceptual fluency on judgments of truth [J]. *Consciousness & Cognition*, 1999, 8(3).

[25] Reber, R., Schwarz, N., Winkielman, P. Processingfluency and aesthetic pleasure: Is Beauty in the perceiver's processing experience? [J]. *Personality and Social Psychology Review*, 2004a, 8(4).

[26] Reber, R., Zimmermann, T. D., Wurtz, P. Judgments of duration, Figure-ground contrast, and size for words and nonwords[J]. *Attention, Perception & Psychophysics*, 2004b, 66(7).

[27] Shah, A. K., Oppenheimer, D. M. Easy does it: The role of fluency in cue weighting[J]. *Judgment & Decision Making*, 2007, 2(2).

[28] Shamdasani, P. N., Stanaland, A.J. S., Tan, J. Location, location, location: Insights for

advertising placement on the web[J]. *Journal of Advertising Research*, 2001, 41(4).

[29] Unkelbach, C. Reversing the truth effect: Learning the interpretation of processing fluency in judgments of truth [J]. *Journal of Experimental Psychology Learning Memory & Cognition*, 2007, 33(1).

[30] Whittlesea, B. W. A., Williams, L. D. Why do strangers feel familiar, but friends don't: The unexpected basis of feelings of familiarity[J]. *Acta Psychologica*, 1998(98).

The Influence of Horizontal Movement of Inner Video Banner Advertisements to Consumer Cognition and Product Attitudes

Liao Yichen[1]   Wen Qi[2]   Du Wenjie[3]   Liao Zuojiang[4]

(1, 2, 3   Economics and Management School of Wuhan University, Wuhan, 430072;

4   Wuhan University of Technology, Wuhan, 430070)

Abstract: The significance of online video advertisement research has been increasing with the expanding of the market of online video advertisements. Among various kinds of online video advertisement, IVB (inner video banner) advertisements have their advantages of high cost performance and flexible ways of presentation, so that preferred by brands. This article explores the influence of horizontal movement of IVB advertisement on consumer cognition and product attitudes, which demonstrated to be quite different in different cultures. Namely, when IVB ads move the same way with consumer's reading and writing direction, it will lead to higher consumer cognition and better product attitudes.

Key words: IVB advertisement; Cognition; Attitudes; Fluency

专业主编：曾伏娥

企业微博互动内容对品牌依恋的影响研究[*]
——品牌个性的调节作用

● 董智敏[1]　卫海英[1,2]　冉雅璇[3]

（1　暨南大学管理学院　广州　510632；2　暨南大学企业发展研究所　广州　510632；
3　中南财经政法大学工商管理学院　武汉　430073）

【摘　要】微博营销是企业进行品牌推广的重要方式，俨然成为通向忠诚顾客乃至于依恋顾客的"圣杯"。基于社会反应理论，探索了企业微博两种互动内容类型（社会型 vs. 功能型）和品牌个性（真诚 vs. 兴奋）对品牌依恋的交互影响，并验证了顾客契合的中介作用。实验发现：对真诚品牌，企业微博功能型互动内容引起的品牌依恋高于社会型；而对兴奋品牌，企业微博社会型互动引起的品牌依恋强于任务型；企业微博互动类型和品牌个性的交互通过顾客契合间接影响消费者的品牌依恋强度。

【关键词】企业微博　互动内容　社会反应理论 品牌个性 顾客契合
中图分类号：C93　　文献标识码：A

1. 引言

微博等社交媒体的出现极大地变革了企业与消费者间的互动方式，也逐渐演变为企业营销的重要平台。与传统的平台不同，微博平台的内容短（140 字以内），更新速度快，交流互动公开广泛，网红、电商等都将其作为与消费者互动的重要平台。各品牌的企业微博互动和内容传播也具有不同的特点，真诚的品牌通过传播真心诚意为顾客服务的企业文化来笼络消费者，兴奋的品牌通过发布新鲜刺激的内容来取悦消费者。2017 年新浪微博发布的企业白皮书统计显示，2016 年企业微博账号已达 130 万，而微博动态被点击、转发、评论及收藏量达 1000 万次以上的企业账号只有 21 个。如何提升企业微博互动营销的有效性，成为营销人员乃至品牌研究领域的重点。

---

* 基金项目：国家自然科学基金项目"服务仪式对品牌福祉的影响机制研究——以互动仪式链为视角"（项目批准号：71772077）。

通讯作者：冉雅璇，E-mail：ranyaxuan@ zuel. edu. cn。

已有关于企业微博的研究主要分为两类，一类集中于微博内容的各个维度和价值感知，发现互动性(Li et al.，2013)、趣味/娱乐性(胡玲和韩悦心，2018)和社交价值(Kim & Ko，2012)等维度对顾客品牌资产和微博传播效果均有积极的影响。另一类以微博为平台建立的虚拟品牌社区切入，发现消费者在社区中对在线代理人的特征感知、参与和互动对品牌忠诚、信任和承诺(Labrecque，2014；Chae & Ko，2016)等均有积极的影响。现有研究方法包括民族志、问卷调查、文本挖掘和建模等，较多以问卷调查的方式进行研究。本研究在综合内容和体验两种视角的基础上，创新运用实验法从互动的角度深入剖析了消费者与品牌建立联结的心理机制。

品牌社群中的互动体验会影响与社群、品牌之间关系的形成和强度(Labrecque，2014；Chae & Ko，2016)，而随着消费者与品牌关系的不断深化，品牌依恋作为消费者与品牌关系中较为稳健和强势的一种，不仅能有效预测消费者的购买意愿和行为，还能使消费者免疫于一些品牌负面信息带来的消极影响(Fournier，1988；Park et al.，2010)。但由于不同的品牌个性会影响消费者与品牌的关系强度和类型(Aaker et al.，2004；Gordon et al.，2016)，因此不同个性的品牌微博，其互动对品牌依恋的影响应有所不同，而这种差异表现如何，其中介机制是什么，目前仍未明了。本文引入社会反应理论探讨了企业微博互动对消费者品牌依恋的影响：首先通过文献回顾阐述了社会反应理论的主要假设及其在企业微博中的应用；接下来从企业微博互动的分类和特征、品牌个性的两维度分类以及顾客契合的概念和内涵出发，构建了变量间的钩稽关系，并提出相应的假设；最后通过进行实验和实证分析验证了所提假设。

2. 理论基础与研究假设

2.1 社会反应理论

社会反应理论(social response theory)指出，人们会将电脑视作一社会角色来对待，即使他们知道机器不具有人类的特质(Nass & Moon，2010)。而当在线代理人拥有与人类相似的属性或社会线索时，人们会基于一些人与人交往的社会规范对在线代理人做出社会反应，例如礼貌或互惠(Nass & Moon，2010；Krämer et al.，2013)，并且这一过程大多是无意识的——情境线索激活了个体内心与以往经历一致的图式，包括脚本、标签和期望等(Von der Puetten et al.，2010)。但当给定情境与需要努力激活的图式潜在地相关时，社会反应也会有意识地形成(Lee，2010)。在线上互动的情境中，引起社会反应的关键是在线代理人所拥有的社会线索，其中语言、人声、互动性以及社会角色四种尤为重要(Nass & Steuer，1993)。已有研究证明，营销在线代理人的社会线索可以影响消费者满意、愉悦、购买意愿以及社会化的过程(Holzwarth et al.，2006；Wang et al.，2007；Köhler et al.，2011)。

根据社会反应理论，本文在已有对在线互动内容研究的基础上，将品牌个性(brand personality)作为一种重要的社会线索引入，分析其与互动内容的交互对消费者与品牌关系的影响。企业微博作为品牌或企业的在线虚拟代理人，发挥着重要的社会作用。微博平台以其互动性为显著特征（Li et al., 2013；Labrecque, 2014），而互动性被定义为两个及以上的沟通对象在沟通媒介和沟通信息上可以影响对方的程度以及该种影响的同步性，包含主动控制、双向交流以及同步性三个维度（Liu & Shrum, 2002）。由此企业微博呈现的旨在与消费者互动的内容，影响着消费者对虚拟代理人的互动性感知，从而对消费者的社会化反应有直接的影响，表现在消费者适应、品牌情感和品牌关系等各个方面（Köhler et al., 2011；闫幸和常亚平, 2013）。此外品牌个性是消费者感知的一系列与品牌相关的人格化特征（Aaker, 1997），这种拟人化的特征能增强消费者对其的社会化感知及好感（Lee, 2010），从而对消费者的响应，包括情感唤起、价值感知和购买意愿等均有一定程度的影响。

2.2　互动内容类型：社会型与功能型

互动内容的分类来源于信息交换和组织的社会化策略等领域的研究，主要将沟通内容分为社交导向和概念/技术导向，前者指在互动中传递社会层面的信息，包括一些组织的期望和规范；后者指在互动中传递功能或特定任务的信息，包括成功实施任务的技能和知识等（Comer, 1991；Saks et al., 2007）。本文综合国内外学者对互动内容的分类研究，将其进一步提炼为社会型内容和任务型内容的互动（Köhler et al., 2011；闫幸和常亚平, 2013）。

社会型内容（social-content）的互动主要关注于强化消费者与代理人之间的社会联系（Köhler et al., 2011），企业微博的社会型互动内容大多与企业产品无直接关系（闫幸和常亚平, 2013），如农夫山泉企业经常在微博上及时跟进时事热点，下至对娱乐节目点评，上至对国家大事点赞；立白企业在节气到来时会在微博上发布穿衣变化的温馨提醒等人文关怀类的情感内容。虽然社会型互动内容没有直接介绍或推广产品信息，但是已有研究发现这类内容能增加互动中的积极情绪、组织认同的接纳感，从而增加对组织的承诺（Wang et al., 2007；Bauer et al. 2007）。

功能型内容（functional content）被定义为旨在增加期望消费者表现和效能的任务相关信息（Köhler et al., 2011）。在企业微博的情境下，功能型互动是企业为完成指定任务而生成的，其常常是与企业产品相关的，包括产品信息、企业形象和共创价值等（闫幸和常亚平, 2013），例如鼓励消费者转发产品的抽奖信息，新产品的推广促销活动和企业社会责任活动的传播等。已有研究发现，功能型互动内容能直接增加消费者的品牌知识，从而使消费者更好地认知互动的过程和目标，直观地评估企业产品的质量及效果，进一步地形成对品牌整体质量、形象和价值观等的评价（Köhler et al., 2011；闫幸和常亚平, 2013），同时也能增强消费者的互动意愿以及满意度（Mathwick et al., 2008）。

综上，社会型互动内容包含更多企业的情感关怀，消费者在互动中获得的积极情感体验也有利于使其在情感上更容易与品牌建立联结；功能型互动内容对增加消费者知识有直接的提升作用，主要影响消费者的品牌认知，在互动中功能需求的满足会直接影响其与品牌建立依恋关系的意愿及强度，两者均对消费者品牌资产有积极的影响，但以往对这两种互动内容类型的研究没有发现两种内容的影响差异——社会型内容和功能型内容在不同情境下，哪种互动对建立消费者与品牌间的强联结更加适用和有效呢？带着这一问题，本研究将进一步引入品牌个性，探究企业微博互动情境要素的交互对消费者品牌依恋的影响。

2.3 品牌个性与企业微博互动对品牌依恋的交互影响

Fournier(1988)最早提出了依恋作为消费者–品牌关系中的一种，是所有强烈品牌关系的核心，在预测消费者行为方面表现出强大的效力。品牌依恋(brand attachment)代表着联结品牌与消费者自我的一种认知和情感纽带的强度(Park et al.，2010)。当消费者参与到企业微博的互动当中时，企业微博提供的享乐性、象征性和功能性资源都可以促使消费者与品牌形成某种联结，即品牌依恋(Park et al.，2010)。已有研究发现，品牌个性对品牌信任、依恋和承诺存在直接或间接的影响(Louis & Lombart，2010)。并且，不同的品牌个性特征差异化地影响着消费者与品牌的关系以及对品牌的评价(Aaker et al.，2004；Sundar & Noseworthy，2016)。在真诚(sincerity)和兴奋(excitement)两种特征分化较明显的品牌个性下，社会型和功能型内容又如何差异化地影响消费者与品牌间的关系呢？接下来，通过综合社会反应理论人机交互领域中不同研究视角的应用来提出本文的主要假设。

根据社会反应理论，消费者对在线代理人的回应可以是无意识激发，也可以通过认知努力有意激活。与真诚的品牌个性潜在关联的人类图式是信任、承诺等，它们与认知层面更为相关(Sung & Kim，2010)，从而需要更多有意识的加工，吸引其关注到在线代理人的认知层面资源。反之，与兴奋的品牌个性潜在相关的人类图式是独特、刺激等，它们与情感层面更为相关(Sung & Kim，2010)从而可能通过无意识启动的路径影响消费者的社会反应，使其更关注情感层面的资源。在人机交互的研究中，当传递的信息与机器相关的社会特征是一致的时候，信息的说服力、互动个体的满意度和卷入度都更高，从而消费者的心理回应度也更高(Robles et al.，2009)。真诚品牌被感知为更诚实而实在的，诚实是对他方会遵守诺言、兑现承诺以及保持言行一致的信念，在真诚的企业微博互动中，功能型内容的互动比起社会型的能够提供给消费者更多"实在"的品牌认知资源，与其真诚个性的一致性更高，感知更加可靠，从而消费者在功能型内容互动中的品牌依恋的强度更高。而兴奋品牌则被感知为刺激、新奇的(Aaker，1997)，其个性特质与情感层面的品牌评估联系更加密切(Sung & King，2010)。当消费者感知品牌个性为兴奋时，对享乐性资源的关注增加，品牌依恋建立的关键点转移到了情感需求的满足。此时，比起功能型内容，社会型内容在加强与消费者间的情感联系，唤起积极情感上具有更大的优势(Köhler et al.，2011)，因此，消费者在社会型内容互动中的品牌依恋的强度更高。

另一方面的研究表明，在人机交互中，这种具有拟人特性的"机器人"会使消费者产生积极的态度并且提升行为意愿，但在中等卷入程度的消费者中，有外表吸引力的代理人被更加喜爱从而更加具有说服力；而在高卷入程度的消费者中，专业性的代理人被更加信任从而更加具有说服力(Holzwarth et al.，2006)。与真诚品牌的关系发展会随着时间逐渐深化，消费者的卷入程度逐渐增强，而与兴奋品牌的关系发展则表现出一种短暂集中的轨迹特点，从而较真诚品牌的关系卷入更低(Aaker et al.，2004)。因而，本研究认为在真诚的企业微博互动中，即消费者卷入度较高的关系互动，有着彰显信息性和专业性的功能型互动内容能引发消费者更加积极的态度，从而形成更高的品牌依恋；在兴奋的企业微博互动中，即消费者卷入度相对较低的关系互动，有情感捕捉、"花言巧语"的社会型互动内容能引发消费者更加正面的情绪，从而增强与品牌间的依恋程度。

综合以上两种视角，本文提出以下假设：

H1：品牌个性与企业微博互动的内容类型对消费者的品牌依恋具有交互影响。

H1a：对于真诚的品牌个性，相比社会型互动，企业微博的功能型互动形成品牌依恋的强度更高。

H1b：对于兴奋的品牌个性，相比功能型互动，企业微博的社会型互动形成品牌依恋的强度更高。

2.4 顾客契合的中介机制

在讨论了企业微博互动内容与品牌个性对品牌依恋的交互影响后，本文进一步引入顾客契合（customer engagement）来探讨其中的心理机制。已有研究对顾客契合的定义主要有两种视角，一种是从单维角度，包括行为和心理两种。从行为上定义为顾客在品牌情境中与品牌或其他顾客的互动投入行为，并且这种行为受动机驱动（Van Doorn et al., 2010），偏重心理的则认为顾客契合是一种特定时点的心理状态，发生在顾客与品牌互动的过程中，具有情境依赖、品牌相关的特点（Hollebeek, 2011）。另一种是综合认知、情感和行为三个维度，将其定义为消费者在与品牌动态反复的"契合"过程中的一种心理状态并且强度随过程动态变化（Hollebeek et al., 2014）。由于消费者在企业微博中的互动不仅涉及心理资源、认知资源的卷入，还会进一步影响行为资源的投入，因此本研究主要借鉴多维定义，认为顾客契合是个体在互动体验中受自身需求、情感等因素影响，形成其与品牌或企业建立关系的意愿强度，包括认知的、情感的和行为的。

已有研究发现，与在线虚拟代理人的互动体验，例如人声（Schamari & Schaefers, 2015）、情绪（Pansari & Kumar, 2017）和社会反应（Krämer et al., 2018）等都会直接影响顾客契合的程度。品牌个性和互动内容的交互，增强了消费者对企业微博的社交需求满足能力和社交价值感知，消费者更加积极地从情感和认知上卷入品牌互动中，进一步表现为未来互动的行为意愿，从而形成更高的顾客契合水平。一方面，顾客契合程度提高，会带来有形（如增加购买和口碑传播等）和无形（如顾客信任和企业价值等）的结果（Pansari & Kumar, 2017）。在网络社交媒体的环境中，顾客契合的提升可以使得消费者更加愿意自我暴露，企业获取更多消费者相关的信息，从而消费者需求被更好地满足的同时，也向企业注入了更多特色内涵，这种积极的双向交互有助于强化自我-品牌联结（Hollebeek et al., 2014），对品牌依恋的形成有重要的作用。另一方面，顾客契合程度增加，消费者对企业及品牌的信任水平更高（Brodie et al., 2013），而这种信任促进了品牌资源向品牌依恋的转化（Park et al., 2010），从而消费者形成更强的品牌依恋。综上，本文提出以下假设：

H2：顾客契合中介企业微博互动内容类型和品牌个性对品牌依恋的交互作用。

综上所述，本研究提出企业微博互动对消费者品牌依恋影响的理论模型如图1所示。在接下来的实证研究部分，采用了实验法，以网络情境问卷的方式，在问卷星平台上面向所有消费者发布，一共进行了两个预实验和两个主实验。预实验摘取各行业的知名企业微博的文本内容并按照实验目的进行改编，通过测量实验材料对被试的互动内容类型感知、品牌个性的两维度感知来确认操纵的有效性。主实验一选择了某餐饮品牌的企业微博材料，初步验证了企业微博互动内容类型和品牌个性对品牌依恋的交互作用。主实验二选择了某家电品牌的企业微博材料，排除产品类型对实验结果的影响以及可能解释机制，进一步验证了顾客契合的中介机制。

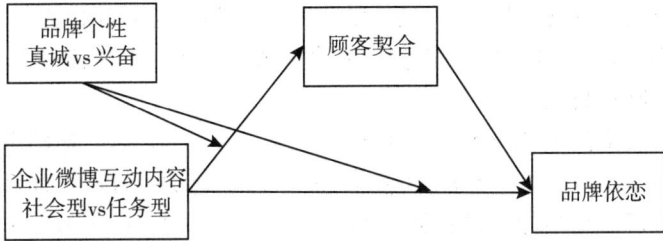

图1　企业微博互动内容与品牌个性对消费者品牌依恋交互作用的理论模型

3　实验流程及假设检验

3.1　预实验

3.1.1　预实验一：品牌个性操纵有效性测试

预实验一检验品牌个性的启动是否有效。材料采用了虚拟的品牌名称，排除消费者对品牌熟悉度以及已有态度的影响。品牌个性的操纵通过品牌背景知识描述的方式进行（Sundar & Noseworthy，2016），例如在兴奋品牌中，将品牌形象描述为"令人振奋、时髦、独一无二的"；而在真诚品牌中，这些形容词被替换为"率直、诚信以及朴素实在的"。

被试将阅读一段关于"天天"品牌（虚拟品牌）的背景介绍并被要求写下其认为比较关键的形容词，然后被试将进行品牌个性评估（Aaker et al.，2004），采用7级李克特量表（1分表示非常不同意，7分表示非常同意），其中测量真诚和兴奋的题项分别加总平均作为真诚和兴奋两个维度的感知程度（Cronbach'α = 0.754）。

实验结束，共收集问卷25份，将"阅读完该品牌介绍后，写下你认为关键的形容词"问项中填写空白的被试数据删除，最终有效问卷24份。对实验数据进行显著性分析的结果显示，两种品牌的真诚（$M_{真诚}$ = 4.13 vs. $M_{兴奋}$ = 3.05，t = 3.00，$p < 0.05$）和兴奋（$M_{兴奋}$ = 4.71 vs. $M_{真诚}$ = 3.73，t = −3.62，$p < 0.01$）个性的感知均存在显著差异，即对真诚和兴奋的品牌个性操纵是有效的。

3.1.2　预实验二：企业微博互动内容（社会型 vs. 功能型）操纵有效性测试

实验分别从餐饮、科技和家电行业知名品牌的官方微博中搜集材料，根据前人对社会型和任务型的互动内容分类进行整理和改编（闫幸和常亚平，2013；Köhler et al.，2011），将实际品牌名称更改为虚拟的品牌名，控制了互动话题和内容长度基本一致。例如：在社会性互动中，以情人节为主题讨论，不涉及产品的介绍和品牌硬广等内容；而在任务型互动中，情人节仅作为背景引入，主要进行公司发布的新产品介绍和品牌推广。最后，形成3（材料编号：材料一 vs. 材料二 vs. 材料三）×2（互动类型：任务型 vs. 社会型）共六则材料，实验采用混合因子设计，其中互动内容类型为组间因子，材料编号为组内因子，被试被随机分配到两个实验组，控制两个实验组的人数大致相等。

首先让被试阅读第一则材料，读完后询问其是否阅读过该则微博材料，排除熟悉度的影响。接下来测试被试对企业微博互动内容的感知，包括："您同意以下说法吗：该微博是企业为了建立与消费者间良好的社会关系，满足消费者情感方面的需求"等题项(7级李克特量表，1分表示完全不同意，7分表示完全同意)。之后依次阅读第二则材料，回答同样的问题；第三则材料同上。

实验结束，共收集问卷36份，其中男性20名，女性16名，年龄分布于18岁至50岁之间，主要集中在18~25岁(占83.33%)。接下来，对测量社会导向和任务导向的题项得分进行显著性分析。结果如下：材料一的社会性($M_{社会}$ = 5.00 vs. $M_{功能}$ = 4.06，t = 2.626，$p < 0.05$)和功能性($M_{功能}$ = 5.47 vs. $M_{社会}$ = 3.95，t = −4.043，$p < 0.01$)得分具有显著差异；材料二的功能性显著($M_{功能}$ = 5.21 vs. $M_{社会}$ = 4.11，t = −2.288，$p < 0.05$)，而社会性边缘性显著($M_{社会}$ = 5.12 vs. $M_{社会}$ = 4.35，t = 1.838，$p < 0.1$)；材料三的社会性($M_{社会}$ = 5.06 vs. $M_{功能}$ = 3.76，t = 2.814，$p < 0.05$)和功能性($M_{功能}$ = 5.42 vs. $M_{社会}$ = 4.11，t = −3.139，$p < 0.01$)得分均存在显著差异。综上，材料一(餐饮品牌)和材料三(家电品牌)的互动内容类型操纵显著，均可作为主实验材料使用。

3.2 实验一

实验一的目的是初步探究企业微博互动类型与品牌个性对品牌依恋的影响差异。

3.2.1 实验设计与被试

实验选取预实验中操纵显著的餐饮品牌(乐食)背景介绍材料及其互动内容(材料一)，采取2(互动类型：社会型 vs. 任务型)×2(品牌个性：真诚 vs. 兴奋)的组间设计，共四个实验组。通过网络情境问卷的形式进行，在问卷星平台上设计并面向所有消费者发布，被试会随机收到任一情境的问卷。最终参与实验的被试156名，剔除微博使用频率较低和筛选问题中正反测向选择矛盾(如全选1)的数据后，共130份有效问卷，有效率为83.33%。其中，男性60名(46.15%)，女性70名(53.85%)，跨18岁至60岁各年龄段，主要集中在18~30岁(81.54%)，受教育程度主要是本科、硕士及以上(83.85%)。

3.2.2 实验流程

实验开始，首先询问被试对微博的使用情况及企业账号的关注情况。接着，让被试阅读乐食品牌的背景介绍(真诚或兴奋)，并对品牌个性相关描述依次打分，测量其真诚及兴奋个性维度的感知作为操纵检验。其次让被试阅读一则材料(社会性或互动性)，说明是乐食品牌企业微博发布的某条动态。阅读结束，测量社会性及功能性的得分作为操纵检验。随后，根据Thomson等(2005)开发的情感依恋量表来测量被试的品牌依恋程度。让被试判断以下词汇多大程度上描述了对乐食品牌的感觉，包含喜爱(affectionate)、热爱(loved)、友好(friendly)，平静(peaceful)，热情(passionate)、喜悦(delighted)，吸引(captivated)，联结(connected)、结合(bond)和依恋(attached)十个题项。其中，前四个属于情感维度、中间三个属于热情维度，最后三个属于联结维度。所有题项均采用7级李克特量表设计，1表示一点也不，7表示非常。最后收集被试的人口统计学信息，包括性别、年龄及受教育程度。

3.2.3　实验结果与分析

（1）操纵检验。对品牌个性的操纵进行检验，结果显示：真诚品牌组中，被试对真诚品牌个性维度的感知（$M = 5.27$，SD = 1.16）明显大于兴奋的（$M = 4.69$，SD = 1.24），$t = 4.902$，$p < 0.001$。在兴奋组中，这一操纵依旧有效：兴奋组被试对兴奋个性维度的感知（$M = 4.73$，SD = 1.36）显著大于真诚的（$M = 4.53$，SD = 1.48），$t = -2.174$，$p < 0.05$。企业微博品牌个性的操纵成功。对企业微博互动内容类型操纵进行检验，结果显示：社会型互动组中，被试对材料的社会性感知显著大于功能性（$M_{社会} = 5.57$ vs. $M_{功能} = 5.21$，$t = 2.012$，$p < 0.05$）。同样的，在功能型互动组中，被试对材料的功能性感知显著大于社会性（$M_{功能} = 5.27$ vs. $M_{社会} = 4.93$，$t = -2.185$，$p < 0.05$）。企业微博互动类型（社会型 vs. 功能型）的操纵成功。

（2）假设检验。将品牌依恋作为因变量，企业微博互动类型、品牌个性、企业微博互动类型和品牌个性的交互项作为自变量，人口统计变量（性别、年龄和受教育程度）作为协变量，进行一般线性回归分析，发现：微博互动类型对品牌依恋的主效应不显著（$F(1, 129) = 0.09$，$p > 0.1$），品牌个性对品牌依恋的主效应边缘性显著（$F(1, 129) = 3.60$，$p < 0.1$），而企业微博互动类型和品牌个性对品牌依恋的交互作用显著（$F(1, 129) = 5.95$，$p < 0.05$）（H1 成立）。进一步的方差分析发现：在真诚品牌的企业微博互动中，功能型内容的互动所形成的品牌依恋强度（$M = 5.09$，SD = 1.09）显著高于社会型内容的互动（$M = 4.53$，SD = 1.01），$F(1, 63) = 4.49$，$p < 0.05$（H1a 成立）；而在兴奋品牌的企业微博互动中，社会型内容的互动所形成的品牌依恋强度（$M = 4.75$，SD = 0.95）显著高于功能型内容的互动（$M = 4.06$，SD = 1.59），$F(1, 65) = 4.58$，$p < 0.05$（H1b 成立）。由此，企业微博和品牌个性对品牌依恋的交互作用是显著的，具体数据结果如图 2 所示。

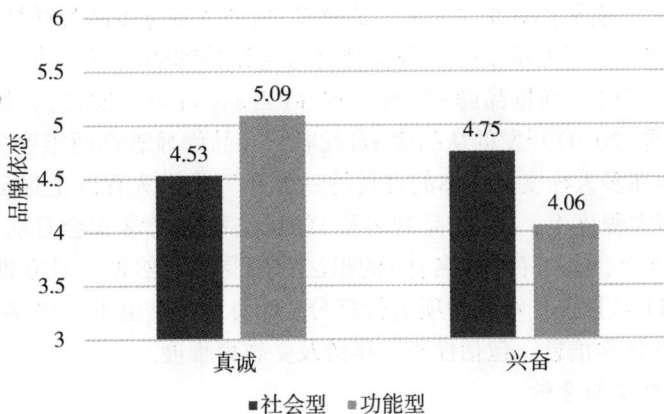

图 2　企业微博互动内容类型与品牌个性的交互作用

（3）讨论。实验一对企业微博互动类型和品牌个性的交互作用进行了初步的验证。为进一步验证实验结果在其他产品种类中的稳健性以及探索相关的中介机制，实验二选取了实用品品牌(家电品牌，材料三)，加入相关中介变量的测量，验证顾客契合的中介作用以及排除相关解释机制。

3.3 实验二

实验二的目的是排除产品类型对实验结果的影响，验证顾客契合的中介机制以及排除相关解释机制。

3.3.1 实验设计与被试

本实验选取预实验中操纵显著的家电品牌(虚拟品牌：KE)介绍材料及微博互动内容，采取 2(互动类型：社会型 vs. 任务型)×2(品牌个性：真诚 vs. 兴奋)的组间设计，共四个实验组。通过网络情境问卷的形式进行，在问卷星平台上设计并面向所有消费者发布，被试会随机收到任一情境的问卷。最终参与实验的被试 323 名，剔除问卷填答不完整(如在品牌背景材料阅读后未填写要求的两个及以上形容词)、卷入度检测问题错误(如选择实验中涉及的品牌名称选择错误)以及正反测向选择矛盾(如全选 1)的数据后，共 204 份有效问卷，有效率为 63.16%。其中，男性 93 名(45.59%)，女性 111 名(54.41%)，跨 18 岁至 60 岁各年龄段，主要集中在 18~30 岁(86.76%)，受教育程度主要为本科、硕士及以上(87.25%)。

3.3.2 实验流程

实验开始，首先询问被试对微博的使用情况及企业微博的关注情况。接着，让被试阅读 KE 品牌的背景介绍(真诚或兴奋)，并写下材料中描述品牌的形容词至少两个，之后测量其真诚及兴奋个性维度的感知作为操纵检验。接下来让被试阅读材料三(社会型或互动型)，说明是 KE 品牌企业微博发布的某条动态。阅读结束，测量其社会性及功能性的得分作为操纵检验。随后，采用 Hollebeek 等(2014)开发的包含 3 个认知维度(如"在该品牌微博上互动会让我思考这个品牌")、4 个情感维度(如"参与该品牌微博互动时，我有积极向上的感觉")和 3 个行为维度(如"我会经常参与该品牌的微博互动")题项的量表来测量顾客契合水平。同时，测量品牌-自我一致性(Zhang et al., 2015)，作为排除的解释。然后，采用 Park 等(2010)开发的从品牌-自我联结和品牌显著性两维度测量依恋的量表，包括"(品牌名称)在多大程度上是你的自我的一部分""在多大程度上你觉得你和(品牌名称)有联系""在多大程度上，你对(品牌名称)的想法和感受常常会自动在脑海中浮现出来"和"在多大程度上，你对(品牌名称)的想法和感受会自然地并且立即出现在脑海中"四个题项。采用 11 点量表，对该四项进行打分，0 表示一点也不，10 表示完全的。最后收集被试的人口统计学信息，包括性别、年龄及受教育程度。

3.3.3 实验结果与分析

(1)操纵检验。对品牌个性的操纵进行检验，结果显示：真诚品牌组中，被试对真诚品牌个性维度的感知($M = 5.54$, SD = 0.99)明显大于兴奋的($M = 4.78$, SD = 1.39)，$t = 7.94$, $p<0.001$。在兴奋组中，这一操纵依旧有效：兴奋组被试对兴奋品牌个性维度的感知($M = 5.24$, SD = 1.14)显著大于真诚的($M = 5.02$, SD = 1.14)，$t = -2.30$, $p< 0.05$。企业微博品牌个性的操纵成功。

对企业微博互动内容类型操纵进行检验，结果显示：社会型互动组中，被试对材料的社会性感知显著大于功能性（$M_{社会} = 5.90$ vs. $M_{功能} = 5.33$，$t = 2.78$，$p<0.01$）。同样的，在功能型互动组中，被试对材料的功能性感知显著大于社会性（$M_{功能} = 5.75$ vs. $M_{社会} = 5.35$，$t = -2.36$，$p<0.05$）。企业微博互动内容类型（社会型 vs. 功能型）的操纵成功。

（2）假设检验

将品牌依恋作为因变量，企业微博互动类型、品牌个性、企业微博互动类型和品牌个性的交互项作为自变量，人口统计学信息（性别、年龄和受教育程度）作为协变量，进行一般线性回归分析，发现：微博互动类型对品牌依恋的主效应（$F(1, 203) = 0.00$，$p>0.1$）及品牌个性对品牌依恋的主效应（$F(1, 203) = 0.31$，$p>0.1$）均不显著，而企业微博互动类型和品牌个性对品牌依恋的交互作用显著（$F(1, 203) = 8.58$，$p<0.01$）。进一步的方差分析发现：在真诚品牌的企业微博互动中，功能型内容的互动所形成的品牌依恋强度（$M = 7.60$，$SD = 2.84$）显著高于社会型内容的互动（$M = 6.58$，$SD = 2.35$），$F(1, 105) = 4.09$，$p< 0.05$（H1a 成立）；而在兴奋品牌的企业微博互动中，社会型内容的互动所形成的品牌依恋强度（$M = 7.60$，$SD = 2.10$）显著高于功能型内容的互动（$M = 6.58$，$SD = 2.38$），$F(1, 97) = 5.01$，$p< 0.05$（H1b 成立）。

接下来，为了进一步探究该交互作用的中介机制，分别以顾客契合和自我一致性为因变量做单因素方差分析。结果显示：企业微博互动类型对自我一致性的效应（$F = 0.10$，$p>0.1$）、品牌个性对自我一致性的效应（$F = 0.28$，$p>0.1$）均不显著，二者交互项对自我一致性的效应边缘性显著（$F(1, 203) = 3.78$，$p<0.1$）；因此，自我一致性在企业微博互动类型和品牌个性的交互对品牌依恋的影响中不起中介作用。对顾客契合，企业微博互动类型的直接效应（$F = 0.14$，$p>0.1$）和品牌个性的直接效应（$F = 1.38$，$p>0.1$）均不显著，两者交互项对顾客契合的效应显著（$F(1, 203) = 8.42$，$p<0.01$）。

进一步的，参照陈瑞等（2013）的中介效应分析程序，运用 Bootstrap 方法进行中介效应检验。选取 SPSS 中 Process 中介检验的 Model 8（Hayes，2013），将企业微博互动内容类型作为自变量，品牌个性作调节变量，顾客契合作为中介变量，品牌依恋作为因变量，性别、年龄和受教育程度作为控制变量，样本量选择 5000，置信区间选择 95%，得出相应的结果如图 3 所示。根据 Process 运行结果，顾客契合中介了企业微博互动内容类型与品牌个性对品牌依恋的交互作用（$ab = -1.55$，$SE = 0.49$，$CI = [-2.59, -0.67]$）。其次，在兴

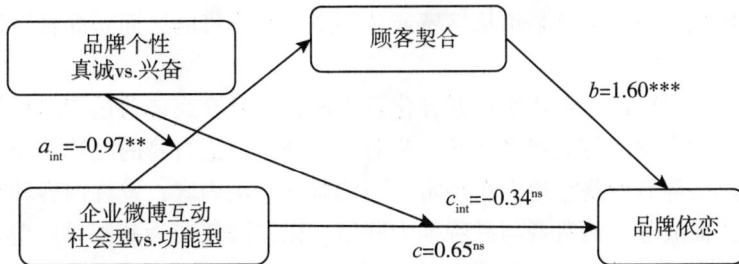

注：*** 表示 $p<0.001$，** 表示 $p<0.01$，ns 表示 $p>0.10$。

图 3　中介分析结果

141

奋品牌的企业微博互动中，互动类型对品牌依恋的间接影响显著（b = −0.89，SE = 0.32，CI = [−1.52，−0.27]），并且控制了中介变量顾客契合之后，互动类型对品牌依恋的直接影响不显著（b = −0.04，SE = 0.31，p > 0.1，CI = [−0.66，0.58]），说明在兴奋品牌个性的企业微博互动对品牌依恋的影响中，顾客契合发挥了完全中介作用。而在真诚品牌的企业微博互动中，互动类型对品牌依恋的间接影响不显著（b = 0.66，SE = 0.36，CI = [−0.00，1.37]），顾客契合的中介效应不显著。综上，出现了被调节的中介效应，顾客契合仅在兴奋品牌的企业微博互动中对消费者的品牌依恋起中介作用，H2 部分成立。

4. 总结讨论

4.1 结论与讨论

本研究基于社会反应理论，建立了企业微博互动内容和品牌个性对消费者品牌依恋的交互影响模型及其潜在的心理机制，并通过实验法进行实证分析，基本验证了所提假设。具体而言，在真诚品牌的企业微博互动中，功能型内容较社会型能促使消费者形成更强的品牌依恋水平；而在兴奋品牌的企业微博互动中，社会型内容对品牌依恋形成的积极效应优于功能型互动的。此外，出现了被调节的中介效应——顾客契合在兴奋品牌中起完全中介作用，在真诚品牌的企业微博互动中对品牌依恋的中介效应不显著。可能由于消费者的微博使用较多出于日常消遣和娱乐，其动机有较强的社会性偏好，从而对于任一企业微博互动类型及品牌个性，情感资源的匹配较认知资源的匹配更能显著影响顾客契合的程度。综上，消费者的微博使用动机或直接影响了顾客契合的意愿和程度，未来可进一步探究其他可能的中介。

4.2 理论贡献与实践意义

本文完善及丰富了关于企业微博、在线互动和品牌依恋等领域的相关研究。首先，本研究基于社会反应理论，在 Köhler 等（2011）的研究结论上结合品牌个性，发现了两种互动内容类型影响品牌依恋的差异，即在真诚品牌的企业微博中，功能型互动在促成消费者较强品牌依恋的优势；在兴奋品牌的企业微博中，社会型互动对于增强消费者品牌依恋更有效。其次，本研究通过检验顾客契合的中介作用，扩展了学者解释在线互动对消费者品牌关系影响的传统思路，不仅是单从情感或认知或行为来影响，而是综合三种角度来进行考量。

除此之外，本研究还为企业实行差异化及个性化的社交媒体营销策略提供了系统科学的实践启示：企业在制定与消费者互动策略时，应充分考虑自身的品牌定位，根据品牌的个性、形象和风格等有所侧重地发布特定类型的微博互动内容，发挥内容和品牌形象结合的最优化效应，促成建立消费者与品牌强力联结。以品牌依恋为基础对消费者实际购买行为、品牌忠诚的形成、品牌社区的建立做出预测，提高社交媒体营销的转化率和变现率，增强平台的黏性及减少用户流失。

4.3 研究不足与未来方向

本文依旧存在以下几方面的局限性。第一，本研究仅采用内容的互动性和品牌个性作为社会反应的强化线索，未来可探究更多不同类型的消费者社会反应线索对消费者心理感知和回应行为的影响。第二，在顾客契合作为中介的相关检验中，没有对顾客契合中情感、认知和行为维度进行进一步的剖析，而各维度的契合程度的差异或许是对品牌依恋影响差异的来源。并且，顾客契合只发挥了部分中介的作用，对模型中遗漏的中介变量需要进一步的探索与实证。第三，本实验只呈现了某个时刻特定的企业微博互动对消费者品牌依恋的影响，而多次互动在时间跨度上对消费者品牌关系的影响具有重要的研究价值，需要进一步的纵向研究。第四，随着科技的发展。微博的互动内容呈现出除文字外的多种方式，包括动态图片、短视频、24 小时故事和直播等，并且消费者在企业微博中的互动还包括与社区中其他成员的互动(Hollebeek et al., 2014)，未来可进一步发掘不同的互动方式和互动对象对品牌资产的影响差异。

◎ 参考文献

[1] 陈瑞，郑毓煌，刘文静. 中介效应分析：原理、程序、Bootstrap 方法及其应用[J]. 营销科学学报，2013，9(4).

[2] 胡玲，韩悦心. 企业微博的信息特征对消费者口碑再传播的影响研究[J]. 管理学报，2018，15(11).

[3] 闫幸，常亚平. 企业微博互动策略对消费者品牌关系的影响——基于新浪微博的扎根分析[J]. 营销科学学报，2013(1).

[4] Aaker, J., Fournier, S., Brasel, S. A. When good brands do bad[J]. *Journal of Consumer Research*, 2004, 31(1).

[5] Aaker, J. L. Dimensions of brand personality[J]. *Journal of Marketing Research*, 1997, 34(3).

[6] Bauer, T. N., Bodner, T., Erdogan, B., et al. Newcomer adjustment during organizational socialization: A meta-analytic review of antecedents, outcomes, and methods[J]. *Journal of Applied Psychology*, 2007, 92(3).

[7] Brodie, R. J., Ilic, A., Juric, B., et al. Consumer engagement in a virtual brand community: An Exploratory Analysis[J]. *Journal of Business Research*, 2013, 66(1).

[8] Chae, H., Ko, E. Customer social participation in the social networking services and its impact upon the customer equity of global fashion brands[J]. *Journal of Business Research*, 2016, 69(9).

[9] Comer, D. R. Organizational newcomers' acquisition of information from peers [J]. *Management Communication Quarterly*, 1991, 5(1).

[10] Fournier, S. Consumers and their brands: Developing relationship theory in consumer research[J]. *Journal of Consumer Research*, 1998, 24(4).

[11] Gordon, R., Nadia, Z., Christopher, M. Unlocking the potential of branding in social marketing services: Utilizing brand personality and brand personality appeal[J]. *Journal of Services Marketing*, 2016, 30(1).

[12] Hayes, A. F. Model templates for PROCESS for SPSS & SAS [EB/OL]. (2013) [2017-06-03]. http://www.afhayes.com/.

[13] Hollebeek, L. D. Demystifying customer brand engagement: exploring the loyalty nexus [J]. *Journal of Marketing Management*, 2011, 27(7-8).

[14] Hollebeek, L. D., Glynn, M. S., Brodie, R. G. Consumer brand engagement in social media: Conceptualization, scale development and validation [J]. *Journal of Interactive Marketing*, 2014, 8(2).

[15] Holzwarth, M., Janiszewski, C., Neumann, M. M. The influence of avatars on online consumer shopping behavior[J]. *Journal of Marketing*, 2006, 70(4).

[16] Kim, A. J., Ko, E. Do social media marketing activities enhance customer equity? An empirical study of luxury fashion brand [J]. *Journal of Business Research*, 2012, 65(10).

[17] Köhler, C. F., Rohm, A. J., Ruyter, K., et al. Return on interactivity: The impact of online agents on newcomer adjustment[J]. *Journal of Marketing*, 2011, 75(2).

[18] Krämer, N., Kopp, S., Beckerasano C, et al. Smile and the world will smile with you—The effects of a virtual agent's smile on users' evaluation and behavior[J]. *International Journal of Human-computer Studies*, 2013, 71(3).

[19] Krämer, N. C., Lucas G., Schmitt, L. et al. Social snacking with a virtual agent—On the interrelation of need to belong and effects of social responsiveness when interacting with artificial entities[J]. *International Journal of Human-Computer Studies*, 2018(109).

[20] Labrecque, L. I. Fostering consumer-brand relationships in social media environments: The role of parasocial interaction[J]. *Journal of Interactive Marketing*, 2014, 28(2).

[21] Lee, Eun-Ju. What triggers social responses to flattering computers? Experimental tests of anthropomorphism and mindlessness explanations[J]. *Communication Research*, 2010, 37 (2).

[22] Li, T., Berens, G., De Maertelaere, M. Corporate Twitter channels: The impact of engagement and informedness on corporate reputation [J]. *International Journal of Electronic Commerce*, 2013, 18(2).

[23] Liu, Y., Shrum, L. J. What is interactivity and is it always such a good thing? Implications of definition, person, and situation for the influence of interactivity on advertising effectiveness[J]. *Journal of Advertising*, 2002, 31(4).

[24] Louis, D., Lombart, C. Impact of brand personality on three major relational consequences: Trust, attachment and commitment to the Brand[J]. *Journal of Product and Brand Management*, 2010,19(2).

[25] Mathwick, C., Caroline, W., Ko, de R. Social capital production in a virtual peer-to-peer problem-solving community[J]. *Journal of Consumer Research*, 2008, 34 (6).

[26] Nass, C., Moon, Y. Machines and mindlessness: Social responses to computers [J]. *Journal of Social Issues*, 2010, 56(1).

[27] Nass, C, Steuer, J. Voices, boxes, and sources of messages: Computers and social actors [J]. *Human Communication Research*, 2010, 19(4).

[28] Pansari, A., Kumar, V. Customer Engagement: The construct, antecedents, and consequences[J]. *Journal of Academic Marketing*, 2017, 45(3).

[29] Park, C. W., MacInnis, D. J., Priester, J., et al. Brand attachment and brand attitude strength: Conceptual and empirical differentiation of two critical brand equity drivers[J]. *Journal of Marketing*, 2010, 74(6).

[30] Robles, E., Nass, C., Kahn, A. The social life of information displays: How screens shape psychological responses in social contexts[J]. *Human-Computer Interaction*, 2009, 24(1-2).

[31] Saks, A. M., Ashforth, B. E . Organizational socialization: Making sense of the past and present as a prologue for the future[J]. *Journal of Vocational Behavior*, 1997, 51(2).

[32] Schamari, J , Schaefers, T . Leaving the home turf: How brands can use Webcare on consumer-generated platforms to increase positive consumer engagement[J]. *Journal of Interactive Marketing*, 2015(30).

[33] Sundar, A., Noseworthy T. J. Too exciting to fail, too sincere to succeed: the effects of brand personality on sensory disconfirmation[J]. *Journal of Consumer Research*, 2016, 43 (1).

[34] Sung, Y., Kim, J. Effects of brand personality on brand trust and brand affect [J]. *Psychology and Marketing*, 2010, 27(7).

[35] Thomson, M., MacInnis, D. J., & Park, C. W. The ties that bind: Measuring the strength of consumers' emotional attachments to brands. *Journal of Consumer Psychology*, 2005, 15 (1).

[36] Wang, L. C., Julie, B., Judy, A., et al. Can a retail Web Site be social? [J]. *Journal of Marketing*, 2007, 71(3).

[37] Von der Puetten, A.M., Krämer, N.C., Gratch, J., Kang, S.-H. It doesn't matter what you are! explaining social effects of agents and avatars[J]. *Computer Human Behavior*, 2010, 26 (6).

[38] Van Doorn, et al. Customer engagement behavior: Theoretical foundations and research directions[J]. *Journal of Service Research*, 2010, 13(3).

[39] Zhang, K Z K , Benyoucef, M , Zhao, S J . Consumer participation and gender differences on companies' microblogs: A brand attachment process perspective [J]. *Computers in Human Behavior*, 2015(44).

The Effects of Enterprise Microblog Interactions on Brand Attachment
— The Moderating Role of Brand Personality

Dong Zhimin[1]   Wei Haiying[1,2]   Ran Yaxuan[3]

(1   School of Management of Jinan University, Guangzhou, 510632;

2   Enterprise Development Institute of Jinan University, Guangzhou, 510632;

3   School of Business Administration of Zhongnan University of Economics and Law, Wuhan, 430073)

Abstract: Microblog marketing, bringing loyalty and attached customers, is increasingly being recognized as an issue of strategic importance for marketers. Draw from social response theory, this study proposed an integrated framework conceptualizing the relationship amongst interaction content on corporate microblog, brand attachment, customer engagement and brand personality. An experimental study was conducted, revealing that when brand personality was perceived sincere, compared to social-content interactions, functional-content interactions influenced brand attachment more positively; while brand personality was perceived excited, social-content interactions exerted a more significantly positive effect on brand attachment. Customer engagement completely mediated the path between interactions on corporate microblogs and brand attachment with exciting brand, but not sincere one. Generally, this research contributes to interactive marketing and brand community literature and has important implications for marketing managers on customer relationship management.

Key words: Enterprise microblog; Interaction content; Social response theory; Brand personality; Customer engagement

专业主编: 曾伏娥

身未动，心已远：旅游目的地 UGC 叙事结构对消费者到访意愿的影响机制研究*

● 吴 思[1]　向 敏[2]　矫 健[3]

(1, 2 武汉大学经济与管理学院　武汉　430072；3 山东财经大学管理科学与工程学院　济南　250014)

【摘　要】旅游目的地用户生成内容对消费决策有重要的参考价值。现有研究主要集中于 UGC 的内容特性，如图文及其组合方式对旅游消费者态度或决策的影响，较少关注 UGC 的结构特性在其中的作用。本文基于叙事传输理论，从 UGC 的组织形式和呈现方式的视角，探讨 UGC 结构特性对消费者到访意愿的影响。实验发现，对无明显偏好的消费者而言，叙事型 UGC 有利于其对潜在目的地做出积极判断，原因在于叙事结构中时间顺序和人物角色的交互作用。时间顺序使事件构成情节，刺激消费者捕捉旅行细节，模拟旅行体验；人物角色使情节相互联系，形成有逻辑的组织框架，引导消费者间接感受人物情绪。两者共同作用，使消费者通过旅行体验的过程模拟对目的地形成更积极的到访意愿，且这种积极效应对独立(vs 依存)自我构念者更显著。

【关键词】UGC　叙事传输　过程模拟　到访意愿　自我构念
中图分类号：F590.8　　文献标志码：A

1. 引言

在互联网时代，消费者越来越多地转向在线平台(如携程、途牛等)来搜索、计划和预订他们的旅行行程，并随时分享、交流他们的旅行体验(Xiang et al., 2015；别海燕，2017)，由此形成海量的用户生成内容(user-generated content，UGC)。基于不同的习惯和偏好，用户在分享旅行体验时内容的呈现方式主要表现为两种类型：一类是按体验过程呈现有前后发展关系的叙事结构，另一类则是按目标属性呈现以论据和观点为主的非叙事结构(Hamby et al., 2015, Hung et al., 2017)。

有研究表明，叙事结构通过讲故事的方式拉近读者与叙事世界的心理距离，唤起强烈的情感参与和体验动机，影响读者回归现实世界的信念和态度(Green et al., 2004)。而

---

* 通讯作者：吴思，E-mail：wusi@whu.edu.cn。

非叙事结构将目标信息多点呈现，消费者更多以批判性思维分析比较不同的选项，从而形成态度偏好（Nielsen & Escalas，2010）。可见，不同的 UGC 结构引导消费者采用不同的思维方式处理信息，对态度转变的过程造成差异性影响，可能引发不同的结果。然而，以往关于旅游目的地 UGC 的研究主要集中于内容层面，关注文本、目的地图像、图文组合方式等对旅游消费者信息感知有用性及消费决策的影响（Lu et al.，2012；Stepchenkova & Zhan，2013；Deng & Li，2018；汪旭晖，2018），缺乏从 UGC 的结构，即 UGC 的组织形式和呈现方式的视角深入展开的研究。本文基于叙事传输理论，探索 UGC 的内部结构组成及它们对不同类型消费者态度和意愿的影响机制，为旅游领域内容营销提供重要的理论依据和实践支持。

2. 理论背景与假设

2.1 旅游目的地 UGC

旅游目的地 UGC 为消费者提供非商业化的、体验性的和最新的旅游信息（Yoo & Gretzel，2011），帮助消费者更好地理解旅游产品或服务，对后续购买意愿和行为决策产生深刻影响（Vermeulen & Seegers，2009；Ayeh et al.，2016）。UGC 因内容差异而产生的不同效果是学者们普遍关注的重点，如 UGC 的图文匹配、情感内容、语言风格特征等，都可能影响消费决策（汪旭晖，2018；Ludwig et al.，2013）。事实上，除内容差异外，UGC 在组织结构上也有所区别（Hamby et al.，2015）。按照旅游文案的组织形式（Hung et al.，2017），以及 UGC 在旅游社交媒体上的具体表现，可将其主要分为叙事和非叙事两类。

叙事能有效激发人们的好奇心和欲望，是推销产品和服务的潜在有效方式（Tussyadiah et al.，2012）。而非叙事通过强有力或具有足够吸引力的论据，增强消费者的信息记忆和态度（郭国庆等，2007）。新媒体时代，相比于非叙事陈列论据式表达，叙事常被用做建立品牌形象或内外部沟通的重要手段，旅游行业也不例外，越来越多旅游目的地投入"讲好故事"这一营销传播之中（Mossberg，2008；周永博，2018）。

旅游叙事相关的研究同样集中于叙事内容，如叙事主题对目的地的影响（Wong et al.，2016），忽视了叙事作为一种内容组织方式与其他组织结构在对消费者作用上的差异。从普遍表现形式看，叙事区别于非叙事的两个重要元素是时间顺序和人物角色。首先，叙事结构用时间维度组织事件（Fiske，1993）。叙事中的故事情节是在特定描述的环境中按时间顺序发生在人物身上的事件（Escalas，1998），缺乏时间序列的事件更多地被理解为分析式表达（Analytical Expression）（Green & Brock，2000；Wang & Calder，2006）。其次，叙事结构通过可识别的人物角色，将故事元素串联为有组织的框架，建立各故事间的关系，并使之有因果推理（Van Laer et al.，2014），是一种表现人物"目标-行动-结果"的情节图式（Stein & Albro，1997）。

根据叙事传输理论（narrative transportation theory）可知，叙事引发独特的心理过程，个体沉浸在叙事情境中，所形成的信念或态度在个体回到现实情境中时得以保留（Green&Brock，2000；Dunlop et al.，2010；Richter et al.，2014）。传输是一种渴望获得的状态，它可以有效减少个体的负面认知反应（Escalas，2004），降低个体对信息的反驳动机（Green et al.，2004）。这种状态引发具有强烈真实感的"临场体验"，使个体产生"我就在现场"的感觉（Herman，2000）。

相比之下，非叙事结构由于更多展现与目标对象相关的观点和证据，使消费者侧重于考虑信息的有用性、可靠性和重要性等因素（吕丽辉和王玉平，2017），分析加工（analytical elaboration）成为主要的信息处理模式（Escalas，2007）。这种模式下，消费者态度的转变依靠双重认知反应路径：中心路径和边缘路径（Petty et al.，1983）。中心路径下，消费者通过对信息论据的认真考量和系统整合，对信息的特定属性形成逻辑判断，从而导致态度转变；边缘路径下，消费者态度转变则依赖于关联信息，如个人喜好、信息来源、权威程度等（郭国庆等，2007）。

旅游作为一种体验型产品，主要向消费者传达其体验价值，且传达过程中需要激发消费者的想象力（Lonsway，2013）。当刺激消费者想象产品体验时，消费者不太可能评估特定的产品属性和反驳信息论点，而是依赖对临场体验的感知进行产品评估（Escalas，2004；Green et al.，2004）。也就是说，对旅游产品而言，消费者对 UGC 内容的评估可能更多依赖于叙事传输产生的体验参与而非分析加工所需的信息论据强度。

综上所述，与非叙事结构相比，旅游目的地 UGC 的叙事结构由于同时存在时间顺序和人物角色两个主要特点，有助于鼓励消费者重温或预演旅行过程（Gretzel et al.，2006），并通过事件的连贯性帮助消费者获得关于目的地的详细信息，从而产生访问目的地的动机（Tussyadiah et al.，2012）。

因此，本文提出：

H1：旅游目的地 UGC 的叙事结构（即同时包含时间顺序和人物角色的组织结构）比非叙事结构更能增强消费者的目的地到访意愿。

2.2　过程模拟与结果模拟

过程模拟和结果模拟是心理模拟（mental simulation）的两个维度（Pham&Taylor，1999）。心理模拟是消费者对产品使用情景的认知构建（Spears & Yazdanparast，2014），使消费者不受当前环境因素的制约，跟随信息内容模拟产品的使用过程和结果。面对旅游目的地 UGC，过程模拟鼓励个体想象参与该旅行体验的详细过程，体验过程可视化使个体更容易厘清事件关系，减少焦虑（Taylor et al.，1998），加强目的地形象感知。结果模拟鼓励个体想象旅游的预期结果以增强自我效能，带来积极正面的情绪，如自由和放松（Markus & Nurius，1986）。社会心理学和广告学的相关研究表明，心理模拟使消费者更倾向于使用情感判断，提升消费者的感知真实性，引起消费者对产品或服务更积极的态度和购买意愿（Escalas，2004；Praxmarer，2011）。

不同的信息线索引发不同的心理模拟，包含具体行为线索的信息诱发过程模拟和包含预期结果线索的信息诱发结果模拟（黄静，2015）。在不同的 UGC 结构中，叙事结构将旅游体验按时间顺序和人物角色组织起来，表现人物的"目标-行动-结果"，同时包含具体行为线索和预期结果线索，因此叙事型 UGC 可能同时通过过程模拟和结果模拟对消费者目的地到访意愿造成影响。而非叙事型 UGC 更关注体验的目标和结果，是用户对旅游目的地产品和服务的综合感知与评价，包含更多的预期结果线索，但缺乏具体行为线索，因此更可能通过结果模拟影响到访意愿。由此本文预测，叙事型 UGC 与非叙事型 UGC 影响目的地到访意愿的主要差异在于过程模拟而非结果模拟。

基于以上论述，本文提出：

H2：过程模拟中介了 UGC 叙事结构(vs 非叙事结构)对目的地到访意愿的影响。

2.3 自我构念

由于 UGC 强调用户间的交流和互动，个体间关系可能对其信息接受程度造成影响。按照个体看待自我和他人关系的方式，可将个体分为独立型自我构念(independent self-construal)和依存型自我构念(interdependent self-construal) (Markus & Kitayama, 1991；Singelis, 1994)。独立自我的个体强调独特的内在自我，关注自身与外物间的差异性；依存自我的个体强调归属的外在自我，关注自身与外物间的同一性。从表面上看，独立自我的消费者因倾向于保持和展示个人的能力与感受，其态度和行为方式不易受他人的影响，而依存型自我的消费者因倾向于寻求与他人的契合，多依赖于他人的想法采取行动(Mandel, 2003；Hong & Chang, 2015)。

然而，在旅游叙事情境中，一方面，叙事信息成功引起心理模拟的关键在于合理的自我参照，个体通常将信息与自我经历相联系进行解读(Escalas, 2007)。独立自我为主导的消费者因自我属性相对明显，以自我形象模拟体验更加容易，且当消费者设想自己(而不是他人)参与体验时，自我参照心理模拟与对目的地更积极的态度和正向行为意图有关(Babin & Burns, 1997；Bone & Ellen, 1992；Petrova & Cialdini, 2008)。另一方面，独立自我为主导的消费者更注重内在的体验和感受，在做出判断和决策时依赖自身的情感波动，处于情绪评价模式(valuation by feeling)；而依存自我为主导的消费者更多地分析他人的想法并关注与他人之间的契合度，处于分析评价模式(valuation by calculation)(姚卿等，2010；Hsee & Rottenstreich, 2004)。研究表明，涉及自我情节的心理模拟引起强烈的情感反应(Taylor & Schneider, 1989)，参与模拟的人对信息的批判性分析较少，情绪波动较多(Escalas, 2004)。因此，本文认为，独立自我构念为主导的消费者更可能受叙事型 UGC 的影响，通过心理模拟增强说服力。

据此，本文提出：

H3：自我构念调节 UGC 叙事结构对目的地到访意愿的影响，相对于依存自我构念，独立自我构念加强了叙事结构的积极效应。

综上所述，本文的概念模型如图 1 所示。

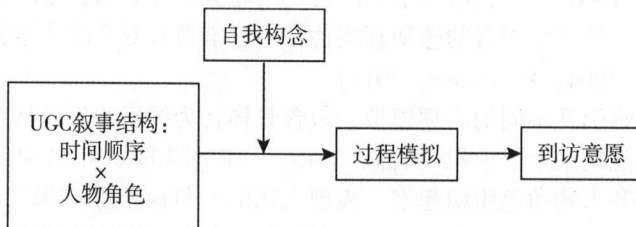

图 1 概念模型：UGC 叙事结构对消费者到访意愿的影响机制

3. 实证分析

3.1 预实验

预实验的目的是进一步验证旅游叙事背景下"时间顺序"和"人物角色"为叙事结构主要区别于非叙事结构的特点。

首先，选择旅游网站马蜂窝上同一目的地具有代表性的叙事型和非叙事型 UGC 各 1 例。共邀请 60 名被试参与实验，随机分入叙事组和非叙事组，每一名被试按要求阅读该案例并选择其认为最显著的结构特点。除"时间顺序"和"人物角色"外，按照文献和现实文本的表现形式，补充"情节事件""前后过渡""因果关系""层次条理""叙述完整"五个选项。①

60 名被试均有效完成材料中对文本结构主要特点的判断。数据结果显示，叙事组选择"时间顺序"的样本数为 26，非叙事组为 3，其差异占单组样本总数 76.67%；叙事组选择"人物角色"的样本数为 23，非叙事组为 6，差异为 56.67%；叙事组选择"情节事件""前后过渡""因果关系""层次条理""叙述完整"的样本数分别为 22、2、4、1、2，非叙事组分别为 17、8、5、7、8，最高差异占比 20%，不足 1/4。相比之下，"时间顺序"和"人物角色"在两组中的差异占比均过半，且远高于其他选项，说明"时间顺序"和"人物角色"是叙事结构区别于非叙事结构最显著的两个特点。

3.2 实验 1

3.2.1 实验设计与步骤

实验 1 的目的在于检验旅游目的地 UGC 叙事结构对消费者到访意愿的积极作用，选择稻城作为实验目的地。在所有参与者中，筛选没有前往过稻城的被试为样本，以控制旅游经验的影响，同时测试被试对稻城的第一印象，以剔除具有显著正面或负面态度的样本。剔除样本后，共计 69 名大学生完成本实验，且被告知所参与的是一项关于旅行分享的研究。实验采用单因子组间设计，被试被随机分为两组：叙事组和非叙事组。两组信息内容都是积极正面的，因为本研究主要考察组织结构而非正负评价对消费者的作用。

首先，所有被试阅读一段介绍文字，指示被试想象自己正在浏览旅游虚拟社区中其他游客分享的旅行经历，并为即将到来的假期选择旅行目的地（尚无明确倾向）。然后被告知正浏览到当前这篇文章，即叙事组和非叙事组实验材料，两组实验材料除文本组织结构外其余部分无明显差异。

被试阅读材料结束后随即填写目的地到访意愿，到访意愿量表参考 Wong(2016)的研究，包括"我对稻城感到更加好奇""我对稻城感到更加有兴趣""我想收集更多关于稻城的信息""我会考虑前往稻城"(Cronbach's $\alpha = 0.896$)。所有量表均为 7 级李克特量表。最后填写相关人口统计变量，并回答对实验目的的猜测。

---

① 限于篇幅，本文省去了相关实验材料，如读者需要，可向作者索取。

正式实验前，对叙事与非叙事结构的操纵进行预测试（$N=56$）。结果表明，两组信息在感知叙事结构方面确实存在显著差异（"这篇文章在多大程度上有清晰描述的开始（初始事件）、过程（情节发展或转折点）和结束（结果）？"；$M_{叙事}=5.14$，$M_{非叙事}=3.89$，$t(54)=3.58$，$p<0.01$）。同时，被试就两种结构类型的信息接受了感知阅读时间和易于理解性的独立评估，结果显示，叙事结构与非叙事结构 UGC 在感知阅读时间（$M_{叙事}=4.11$，$M_{非叙事}=3.68$，$p>0.05$）、易于理解性（$M_{叙事}=4.57$，$M_{非叙事}=4.64$，$p>0.05$）方面不存在显著差异。

3.2.2　结果与讨论

剔除未完成实验及猜出实验目的的无效作答后，共计 65 份有效样本。独立样本 t 检验结果表明，自变量（UGC 结构类型）对因变量（到访意愿）的主效应显著，即相对于非叙事型 UGC 而言，被试阅读叙事型 UGC 时，能够带来对旅游目的地更高的到访意愿（$M_{叙事}=5.23$，$M_{非叙事}=4.33$，$t(63)=2.37$，$p<0.05$），H1 得到数据支持。

实验 1 初步验证了消费者在决定旅行目的地时，相较于非叙事结构，叙事结构 UGC 对消费者到访意愿产生更积极的影响。但仍存在一定的局限性：叙事结构包括时间顺序和人物角色两个特点，本文认为当这两个要素同时存在才能产生更积极的作用。而实验 1 只简单验证了叙事的整体效应，并未探究时间顺序和人物角色各自的作用及其交互作用。在实验 2 中，本文将弥补上述不足，通过操纵叙事结构中时间顺序和人物角色的呈现，比较不同信息组织结构在刺激消费者对目的地产生到访意愿上的差异，同时验证中介作用。

3.3　实验 2

3.3.1　实验设计与步骤

实验 2 的目的是进一步验证 H1，同时验证 H2，即过程模拟的中介作用。实验采用 2（时间顺序：有 vs 无）×2（人物角色：有 vs 无）的组间设计，分别检查尚未决定旅行目的地的消费者在阅读这四种类型 UGC 后对目的地的到访意愿和过程模拟程度。实验用有无明确的事件先后顺序和时间线，如"第 N 天""早中晚""N 点""游玩 N 个小时"操纵被试感知时间顺序程度，用有无人称代词如"我""我们"操纵被试感知人物角色程度，其他内容无明显差异。

实验 2 选择济州岛作为旅游目的地，并同实验 1 对该目的地进行预测试。通过问卷星样本服务，共有 141 名被试完成实验，并获得报酬。其中，所有被试男性占比 52.48%，18~45 岁年龄占比 85.82%，大专或本科以上学历占比 88.65%。首先，所有被试阅读实验 1 的介绍文字，随后被随机分入 4 个实验组，分别提供四种不同结构的 UGC 图文，包括仅有时间顺序的结构、仅有人物角色的结构、既有时间顺序也有人物角色的结构（叙事结构）和无时间顺序也无人物角色的结构。被试在阅读完相应 UGC 后按 7 级李克特量表回答了目的地到访意愿、过程模拟、结果模拟、感知时间顺序程度、感知人物角色程度等问题，以及对实验目的的猜测。过程模拟和结果模拟量表在 Escalas 和 Luce（2004）的基础上进行适当调整，其中，过程模拟包括三个测量项，分别为"在阅读信息时，我能够联想到自己参与该旅行体验的情景""在阅读信息时，我会改变当前现实中的行为或习惯以有效地感受去该目的地旅行的过程""在阅读信息时，我会把该旅行体验纳入我的生活中"。结果模拟包括两个测量项，分别为"在阅读信息时，我会想到该旅行体验给我带来的最终效益或好处""在阅读信息时，我会想到参与该旅行后给我带来的感受"。两者的信度系数Cronbach's α 分别为 0.866 和 0.819，均达到可接受的标准。

正式实验前，对时间顺序和人物角色操纵的预测试（$N=60$）结果显示，有时间顺序组（$M_{\text{有时间顺序}}=5.30$，SD$=1.00$）的时间顺序感知程度明显高于无时间顺序组（$M_{\text{无时间顺序}}=4.37$，SD$=0.97$；$t(58)=3.67$，$p<0.01$），有人物角色组（$M_{\text{有人物角色}}=5.23$，SD$=1.02$）的人物角色感知程度明显高于无人物角色组（$M_{\text{无人物角色}}=4.33$，SD$=1.09$；$t(58)=3.32$，$p<0.01$）。

3.3.2 结果与讨论

操控检验：首先检验实验操纵的有效性，以时间顺序和人物角色两个操控变量为自变量，以被试感知时间顺序程度和感知人物角色程度为因变量，分别进行方差分析。结果显示，时间顺序操控变量对感知时间顺序程度有显著影响，有时间顺序组被试的感知时间顺序程度明显高于无时间顺序组（$M_{\text{有时间顺序}}=4.88$，$M_{\text{无时间顺序}}=4.00$，$F(1,137)=14.96$，$p<0.001$），而人物角色（$F(1,137)=0.96$，$p>0.05$）及时间顺序与人物角色的交互（$F(1,137)=0.05$，$p>0.05$）对感知时间顺序程度均无显著影响；同时，人物角色操控变量对感知人物角色程度有显著影响（$M_{\text{有人物角色}}=5.17$，$M_{\text{无人物角色}}=4.11$，$F(1,137)=22.53$，$p<0.001$），而时间顺序（$F(1,137)=0.00$，$p>0.05$）及时间顺序与人物角色的交互（$F(1,137)=0.25$，$p>0.05$）对感知人物角色程度均无显著影响。这些说明时间顺序和人物角色操控成功。

主效应分析：对到访意愿进行 2（时间顺序：有 vs 无）×2（人物角色：有 vs 无）两因素方差分析，以验证旅游目的地 UGC 的叙事结构对到访意愿的影响。结果表明，时间顺序对消费者到访意愿的效应显著，包含时间顺序的 UGC 结构所产生的到访意愿明显高于不包含时间顺序的 UGC 结构所产生的到访意愿（$M_{\text{有时间顺序}}=4.70$，$M_{\text{无时间顺序}}=4.00$，$F(1,137)=9.67$，$p<0.01$）。人物角色对消费者到访意愿的效应不显著（$F(1,137)=3.30$，$p>0.05$）。时间顺序和人物角色的交互效应显著（$F(1,137)=7.18$，$p<0.01$）。进一步进行简单效应分析，结果显示，当无时间顺序时，有人物角色组和无人物角色组被试对目的地的到访意愿无显著差异（$F(1,137)=0.09$，$p>0.05$）；当有时间顺序时，有人物角色组被试对目的地的到访意愿显著高于无人物角色组（$M_{\text{有人物角色}}=5.16$，$M_{\text{无人物角色}}=4.26$，$F(1,137)=16.64$，$p<0.001$）。UGC 结构中是否包含时间顺序和人物角色对到访意愿的影响如图 2 所示。

中介效应分析：对过程模拟进行 2（时间顺序：有 vs 无）×2（人物角色：有 vs 无）两因素方差分析。结果表明，时间顺序对过程模拟的效应显著，包含时间顺序的 UGC 结构所引起的过程模拟明显高于不包含时间顺序的 UGC 结构所引起的过程模拟（$M_{\text{有时间顺序}}=4.50$，$M_{\text{无时间顺序}}=4.02$，$F(1,137)=5.19$，$p<0.05$）。人物角色对过程模拟的效应不显著（$F(1,137)=3.55$，$p>0.05$）。时间顺序和人物角色的交互效应显著（$F(1,137)=4.83$，$p<0.05$）。进一步进行简单效应分析结果显示，当无时间顺序时，有人物角色组和无人物角色组被试的过程模拟无显著差异（$F(1,137)=0.00$，$p>0.05$）；当有时间顺序时，有人物角色组被试过程模拟程度显著高于无人物角色组（$M_{\text{有人物角色}}=4.94$，$M_{\text{无人物角色}}=4.07$，

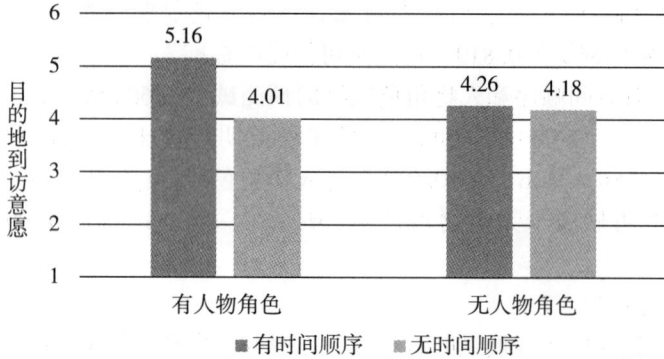

图 2　时间顺序和人物角色对目的地到访意愿的影响

$F(1，137) = 9.95，p < 0.01)$。

　　为进一步检验过程模拟的中介作用，参照 Hayes(2018)的 PROCESS 方法，采用 Model 8，样本量选择5000，在95%的置信区间下，过程模拟的确中介了时间顺序和人物角色对到访意愿的交互影响(LLCI = 0.0252，ULUI = 0.4307，不包含 0)，如图 3 所示。具体而言，当 UGC 结构包含人物角色时，时间顺序通过过程模拟影响到访意愿的间接效应显著(LLCI = 0.0896，ULUI = 0.3839，不包含 0)，说明时间顺序和人物角色同时存在时，过程模拟的中介效应存在。当 UGC 结构不包含人物角色时，时间顺序通过过程模拟影响到访意愿的间接效应不显著(LLCI = −0.1396，ULUI = 0.1553，包含 0)，说明时间顺序和人物角色不同时存在时，过程模拟的中介效应也不存在。

　　此外，以同样的方法对结果模拟的中介作用进行检验，采用 Model 8，样本量选择5000，在95%的置信区间下，Bootstrap 检验的置信区间为(−0.2133，0.1677)，包含 0，说明结果模拟的中介效应不存在。

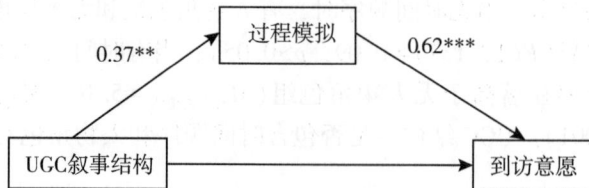

图 3　UGC 叙事结构对目的地到访意愿的影响机制
注：**表示 $p < 0.01$。

　　实验 2 进一步证明了 H1，在消费者形成目的地偏好前，旅游目的地 UGC 的叙事结构能显著增强消费者的到访意愿，并验证了过程模拟在其中的中介作用，排除结果模拟这一替代解释。实验证明只有时间顺序和人物角色的交互作用才能显著增强目的地到访意愿，且过程模拟的中介作用也只在时间顺序和人物角色交互时才显著。

3.4 实验3

3.4.1 实验设计与步骤

实验3的目的是验证假设3，即自我构念的调节作用。实验采用2(时间顺序：有 vs 无)×2(人物角色：有 vs 无)×2(自我构念：独立 vs 依存)三因子组间设计，其中，自我构念采用启动的方法进行操纵。

实验选择秘鲁作为目的地，并对该目的地进行与实验1、2相同的预测试。某综合性大学251名本科生参与实验，首先，实验参考"找词"(word search)的方法(Brewer & Gardner, 1996)启动被试的自我构念类型。被试被随机分入独立 vs 依存两个实验组，分别阅读一段旅行游记，两个版本的游记仅在人称代词上有所区别，独立自我构念组人称代词以单数形式"我"出现，而依存自我构念组人称代词以复数形式"我们"出现。所有被试在阅读过程中需划出所有人称代词，数目均为19个。找词练习结束后，所有被试被随机分入2(时间顺序：有 vs 无)×2(人物角色：有 vs 无)4个实验组。实验过程、时间顺序和人物角色操纵方法同实验2。

正式实验前，同样采用7级李克特量表对时间顺序和人物角色操控进行预测试($N=44$)，验证了时间顺序($M_{有时间顺序}=5.09$，$M_{无时间顺序}=4.41$；$t(42)=2.18$，$p<0.05$)和人物角色($M_{有人物角色}=5.36$，$M_{无人物角色}=4.27$；$t(42)=3.24$，$p<0.01$)操控的有效性。同时，实验也采用7级李克特量表对自我构念操纵进行预测试($N=46$)。被试被随机分入独立 vs 依存自我构念启动组，按要求划出所有人称代词后填写自我构念量表。自我构念测量参考 Singelis (1994)开发的独立/依存自我构念量表，独立自我构念(Cronbach's $\alpha=0.935$)和依存自我构念(Cronbach's $\alpha=0.907$)各12个测量项。结果显示，独立自我构念启动组的独立自我构念水平($M_{独立}=4.48$，$SD=1.36$)显著高于该组依存自我构念水平($M_{依存}=3.39$，$SD=1.29$；$t(22)=-4.05$，$p<0.01$)，且显著高于依存自我构念启动组被试的独立自我构念水平($M_{独立}=3.49$，$SD=1.25$；$t(44)=2.57$，$p<0.05$)；依存自我构念启动组的依存自我构念水平($M_{依存}=4.40$，$SD=1.17$)显著高于该组独立自我构念水平($t(22)=3.72$，$p<0.01$)，且显著高于独立自我构念启动组被试的依存自我构念水平($t(44)=-2.78$，$p<0.01$)。

最后，被试在阅读完相应旅游目的地 UGC 后按7级李克特量表回答了目的地到访意愿、感知时间顺序程度、感知人物角色程度等问题，以及对实验目的的猜测。

3.4.2 实验结果分析

操控检验：同实验2，首先检验实验操纵的有效性，以时间顺序和人物角色两个操控变量为自变量，以被试感知时间顺序程度和感知人物角色程度为因变量分别进行方差分析。结果显示，仅时间顺序操控变量对感知时间顺序程度有显著影响，有时间顺序组被试的感知时间顺序程度明显高于无时间顺序组($M_{有时间顺序}=5.11$，$M_{无时间顺序}=4.28$，$F(1, 247)=13.22$，$p<0.001$)，而人物角色($F(1, 247)=0.28$，$p>0.05$)及时间顺序与人物角色的交互($F(1, 247)=0.09$，$p=0.76$)对感知时间顺序程度均无显著影响；同时，仅人物角色操控变量对感知人物角色程度有显著影响($M_{有人物角色}=5.12$，$M_{无人物角色}=4.21$，$F(1, 247)=17.94$，$p<0.001$)，而时间顺序($F(1, 247)=0.04$，$p>0.05$)及时间顺序与人物角色的交互($F(1, 247)=0.10$，$p>0.05$)对感知人物角色程度均无显著影响。这说明时间顺序和人物角色操控成功。

主效应分析：对时间顺序、人物角色和自我构念进行三因素方差分析的结果表明，时间顺序对消费者到访意愿的作用显著（$F(1, 243) = 5.76$，$p<0.05$），人物角色对到访意愿的作用不显著（$F(1, 243) = 1.48$，$p>0.05$），与实验2结果一致。自我构念类型对到访意愿的影响不显著（$F(1, 243) = 3.02$，$p>0.05$），但自我构念、时间顺序和人物角色交互作用显著（$F(1, 243) = 4.09$，$p<0.05$），说明对于不同自我构念的个体而言，叙事结构对目的地到访意愿的影响存在显著差异。

为进一步说明这种差异，对不同的自我构念类型分别进行单独的2（时间顺序：有 vs 无）×2（人物角色：有 vs 无）方差分析。对于独立自我构念者而言，结果表明，时间顺序对到访意愿的影响显著（$F(1, 121) = 6.62$，$p<0.05$），人物角色对到访意愿的影响不显著（$F(1, 121) = 3.59$，$p>0.05$），但两者的交互效应显著（$F(1, 121) = 4.47$，$p<0.05$）。简单效应分析结果表明，当结构不包含时间顺序时，有人物角色组和无人物角色组被试对目的地到访意愿无显著差异（$F(1, 121) = 0.10$，$p>0.05$）；当结构包含时间顺序时，有人物角色组被试的目的地到访意愿（$M_{有人物角色} = 5.03$，SD = 1.08）显著高于无人物角色组被试的目的地到访意愿（$M_{无人物角色} = 4.23$，SD = 1.23，$F(1, 121) = 11.08$，$p<0.01$）。但对依存自我构念者而言，时间顺序（$F(1, 121) = 0.58$，$p>0.05$）、人物角色（$F(1, 121) = 0.06$，$p>0.05$）及时间顺序与人物角色的交互（$F(1, 121) = 0.49$，$p>0.05$）对被试目的地到访意愿的影响均不显著，结果如图4所示。

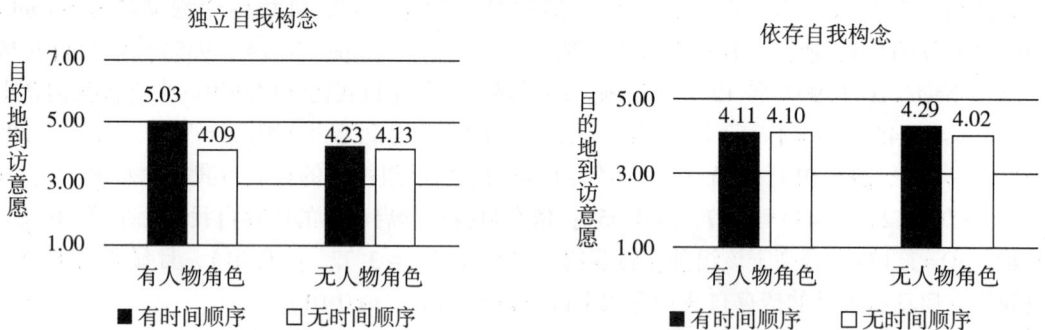

图4　自我构念、时间顺序和人物角色对到访意愿的交互影响

实验3证明了H3，自我构念的确调节了UGC叙事结构对消费者目的地到访意愿的积极影响。对独立自我构念者而言，叙事结构中时间顺序与人物角色的交互作用对其目的地到访意愿形成更显著的积极影响，而相比之下，依存自我构念者受叙事信息积极影响的程度较弱。

4. 结论与讨论

4.1　研究结论与理论贡献

本研究基于叙事传输理论，深入研究了UGC叙事结构对消费者目的地到访意愿的影响机制。研究发现：（1）相比于非叙事结构 UGC，叙事结构 UGC 对消费者目的地到访意愿有更积极的影响，原因在于叙事结构同时存在时间顺序和人物角色，两者交互作用，使消费者站在叙事人物的角度解读故事，感知体验过程，从而形成对目的地更积极的评价。（2）这一效应由过程模拟所中介，消费者在阅读叙事型 UGC 时更容易对所描述的旅游过程进行心理意义上的预期体验。（3）自我构念调节叙事型 UGC 对目的地到访意愿的作用，相对于依存型自我构念者，独立型自我构念者更能轻松地以自我形象而非他人形象模拟体验，且在做出判断和决策时更多地依赖情绪评价，受叙事结构信息的影响更明显。

本文的理论贡献主要在于：（1）透过用户生成内容的"内容"表象，探索将内容有效组织起来的"结构"本质，证明了 UGC 的叙事结构在旅游目的地形象传播中的重要作用；（2）揭示了过程模拟在叙事结构影响到访意愿机制中的中介作用，排除了结果模拟这一替代解释，加深了对叙事传输导致态度转变的内部过程的认识。（3）从旅游消费者个人特质的角度出发，揭示了叙事结构对不同自我构念类型的消费者的差异性影响，界定了叙事型 UGC 的适用范围。

4.2 管理启示

本研究证明了用户分享旅游信息的叙事结构会显著提高无明显目的地偏好的消费者的到访意愿，这对旅游目的地内容营销具有重要意义。旅游虚拟社区可以鼓励用户多采用叙事结构发布消息，在内容中注入更多行动细节，也可专门提供包含时间顺序和人物角色的叙事结构模板，在简化分享操作的同时最大限度地提高消费者的阅读代入感；同时，应向其他没有明确目标的信息搜寻用户优先推荐叙事结构的优质内容，以促进这类消费者形成对旅游产品的正向心理形象。

本研究证明了独立自我构念者受叙事型 UGC 的影响程度更高，为叙事营销提供了更多的方向和机会。消费者越来越关注自身感受，重视自我独特性，旅游虚拟社区应鼓励内容发布者多以第一人称单数撰写游记，启动消费者的独立自我构念，同时应在阅读界面设置相应提示或标签，以鼓励消费者对旅游体验过程加以想象，从而增加消费者被叙事故事感染以致态度转变的可能性。

4.3 局限性与研究展望

本研究从用户生成内容的组织结构出发，在研究过程中遵照定义的标准编写实验材料，可能与现实的网络用户生成内容存在一定的出入，未来研究可以充分考虑用户生成内容在结构上的差异，直接采用旅游虚拟社区的真实用户生成内容作为实验材料，在更完善和严密的数据基础上考察不同结构类型对消费者到访意愿的影响。此外，由于心理模拟具有叙事性（Escalas，2004），本研究并未对心理模拟中过程模拟和结果模拟的叙事性差异加以比较，也未探讨这两者与用户生成内容叙事结构间是否存在交互作用，后续研究可深入探讨这些差异对消费者到访意愿影响的深层机理。最后，由于所有样本在实验前均未前往过目的地进行旅游，未来研究可向不同群体延伸，如剖析用户生成内容的结构差异对前往过与未前往过目的地旅游的群体的影响，为寻找刺激消费者重复到访目的地的方法做出贡献。

◎ 参考文献

[1] 别海燕. "互联网+"模式下的消费符号研究[J]. 江淮论坛，2017(4).

[2] 郭国庆，杨学成，张杨. 口碑传播对消费者态度的影响：一个理论模型 [J]. 管理评论，2007，19(3).

[3] 黄静，郭昱琅，王诚，颜垒. "你摸过，我放心！"在线评论中触觉线索对消费者购买意愿的影响研究 [J]. 营销科学学报，2015，11(1).

[4] 吕丽辉，王玉平. 移动旅游优惠券用户持续使用意愿研究[J]. 东岳论丛，2017(5).

[5] 汪旭晖，陈鑫. 用户生成内容的图文匹配对消费者感知有用性的影响 [J]. 管理科学，2018，31(1).

[6] 姚卿，陈荣，赵平. 自我构念对想象广告策略的影响与分析 [J]. 心理学报，2011，43(6).

[7] 周永博，蔡元. 从内容到叙事：旅游目的地营销传播研究 [J]. 旅游学刊，2018，33(4).

[8] Ayeh, J. K., Au, N., Law, R. Investigating cross-national heterogeneity in the adoption of online hotel reviews [J]. *International Journal of Hospitality Management*, 2016 (55).

[9] Babin, L. A., Burns A. C. Effects of print ad pictures and copy containing instructions to imagine on mental imagery that mediates attitudes [J]. *Journal of Advertising*, 1997, 26 (3).

[10] Bone, P. F., Ellen, P. S. The generation and consequences of communication-evoked imagery [J]. *Journal of Consumer Research*, 1992, 19 (1).

[11] Brewer, M. B., Gardner, W. L. Who is this 'we'? Levels of collective identity and self presentations [J]. *Journal of Personality and Social Psychology*, 1996 (71).

[12] Deng, N., Li, R. Feeling a destination through the "right" photos: A machine learning model for DMOs' photo selection [J]. *Tourism Management*, 2018 (65).

[13] Dunlop, S. M., Wakefield, M., Kashima, Y. Pathways to persuasion: Cognitive and experiential responses to health-promoting mass media messages [J]. *Communication Research*, 2010, 37 (1).

[14] Escalas, J. E. Advertising narratives: What are they and how do they work? [J]. *Representing Consumers: Voices, Views, and Visions*, 1998(2).

[15] Escalas, J. E. Imagine yourself in the product: Mental simulation, narrative transportation, and persuasion [J]. *Journal of Advertising*, 2004, 33 (2).

[16] Escalas, J. E. Self-referencing and persuasion: Narrative transportation versus analytical elaboration [J]. *Journal of Consumer Research*, 2007, 33 (4).

[17] Escalas, J. E., Luce, M. F. Understanding the effects of process-focused versus outcome-focused thought in response to advertising [J]. *Journal of Consumer Research*, 2004, 31 (2).

[18] Escalas, J. E., Marian, C. M., Julie, E. B. Fishing for feelings? Hooking viewers helps! [J]. *Journal of Consumer Psychology*, 2004, 14 (1-2).

[19] Fiske, Susan, T. Social cognition and social perception [J]. *Annual Review of Psychology*, 1993 (44).

[20] Green, M. C., Brock, T. C. The role of transportation in the persuasiveness of public narratives [J]. *Journal of Personality & Social Psychology*, 2000, 79 (5).

[21] Green, M. C., Brock, T. C., Kaufman, G. F. Understanding media enjoyment: The role of transportation into narrative worlds [J]. *Communication Theory*, 2004, 14 (4).

[22] Gretzel, U., Fesenmaier, D. R., Wöber, K. W. Narrative design for travel recommender systems [C]. Faculty of Commerce-Papers, 2006.

[23] Hamby, A., Daniloski, K., Brinberg, D. How consumer reviews persuade through narratives [J]. *Journal of Business Research*, 2015, 68 (6).

[24] Hayes, A. F. *An introduction to mediation, moderation, and conditional process analysis: A regression—based approach* [M]. New York: Guilford Press, 2018.

[25] Herman, D. Experiencing narrative worlds: On the psychological activities of reading, by Richard J. Gerrig [J]. *Journal of Pragmatics*, 2000, 32 (3).

[26] Hong, J. W., Chang, H. H. "I" follow my heart and "we" rely on reasons: The impact of self-construal on reliance on feelings versus reasons in decision making [J]. *Journal of Consumer Research*, 2015 (41).

[27] Hung, Y., Song, L., Chao, C. F., et al. Love at first sight: The effect of presentation order on evaluation of experiential options in luxury tour packages [J]. *Journal of Business Research*, 2017 (81).

[28] Ludwig, Stephan, Ko de Ruyter, Mike Friendman, et al. More than words: The influence of affective content and linguistic style matches in online reviews on conversion rates [J]. *Journal of Marketing*, 2013, 77 (1).

[29] Mandel, N. Shifting selves and decision making: The effects of self-construal priming on consumer risk-taking [J]. *Journal of Consumer Research*, 2003 (30).

[30] Markus, H., Nurius, P. Possible selves [J]. *American Psychologist*, 1986, 41 (9).

[31] Markus, H. R., Kitayama, S. Culture and the self: Implications for cognition, emotion, and motivation [J]. *Psychological Reviews*, 1991 (98).

[32] Mossberg, L. Extraordinary experience through storytelling [J]. *Scandinavian Journal of Hospitality and Tourism*, 2008, 8 (3).

[33] Nielsen, J. H., Escalas, J. E. Easier is not always better: The moderating role of processing type on preference fluency [J]. *Journal of Consumer Psychology*, 2010, 20 (3).

[34] Petrova, P. K., Cialdini, R. B. Evoking the imagination as a strategy of influence [J]. *Handbook of Consumer Psychology*, 2008 (3).

[35] Petty, R. E., Cacioppo, J. T., Schumann, D. Central and peripheral routes to advertising effectiveness: The moderating role of involvement [J]. *Journal of Consumer Research*,

1983, 10(2).

[36] Pham,L. B., Taylor,S. E. From thought to action: Effects of process-versus outcome-based mental simulations on performance [J]. *Personality & Social Psychology Bulletin*, 1999, 25 (2).

[37] Richter, T., Appel, M., Calio, F. Stories can influence the self-concept [J]. *Social Influence*, 2014, 9 (3).

[38] Singelis, T. M. The measurement of independent and interdependent self-construals [J]. *Personality and Social Psychology Bulletin*, 1994, 20 (5).

[39] Spears, N., Yazdanparast, A. Revealing obstacles to the consumer imagination [J]. *Journal of Consumer Psychology*, 2014, 24 (3).

[40] Stein, Nancy L., Elizabeth, R. Albro. Building complexity and coherence: Children's use of goal-structured knowledge in telling stories [J]. *Narrative Development: Six Approaches*, 1997 (1).

[41] Stepchenkova,S., Zhan,F. Visual destination images of Peru: Comparative content analysis of DMO and user-generated photography [J]. *Tourism Management*, 2013, 36 (3).

[42] Taylor,S. E., Schneider, S. K. Coping and the simulation of events [J]. *Social Cognition*, 1989, 7 (2).

[43] Taylor, S. E., Pham, L. B., Rivkin, I. D. Harnessing the imagination: Mental simulation, self-regulation, and coping [J]. *Am Psychol*, 1998, 53 (4).

[44] Tussyadiah,I.P., Park, S., Desenmaier,D.R. Assessing the effectiveness of consumer narratives for destination marketing [J]. *Journal of Hospitality & Tourism Research*, 2012, 35 (1).

[45] Van Laer, T., De Ruyter, K., Visconti, L. M., et al. The extended transportation-imagery model: A meta-analysis of the antecedents and consequences of consumers' narrative transportation [J]. *Journal of Consumer Research*, 2014, 40 (5).

[46] Vermeulen, I. E., Seegers, D. Tried and tested: The impact of online hotel reviews on consumer consideration [J]. *Tourism Management*, 2009, 30 (1).

[47] Wang, Jing, Bobby J., Calder. Media Transportation and Advertising [J]. *Journal of Consumer Research*, 2006, 33 (2).

[48] Wong, J. Y., Lee, S. J., Lee, W. H. "Does it really affect me?" Tourism destination narratives, destination image, and the intention to visit: Examining the moderating effect of narrative transportation [J]. *International Journal of Tourism Research*, 2016, 18 (5).

[49] Xiang, Z., Wang,D., O'Leary, J. T. Adapting to the Internet: Trends in travelers' use of the web for trip planning [J]. *Journal of Travel Research*, 2015, 54 (4).

[50] Yoo, K.H., Gretzel, U. Influence of personality on travel-related consumer-generated media creation [J]. *Computers in Human Behavior*, 2011, 27 (2).

Body Not Moving, Soul Far Away: A Study on the Influence Mechanism of UGC's Narrative Structure on Consumers' Willingness to Visit Tourist Destinations

Wu Si[1]   Xiang Min[2]   Jiao Jian[3]

(1, 2   Economics and Management School of Wuhan University, Wuhan, 430072;

3   Management Science and Engineering School of Shandong University of Finance and Economics, Jinan, 250014)

Abstract: User-Generated Content (UGC) of tourist destinations has important reference value for consumption decisions. Existing researches mainly focus on the content characteristics of UGC, such as the influence of graphics, text and their combination on the attitude or decision-making of tourism consumers, and pay less attention to the role of UGC's structural characteristics. Based on narrative transportation theory, this paper explores the influence of UGC's structural characteristics on consumers' willingness to visit a destination from the perspective of the organization and presentation of UGC. The experiments found that for consumers without obvious preferences, the narrative UGC is conducive to their positive judgment on potential destinations, which is due to the interaction of chronological order and characters. The chronological order of events makes up the plot, stimulating consumers to capture travel details and simulate the travel experience. Characters connect the plots to each other, forming a logical organizational framework that guides consumers to indirectly feel the emotions of them. The combined effect of the two makes consumers form a more positive intention to visit the destination through the process simulation of the travel experience, and this positive effect is more significant for independent (vs dependent) self-construal.

Key words: UGC; Narrative transportation; Process simulation; Willingness to visit a destination; Self-construal

专业主编：曾伏娥

生产学习效应下供应链战略库存策略研究 *

● 孙康泰[1]　陈植元[2]

(1，2　武汉大学经济与管理学院　武汉　430072)

【摘　要】考虑包含一个制造商与一个零售商的两阶段需求模型，零售商可以战略性持有库存增加自身的议价能力，生产学习效应会导致制造商的第二期生产成本下降，得到了零售商在动态定价与价格承诺合约下的战略库存决策，以及供应链成员对合约偏好。结果表明：在动态定价合约下，当库存持有成本较低时，零售商持有战略库存；当库存持有成本处于中等水平时，零售商存在可信的战略库存威胁；制造商总是偏好动态定价合约，零售商与整体供应链对合约的偏好则受到于生产学习效应与库存持有成本的影响。最后，本文进一步分析了库存不可观测性对战略库存行为的影响，结果表明零售商的战略库存水平有可能随着库存持有成本单调递增。

【关键词】生产学习效应　动态定价合约　库存持有成本　战略库存

中图分类号：C93　　文献标识码：A

1. 引言

在过去几十年中，飞机制造、汽车装配、服装制造、大型乐器生产和半导体制造等众多制造业被观察到存在生产学习效应(Li et al.，2015；徐伟等，2018)。随着产品累计产量的增加，工人越来越熟悉他们的工作，在经验积累的同时更好地了解如何改进生产流程，从而使单位生产成本有一定比例的降低(柏庆国和徐贤浩，2015)，并积极推动了技术创新和产业升级(张蕴萍，等，2018)。Wright(1936)最早发现了生产学习效应，他观察到航空制造业的生产中单位劳动力成本随着累积产量的增加以恒定速率下降。在分散的供应链中，供应链参与者往往以最大化自身的利润为原则制定决策，这可能会导致渠道的效率低下，产生双重边际化效应(Spengler，1950)。特别是存在生产学习效应时，双重边际化效应加剧(Li et al.，2015)。在对战略库存的研究中发现，动态定价合约下的零售商会提高第一期产品的订购量，并将剩余库存转移到第二期进行售卖。零售商这种战略性的持

＊ 基金项目：国家自然科学基金：集中与分散决策模式下的随机动态双边匹配策略研究（项目批准号：71871166）。

通讯作者：陈植元，Email：zhiyuanchen@whu.edu.cn。

有库存在一定程度上能够缓解双重边际化效应，提高供应链效率（Anand et al. , 2008）。但以往关于战略库存的文献均假定制造商两期的成本固定保持不变，在制造商存在生产学习效应时，研究零售商的战略库存行为具有一定的现实背景。具体地，当生产学习效应导致制造商第二期的生产成本下降时，零售商的订购量与战略库存决策是怎样的？生产学习效应与战略库存行为如何影响供应链成员对合约的偏好？当零售商的库存不可观测时，战略库存决策是怎样的？本文尝试回答以上研究问题。

在运营与管理领域，Xu 等（2011）在制造商和零售商组成的分散供应链中研究了生产学习效应对多期动态定价策略的影响，分析了水平竞争和垂直竞争下供应链成员的最优决策，研究结果表明在开环均衡定价策略下，制造商和零售商都从较高的学习效应中获益。Li 等（2015）研究了生产学习效应不确定时制造商的库存持有问题，研究表明在制造商库存转移成本较低时，制造商会将第一期未出售的库存转移到第二期进行售卖，并设计收益共享合约，协调整体供应链。Silbermayr 和 Minner（2016）考虑当上游两个潜在的供应商存在中断风险和学习效应时，下游买方在多周期内的单一和双重采购问题，研究结果表明若两个供应商之间以最佳方式分配需求，则双重采购可以节省大量成本。Shum 等（2016）考虑了制造商生产成本随着科技进步和学习效应降低时，探讨了顾客的战略性如何影响制造商对价格承诺合约、动态定价及价格补偿三种定价策略的偏好。Basu 等（2018）考虑了两个竞争性的制造商均能够通过学习效应和改进生产工艺降低生产成本时，探讨零售商如何选择其供应商，研究表明学习效应是影响零售商订购策略的重要因素。

供应链协调问题一直是运营管理领域的研究热点（Cachon，2003），部分文献主要集中在设计激励合同，以实现供应链最优的库存水平，往往忽视了库存的作用（Laffont and Tirole，1993，王先甲等，2017）。传统观点认为制造商促销是零售商提前采购的主要原因，零售商持有库存会损害与制造商的关系。Anand 等（2008）首次探讨了战略库存对供应链协调的影响，研究表明在动态定价合约下，零售商可以通过战略性地持有库存迫使制造商降低第二期的批发价。零售商在第一期的购买意愿较强，制造商为了防止零售商持有过量的库存，会在第一期设定较高的批发价格。结果表明零售商的战略库存行为降低了产品平均批发价，当零售商的库存持有成本较小时，在动态定价合约下零售商战略性地持有库存能够改进供应链协调，实现供应链成员的帕累托改进。当库存持有成本较高时，零售商更愿意采用价格承诺合约来避免持有战略库存。Ary 和 Mittendorf（2013）的研究结果表明在制造商直接对顾客返利时，返利策略并不能阻止零售商持有库存，但会在一定程度上削弱零售商的战略库存行为，并且使供应链成员及消费者受益。Roy 等（2018）探讨了零售商在库存不可观测下的战略库存决策。以上都是在制造商生产成本保持不变的情形下研究的战略库存问题，并没有考虑生产成本受到生产学习效应影响而下降的情形。

与本文研究密切相关的文献有 Wei 等（2019）和 Li 等（2015）。在生产学习效应不确定时，Wei 等（2019）比较分析了动态定价合约下零售商持有库存与制造商持有库存两种情形下供应链成员的最优决策。本文的关注点则是在零售商持有战略库存时，供应链成员对定价合约的偏好，并且本文同时考虑了库存不可观测的情形。Li 等（2015）研究了生产学习效应不确定时制造商的库存与定价决策，零售商并没有库存持有能力。本文探讨生产学习效应对零售商战略库存行为的影响，且制造商的生产通常只是为了满足当前需求而不是为

163

了建立库存。

2. 模型描述

考虑包含一个制造商与一个零售商的二级供应链，销售周期为两期，并且每个销售周期内由零售商销售给终端的顾客。假定两期的市场需求固定且保持不变，与 Guan 等 (2018)等类似，本文采用线性的逆需求函数

$$p_i = a - s_i, \quad i = 1, \ 2 \tag{1}$$

其中 a 为基本市场需求，s_i 和 p_i 分别表示产品第 i 期的销量和市场出清价格。零售商每期的订购量为 q_i，若零售商将第一期未出售的库存 $I(I \leqslant q_1 - s_1)$ 转移到第二期进行售卖，需花费的单位库存持有成本为 $h(h \geqslant 0)$。否则，未出售的库存将按残值 0 处理。

为了不失一般性，假定零售商与制造商的单位销售成本为 0(当制造商/零售商的销售成本大于零时不会影响本文的主要结论)。制造商第一期的单位生产成本为 $c_1 = c$，由于存在生产学习效应，第二期的生产成本下降为 $c_2 = c - \beta q_1$，$\beta(\beta > 0)$ 为生产学习带来的成本下降率，β 越大，生产学习效应越显著，第二期的单位生产成本越低。由于第一期零售商的订购量不会超过两期的总市场需求 $2a$，为保证制造商第二期的生产成本非负，与 Li 等(2015)类似，这里假定 $c - 2\beta a > 0$。这种线性的生产学习模型在文献中很常见(Shum et al.，2016；Basu et al.，2018；Zhang & zhang，2018)。

与 Anand 等(2008)类似，本文主要考虑动态定价及价格承诺两种定价合约。在动态定价合约下，事件决策的顺序为：1. 第一期销售季来临前，制造商首先决定产品的批发价 w_1；2. 零售商在观测到批发价后决定第一期的订购量 q_1 以及销量 $s_1(s_1 \leqslant q_1)$，并将剩余库存 I 转移到第二期；3. 在第二期开始前，制造商根据第二期的生产成本及零售商的库存水平 I 决定第二期的批发价 w_2；零售商根据批发价 w_2 及持有库存 I，决定第二期的订购量 q_2 及销量 $s_2(s_2 \leqslant q_2 + I)$。相应地，在价格承诺合约下，制造商在第一期的销售季来临前，同时决策两期的批发价 (w_1, w_2)，随后零售商在观测到两期的批发价后决定两期的订购量及销量。

3. 模型分析

3.1 动态定价合约

运用逆推法，在第二期时，零售商在观测到批发价 w_2 后决定第二期的订购量 q_2 及销量 $s_2(s_2 \leqslant q_2 + I)$，最大化零售商第二期的利润 $\pi_{r2} = (a - s_2)s_2 - w_2 q_2$，容易验证零售商的库存水平 I 不是太高，且满足 $I \leqslant a/2$(Roy et al.，2018)，由 $\partial \pi_{r2}(q_2)/\partial q_2 = 0$ 即可得到零售商第二期最优的订购量为 $q_2^d = [(a - w_2)/2 - I]^+$。相应地，制造商第二期的最优利润分别为

$$\pi_{m2} = \begin{cases} (w_2 - c_2)(a - w_2 - 2I)/2 & \text{if } w_2 < a - 2I, \\ 0 & \text{if } w_2 \geqslant a - 2I. \end{cases} \tag{2}$$

最大化制造商第二期的利润 $\pi_{m2}(w_2)$，有引理 1。

引理 1　在均衡状态下，制造商第二期最优的批发价为

$$w_2^d = \begin{cases} \dfrac{a + c_2}{2} - I & \text{if } I \leqslant \dfrac{a - c_2}{2}, \\[3mm] c_2 & \text{if } I > \dfrac{a - c_2}{2}. \end{cases} \tag{3}$$

证明：当 $w_2 \geqslant a - 2I$ 时，$q_2^d = 0$，即零售商不在第二期继续购买，此时制造商在第二期的利润为零。当 $w_2 < a - 2I$ 时，$q_2^d > 0$，易证 $\pi_{m2}(w_2)$ 是关于 w_2 的凹函数，由 $\partial\pi_{m2}/\partial w_2 = 0$ 即可得到在无约束条件下最优的批发价 $w_2^d = (a + c_2 - 2I)/2$。若 $I < (a - c_2)/2$，w_2^d 满足约束条件；否则若 $I \geqslant (a - c_2)/2$，最优的批发价应取边界 $w_2^d = \text{Max}(a - 2I, c_2) = c_2$，综上引理得证。

将 w_2^d 代入到零售商的总利润 $\pi_r(q_1, I) = (a - s_1)s_1 - w_1 q_1 - hI + \pi_{r2}$ 中。给定批发价 w_1，最大化零售商的利润，有引理 2。

引理 2　给定第一期的批发价 w_1，（i）若 $w_1 < w_t$，零售商的最优决策为

$$s_1^d = \frac{(12 + 4\beta)a + (2\beta - \beta^2)h - 2\beta c - (12 + 2\beta)w_1}{4(6 + 2\beta - \beta^2)},$$

$$I = \frac{12a - (16 - 2\beta)w_1 + 2(2 - \beta)c - (16 - \beta^2)h}{4(6 + 2\beta - \beta^2)}. \tag{4}$$

（ii）若 $w_1 \geqslant w_t$，零售商的最优决策为

$$s_1^d = \frac{(8 + \beta)a - \beta c - 8w_1}{16 - \beta^2}, \quad I = 0. \tag{5}$$

其中 $w_t = \dfrac{12a + (4 - 2\beta)c - (16 - \beta^2)h}{2(8 - \beta)}$。

证明：分两种情形讨论。情形 1，当 $0 \leqslant I \leqslant (a - c_2)/2$ 时，$\pi_r(s_1, I)$ 是关于 (s_1, I) 的联合凹函数，联立方程组 $\partial\pi_r/\partial s_1 = 0$ 与 $\partial\pi_r/\partial I = 0$，即可得到在无约束条件下零售商的最优决策为式（4）。若 $w_1 \leqslant w_t$，最优解在可行域内；若 $w_1 > w_t$，最优解在边界 $I = 0$ 处取得，联立 $I = 0$ 及 $\partial\pi_r/\partial s_1 = 0$，即可求得零售商的最优决策为式（5）。情形 2，当 $I > (a - c_2)/2$ 时，同理可证零售商的最优决策为 $I = (a - c_2)/2$，$s_1^d = (4(1 - \beta)a + \beta c - \beta(2 - \beta)h - (4 - 2\beta)w_1)/(4(2 - 2\beta + \beta^2))$。最后，比较两种情形下零售商的利润，引理 2 得证。

将 (q_1^d, I^d) 代入到制造商的总利润方程 $\pi_m(w_1) = (w_1 - c)q_1 + \pi_{m2}^*$ 中并对其最大化，有如下命题。

命题 1　在动态定价合约下，制造商第一阶段最优的批发价为

$$w_1^d = \begin{cases} \dfrac{2A_1 a + 2A_2 c - (\beta^3 - 26\beta^2 + 58\beta + 16)h}{4(-15\beta^2 + 30\beta + 34)} & \text{if } 0 \leqslant h < h_1^d, \\[4mm] \dfrac{12a + (4 - 2\beta)c - 16h}{2(8 - \beta)} & \text{if } h_1^d \leqslant h < h_2^d, \\[4mm] \dfrac{A_3 a + A_4 c}{32(8 - \beta^2)} & \text{if } h \geqslant h_2^d. \end{cases} \tag{6}$$

其中 $A_1 = -\beta^3 - 20\beta^2 + 34\beta + 36$, $A_2 = \beta^3 - 10\beta^2 + 26\beta + 32$, $A_3 = -\beta^3 - 24\beta^2 - 16\beta + 128$, $A_4 = \beta^3 - 8\beta^2 + 16\beta + 128$, $h_1^d = \dfrac{2(\beta^2 + 14\beta + 20)(a - c)}{-31\beta^2 + 32\beta + 160}$, $h_2^d = \dfrac{(\beta^2 + 16\beta + 32)(a - c)}{16(-\beta^2 + 8)}$。

证明：分两种情况讨论。情形 1，当 $w_1 \leqslant w_t$ 时，易证 $\pi_m(w_1)$ 是关于 w_1 的凹函数，最大化制造商的利润 $\pi_m(w_1)$，由 $\partial \pi_m(w_1)/\partial w_1 = 0$ 可得无约束条件下最优的批发价 w_1^d 为 $w_1^d = (2A_1 a + 2A_2 c - (\beta^3 - 26\beta^2 + 58\beta + 16)h)/(4(-15\beta^2 + 30\beta + 34))$。若 $h < h_1^d$，w_1^d 满足约束条件 $w_1^d < w_t$；若 $h \geqslant h_1^d$，最优解在其边界 $w_1 = w_t$ 处取得，即 $w_1^d = w_t$。情形 2，当 $w_1 \geqslant w_t$ 时，同理可证，若 $h \geqslant h_2^d$，$w_1^d = (A_3 a + A_4 c)/(32(8 - \beta^2))$；若 $h < h_2^d$，$w_1^d = w_t$。最后，比较两种情形下制造商最优的利润，即可得到命题 1。

将 w_1^d 分别代入零售商与制造商的反应方程中，可得到在动态定价合约下供应链成员的最优决策，即命题 2。

命题 2 （1）若 $h < h_1^d$，制造商第二期的最优批发价为

$$w_2^d = \frac{(48 + 20\beta - 54\beta^2)a + (88 + 100\beta - 6\beta^2)c + (80 + 52\beta - 27\beta^2)h}{4(34 + 30\beta - 15\beta^2)}.$$

零售商的最优决策为

$$q_1^d = \frac{(46\beta + 52)(a - c) - (72 - 23\beta)h}{4(34 + 30\beta - 15\beta^2)},$$

$$s_1^d = \frac{2(32 + 32\beta - \beta^2)(a - c) + (16 + 78\beta - 31\beta^2)h}{8(34 + 30\beta - 15\beta^2)},$$

$$I = \frac{2(\beta^2 + 14\beta + 20)(a - c) + (31\beta^2 - 32\beta - 160)h}{8(34 + 30\beta - 15\beta^2)},$$

$$q_2^d = \frac{(12 + 18\beta - 2\beta^2)(a - c) + (20 - 5\beta - \beta^2)h}{2(34 + 30\beta - 15\beta^2)},$$

$$s_2^d = \frac{(88 + 100\beta - 6\beta^2)(a - c) - (80 + 52\beta - 27\beta^2)h}{8(34 + 30\beta - 15\beta^2)}.$$

（2）若 $h_1^d \leqslant h < h_2^d$，制造商第二期最优的批发价为 $w_2^d = \dfrac{(4 - \beta)a + 4c - 2h\beta}{8 - \beta}$，零售商的最优决策为

$$q_1^d = s_1^d = \frac{(a - c) + 4h}{8 - \beta}, \quad I = 0, \quad q_2^d = s_2^d = \frac{2(a - c) + \beta h}{8 - \beta}.$$

（3）若 $h \geqslant h_2^d$，制造商第二期最优的批发价为 $w_2^d = \dfrac{(32 - 8\beta - 7\beta^2)a - (32 + 8\beta - \beta^2)c}{8(8 - \beta^2)}$，零售商的最优决策为

$$q_1^d = s_1^d = \frac{(3\beta + 8)(a - c) + 3\beta\alpha}{4(8 - \beta^2)}, \quad I = 0, \quad q_2^d = s_2^d = \frac{(32 + 8\beta - \beta^2)(a - c)}{16(8 - \beta^2)}.$$

由命题 1 与命题 2，有以下推论。

推论 1 在动态定价合约下，(i)当库存持有成本较低时（$h < h_1^d$），零售商会持有战

略库存。(ii)当库存持有成本处于中等水平时($h_1^d \leqslant h < h_2^d$),零售商库存水平为零,但存在战略库存威胁。

若 $h < h_1^d$,零售商会战略性地持有库存迫使制造商降低第二期的批发价。由命题 2 可知,若 $h_1^d < h < h_2^d$,虽然战略库存水平为零,但供应链成员的最优决策仍与 h 相关,这意味着此时零售商仍具有可信的战略库存威胁(Anand et al.,2008)。若 $h \geqslant h_2^d$,零售商则不再愿意持有战略库存。

推论 2 给出了库存持有成本 h 对供应链成员最优决策的影响。

推论 2 随着库存持有成本 h 增加,(i)当 $h \in [0, h_1^d)$ 时,$\partial w_1^d / \partial h < 0$,$\partial w_2^d / \partial h > 0$,$\partial q_1^d / \partial h < 0$,$\partial q_2^d / \partial h > 0$,$\partial s_1^d / \partial h > 0$,$\partial s_2^d / \partial h < 0$,$\partial I / \partial h < 0$。(ii)当 $h \in [h_1^d, h_2^d)$ 时,$\partial w_i^d / \partial h < 0$,$\partial q_i^d / \partial h > 0$,$\partial s_i^d / \partial h > 0$。(iii)当 $h \in [h_2^d, +\infty)$ 时,供应链成员的最优决策与持有成本 h 无关。

推论 2(i)的结论较为直观,当 h 较低时($h < h_1^d$),均衡状态下的零售商持有战略库存。随着 h 增加,战略库存水平 I 降低,从而 q_1^d 减少,s_1^d 增加,相应地,q_2^d 第二期的订购量增加,s_2^d 减少。制造商为了激励零售商持有库存,必然会降低第一期的批发价。制造商第二期的批发价上升,一方面是因为战略库存水平的降低使得零售商在第二期的议价能力下降,另一方面第一期的订购量下降导致了第二期的生产成本增加。当 $h_1^d \leqslant h < h_2^d$ 时,库存水平为零,零售商在第一期时会出售完所有库存。随着 h 增加,战略库存威胁降低,制造商会持续降低第一期的批发价,从而第一期的订购量(销量)增加。由于存在生产学习效应,制造商第二期的单位生产成本降低,相应地,第二期批发价降低,第二期的订购量(销量)增加。当 $h \geqslant h_2^d$ 时,制造商不会再降低批发价来吸引零售商持有库存,零售商也不愿意持有战略库存,因此制造商与零售商的决策与 h 无关。

推论 3 阈值 h_i^d($i=1, 2$)随着生产学习效应 β 的增加而单调递增,即 $\partial h_i^d / \partial \beta > 0$。

随着生产学习效应的增加,零售商在第一期每多订购一单位产品,制造商第二期生产成本下降的幅度就越大。当库存持有成本不是太低时,制造商为了能够在第二期获得更高的成本优势,会通过降低批发价激励零售商多订购产品,第一期批发价的降低也会使得零售商能够承担相对较高的库存持有成本,因此 h_1^d,h_2^d 增加,这也意味着生产学习效应会激励零售商的战略库存行为。

3.2 价格承诺合约

在价格承诺合约下,零售商和制造商的总利润分别为
$$\pi_r = (a - s_1)s_1 - hI - w_1 q_1 + (a - s_2)s_2 - w_2 q_2, \quad \pi_m = (w_1 - c)q_1 + (w_2 - c + \beta q_1)q_2.$$
最大化制造商和零售商的利润,有命题 3。

命题 3 在价格承诺合约下,制造商的最优决策为
$$w_i^c = \frac{(2 - \beta)a + 2c}{4 - \beta}, \tag{7}$$
零售商的最优决策分别为
$$q_i^c = s_i^c = \frac{a - c}{4 - \beta}, \quad I = 0, \quad i = 1, 2. \tag{8}$$

命题3表明在价格承诺合约下，由于产品两期的批发价事先给定，零售商无法通过持有战略库存迫使制造商战略降价，因此零售商不会持有库存。

4. 均衡决策比较

表1给出了供应链成员最优决策在两种合约下的比较。这里定义 $h_s^d = \dfrac{2(-\beta^3 - 24\beta^2 + 24\beta + 8)(a-c)}{31\beta^3 - 202\beta^2 + 296\beta + 64}$，$h_q^d = \dfrac{2(-\beta^3 - 2\beta^2 + 10)(a-c)}{\beta^3 + \beta^2 - 40\beta + 80}$。

表1　　　　　　　动态定价合约与价格承诺合约下均衡决策的比较

	$h < h_1^d$	$h_1^d \leqslant h < h_2^d$	$h \geqslant h_2^d$
w_1	$w_1^d > w_1^c$	$w_1^d > w_1^c$	$w_1^d > w_1^c$
q_1	$q_1^d > q_1^c$	$q_1^d > q_1^c$	$q_1^d > q_1^c$
s_1	$s_1^d < s_1^c \Leftrightarrow h < h_s^d$	$s_1^d > s_1^c$	$s_1^d > s_1^c$
w_2	$w_2^d < w_2^c$	$w_2^d < w_2^c$	$w_2^d < w_1^c$
q_2	$q_2^d < q_2^c \Leftrightarrow h < h_q^d$	$q_2^d > q_2^c$	$q_2^d > q_2^c$
s_2	$s_2^d > s_2^c$	$s_2^d > s_2^c$	$s_2^d > s_2^c$

当库存持有成本 h 较低时（ $h < h_1^d$ ），动态定价合约下的零售商会战略性地持有库存，制造商为了防止零售商持有过多的库存，会设定较高的批发价，因此有 $w_1^d > w_1^c$。由于生产学习效应及战略库存行为，总有 $q_1^d > q_1^c$。与 Anand 等（2008）不同的是，当 h 相对较高时（ $h_s^d < h < h_1^d$ ），动态定价合约下第一期的销量较高。这是因为，当 h 相对较低时，零售商会将大量的库存转移到第二期进行售卖，因此有 $s_1^d < s_1^c$；而当 h 相对较高时，零售商的库存持有水平较低，同时动态定价合约能够激励零售商的订购行为，零售商更愿意增加销量以在第二期获得较低的批发价，因此有 $s_1^d > s_1^c$。动态定价合约下第二期的批发价相对较低，一方面是因为动态定价合约下的生产成本相对较低，另一方面是因为零售商的战略库存行为导致制造商在第二期的垄断力下降。当 h 相对较低时（ $h < h_q^d$ ），此时零售商的战略库存水平相对较高，因此有 $q_2^d < q_2^c$；当 h 相对较高时（ $h_q^d < h < h_1^d$ ），此时战略库存水平相对较低，同时第二期较低的批发价能够促使零售商订购得更多，相对于价格承诺合约，因此有 $q_2^d > q_2^c$，这也与 Anand 等（2008）中的结论有所不同。

当 h 较高时（ $h \geqslant h_1^d$ ），战略库存水平为零。动态定价合约下第一期的批发价相对较高，虽然如此，由于存在生产学习效应，零售商为了能在第二期获得更低的批发价会订购得更多。在价格承诺合约下，由于第二期的批发价事先给定，零售商并没有动力多订购，因此有 $q_1^d > q_1^c$。相应地，由于动态定价合约下第二期的单位生产成本相对较低，从而第二期的批发价相对较低，销量及订购量相对较高。当存在生产学习效应时，动态定价合约能够吸引零售商订购得更多，因而使制造商占据更大的成本优势。

命题4给出了零售商、制造商及整体供应链对合约的偏好。

命题4 （ⅰ）对于零售商来说，（a）若 $\beta < \beta_r^d$，存在 $h_r \in (0, h_1^d)$，当 $h < h_r$ 时，零售商偏好动态定价合约，即 $\pi_r^d > \pi_r^c$；当 $h \geq h_r$ 时，零售商偏好价格承诺合约，即 $\pi_r^d \leq \pi_r^c$。（b）若 $\beta \geq \beta_r^d$，零售商偏好价格承诺合约，即 $\pi_r^d \leq \pi_r^c$。

（ⅱ）制造商总是偏好动态定价合约，即 $\pi_m^d > \pi_m^c$。

（ⅲ）对于整体供应链而言，（a）若 $\beta < \beta_s^d$，存在 $h_{s1, 2} \in [0, h_1^d)$，当 $h \in (0, h_{s1}) \cup (h_{s2}, +\infty)$ 时，供应链偏好动态定价合约，即 $\pi_s^d > \pi_s^c$；当 $h \in [h_{s1}, h_{s2}]$ 时，供应链偏好价格承诺合约，即 $\pi_s^d \leq \pi_s^c$。（b）若 $\beta \geq \beta_s^d$，供应链总是偏好动态定价合约，即 $\pi_s^d \geq \pi_s^c$。其中 $\beta_r^d = 0.2398$，$\beta_s^d = 0.0340$。

证明：见附录A

与Anand等（2008）不同的是，当存在生产学习效应时，即使库存持有成本 h 为零，零售商也不一定会偏好动态定价合约。当 h 较低时（ $h < h_1^d$ ），一方面动态定价合约下的零售商会持有战略库存，在一定程度上缓解双重边际效应（Anand et al.，2008），另一方面，随着生产学习效应增加，动态定价合约下的双重边际化效应加剧，会损害零售商的利润（Li et al.，2015）。因此，如图1所示，当生产学习效应较低时（ $\beta < \beta_r^d$ ），此时动态定价合约下的双重边际化效应较低，若 h 相对较低（ $h < h_r$ ），战略库存才能为零售商带来更多的利润，零售商在动态定价合约得到的利润更高；若 h 相对较高（ $h_r < h < h_1^d$ ），零售商持有库存需要承担较高的库存成本，因此零售商在价格承诺合约下的利润更高。在生产学习效应显著时（ $\beta \geq \beta_r^d$ ），此时动态定价合约下，双重边际化效应带来的负效应相对战略库存带来正效应，始终占据主导地位，因此价格承诺合约下的零售商利润更高。同样地，当 h 不是太低时（ $h \geq h_1^d$ ），零售商的战略库存水平为零，零售商会更偏好价格承诺合约。

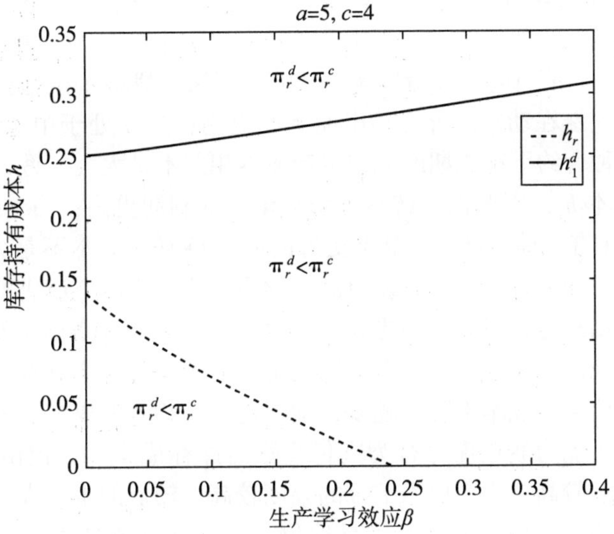

图1 零售商对两种合约的偏好

命题4(ii)说明无论零售商是否持有库存,制造商总是偏好于动态定价合约,这与 Anand 等(2008)的结论相类似。由表1可知,相对于价格承诺合约,动态定价合约下的总体订购量较高,生产学习带来的成本下降幅度较大,第二期相对较低的单位生产成本使得制造商具有更高的成本销售优势。当零售商持有库存时,一方面制造商可以通过提高第一期的批发价,弥补第二期议价能力的降低,另一方面战略库存行为增加第一期的订购量,带来了更低的生产成本,因此制造商总能够从战略库存中受益。当零售商不持有库存时,动态定价合约自身的优越性能够为制造商带来更多的利润,始终优于价格承诺合约。

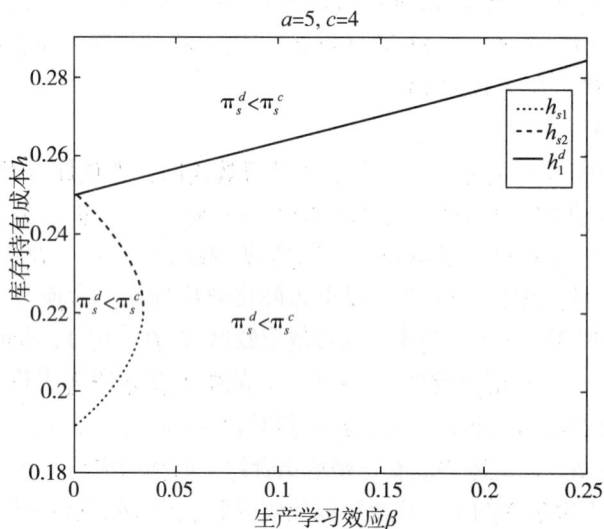

图2 整体供应链对合约的偏好

如图2所示,命题4(iii)说明,当学习效应较低时($\beta < \beta_s^d$),随着库存持有成本h的增加,供应链对合约的偏好会由动态定价合约转向价格承诺合约,最后再次转向动态定价合约。当h较低($h < h_{s1}$)时,由命题4(i)和(ii)可知,战略库存能够增加制造商与零售商的利润,因此供应链在动态定价合约中的利润更高;当h处于中等水平时($h_{s1} < h < h_{s2}$),一方面,两种合约下第二期的单位生产成本相差不是太大,另一方面,供应链需要支付一定的库存成本h_I,因此供应链在价格承诺下的利润更高;当h较高时($h \geq h_{s2}$),战略库存水平较低(有可能为零),需要支付的库存持有总成本不是太高,由表1可知,动态定价合约下第一期的销量、订购量更高,学习效应带来的生产成本优势将占据主导地位,因此供应链在动态定价下的利润更高。当生产学习效应显著时($\beta \geq \beta_s^d$),由于在动态定价合约下第一期的订购量相对较多,因此第二期的单位生产成本相对较低。学习效应越显著,第二期单位生产成本下降得越多,动态定价合约下的成本优势越明显。这也意味着,即便供应链有可能为战略库存行为支付高额的库存成本h_I,但由于其在动态定价合约下第一期的订购量较高,生产成本下降的幅度较高,较低的生产成本带来的正效应相对于库存成本所带来的负效应适中占据主导地位,从而供应链在动态定价合约下的利润更高。当零售商库存水平为零时($h > h_1^d$),动态定价合约刺激需求的特性能够为供应链带来的更多的利润。可以看到，当生产学习效应时，即使库存持有成本较高，供应链也可能在动态定价合约下的利润更高，这一点也与 Anand 等（2008）有所不同。

5. 库存不可观测时的战略库存策略研究

在现实生活中，制造商可能无法观测到零售商的销售量或所持有的库存。例如，在汽车销售行业中，由于经销商私下与个体消费者协商实际的销售价格，即便需求是确定的并且制造商知道需求函数，但制造商仍有可能无法观察汽车的实际成交价格或者总销售量（Roy et al.，2018）。因此，研究库存不可观测时的战略行为与供应链成员的最优决策，进一步揭示战略库存对供应链成员利润的影响，具有一定的实际背景与管理意义。

当零售商第一期的销量 s_1 以及剩余库存 I 不可观测时，若制造商提供价格承诺合约，供应链成员的均衡决策与 3.2 节库存可观测时的决策相同。为此，本节仅探讨制造商提供动态定价合约的情形。与 Roy 等（2018）类似，事件决策顺序为：（1）制造商首先决定第一期的批发价 w_1；（2）零售商确定第一期的订购量 q_1；（3）零售商决定第一期的销量 s_1 与持有库存 I，与此同时，制造商决策第二期的批发价 w_2；（4）在观测到 w_2 后，零售商确定第二期的订购量。需要说明的是，当制造商无法观测到零售商的库存时，在知晓零售商第一期的订购量 q_1 后，制造商第二期的批发价 w_2 决策与零售商的战略库存水平 I 的决策是同时进行的。

命题 5　当库存不可观测时，（1）若 $h < h_1^n$，制造商的最优决策为

$$w_1^n = \frac{(-2\beta^3 - 84\beta^2 + 120\beta + 128)a + (2\beta^3 - 24\beta^2 + 96\beta + 88)c - (\beta^3 - 48\beta^2 + 120\beta + 8)h}{108(-\beta^2 + 2\beta + 2)},$$

$$w_2^d = \frac{(-34\beta^2 + 20\beta + 32)a + (-2\beta^2 + 52\beta + 40)c + (-17\beta^2 + 28\beta + 52)h}{36(-\beta^2 + 2\beta + 2)}.$$

零售商的最优决策为

$$q_1^n = \frac{(8 + 10\beta)(a - c) + (5\beta - 14)h}{12(-\beta^2 + 2\beta + 2)},$$

$$s_1^n = \frac{(-2\beta^2 + 52\beta + 40)(a - c) + (-19\beta^2 + 44\beta + 20)h}{72(-\beta^2 + 2\beta + 2)},$$

$$I^n = \frac{2(2 + \beta)^2(a - c) + (19\beta - 52)(2 + \beta)h}{72(-\beta^2 + 2\beta + 2)},$$

$$q_2^n = \frac{(-2\beta^2 + 22\beta + 16)(a - c) - (\beta^2 + 7\beta - 26)h}{36(-\beta^2 + 2\beta + 2)},$$

$$s_2^n = \frac{(-2\beta^2 + 52\beta + 40)(a - c) - (-17\beta^2 + 28\beta + 52)h}{72(-\beta^2 + 2\beta + 2)}.$$

（2）若 $h_1^n \leqslant h < h_2^n$，制造商的最优决策为

$$w_1^d = \frac{(32 + 4\beta - \sqrt{8(\beta^2 + 6\beta + 8)})a + (\sqrt{8(\beta^2 + 6\beta + 8)} - 2\beta + 8)c + (-\sqrt{2\beta(\beta^2 + 6\beta + 8)} + \beta^2 - 6\beta - 40)h}{2\beta + 40},$$

171

$$w_2^d = \frac{(32 - 8\beta - 7\beta^2)a - (32 + 8\beta - \beta^2)c}{8(8 - \beta^2)}.$$

零售商的最优决策为

$$q_1^n = \frac{(18\sqrt{2(\beta^2 + 6\beta + 8)} + 2(\beta + 8)(\beta + 2))(a - c) + (9\beta\sqrt{2(\beta^2 + 6\beta + 8)} + 8(2 + \beta)(10 - \beta))h}{2(\beta + 2)(4 - \beta)(\beta + 20)},$$

$$s_1^n = \frac{(6\sqrt{2(\beta^2 + 6\beta + 8)} - 4\beta + 64)(a - c) + (3\beta\sqrt{2(\beta^2 + 6\beta + 8)} - 4\beta^2 + 160)h}{4(4 - \beta)(\beta + 20)},$$

$$I^n = \frac{(2a - 2c + \beta h)(3\sqrt{2(\beta^2 + 6\beta + 8)} - 4\beta - 8)}{4(\beta + 2)(\beta + 20)},$$

$$q_2^n = \frac{3(2a - 2c + \beta h)(-(1 - \beta)\sqrt{2(\beta^2 + 6\beta + 8)} - \beta^2 + 6\beta + 16)}{2(\beta + 2)(\beta + 20)(4 - \beta)},$$

$$s_2^n = \frac{(2a - 2c + \beta h)(3\sqrt{2(\beta^2 + 6\beta + 8)} - 3\beta + 48)}{4(\beta + 20)(4 - \beta)}.$$

（3）若 $h \geq h_2^n$，制造商的最优决策为

$$w_1^n = \frac{(128 - 16\beta - 24\beta^2 - \beta^3)a + (128 + 16\beta - 8\beta^2 + \beta^3)c}{32(8 - \beta^2)},$$

$$w_2^n = \frac{(32 - 8\beta - 7\beta^2)a - (32 + 8\beta - \beta^2)c}{8(8 - \beta^2)}.$$

零售商的最优决策为

$$q_1^n = s_1^n = \frac{(3\beta + 8)(a - c) + 3\beta\alpha}{4(8 - \beta^2)}, \quad I = 0, \quad q_2^n = s_2^n = \frac{(32 + 8\beta - \beta^2)(a - c)}{16(8 - \beta^2)}.$$

证明：见附录 B

命题 5 给出了在库存不可观测时动态定价合约下供应链成员的均衡决策。由命题 5 有以下推论。

推论 4 （i）当 $h < h_2^n$ 时，零售商会战略性地持有库存。（ii）h_i^n 随着学习效应增加而单调递增，即 $\partial h_i^n / \partial \beta > 0$，$i = 1, 2$。

当库存持有成本相对较低时，与 Roy 等（2018）类似，零售商会战略性地持有库存以在第二期获得更高的议价能力。推论 4(ii) 表明当零售商的库存无法观测时，生产学习效应仍对零售商的战略库存行为产生了积极影响。

推论 5 随着库存持有成本 h 增加，（i）若 $h \in [0, h_1^n)$，$\partial w_1^n / \partial h < 0$，$\partial w_2^n / \partial h > 0$，$\partial q_1^n / \partial h < 0$，$\partial q_2^n / \partial h > 0$，$\partial s_1^n / \partial h > 0$，$\partial s_2^n / \partial h < 0$，$\partial I^n / \partial h < 0$。（ii）若 $h \in [h_1^n, h_2^n)$，$\partial w_i^n / \partial h < 0$，$\partial I^n / \partial h > 0$，$\partial q_i^n / \partial h > 0$，$\partial s_i^n / \partial h > 0$。（iii）当 $h \in [h_2^n, +\infty)$ 时，供应链成员的最优决策与 h 无关。

推论 5（i）的结论很直观，当库存持有成本 h 较小时（$h \in [0, h_1^n)$），随着 h 增加，制造商为吸引零售商的持有库存，制造商会降低第一期的批发价，从而零售商第一期的销量增加，零售商战略库存水平的降低也使得其第一期整体订购量的降低，第二期的订购量增加，第二期销量降低。

与 Roy 等(2018)不同的是，当 $h \in [h_1^n, h_2^n)$ 时，随着 h 增加，零售商的战略库存水平增加。这是由于制造商无法观测到库存水平，h 的增加使得制造商急剧降低批发价 w_1^n 以激励零售商增加订购量，一方面是为了确保零售商能够持有战略库存，另一方面由于存在生产学习效应，零售商的订购量越多，制造商在第二期的成本优势就越大。虽然 h 增加，但相对较低的批发价仍会使得零售商持有较高的战略库存。由于第二期生产成本的降低及零售商议价能力的增加，因此制造商第二期的批发价降低，相应地，第二期销量和订购量增加。

命题 6 给出了战略库存及库存的透明性对供应链成员利润的影响。

命题 6 （i）对于零售商来说，（a）当 $h < h_1^n$ 时，$\pi_r^n < \max\{\pi_r^d, \pi_r^c\}$；（b）当 $h_1^n \leqslant h < h_2^n$ 时，存在 $h_r^{nc}, h_r^{nd} \in [h_1^n, h_2^n)$，（1）若 $h \in [h_1^n, h_r^{nc})$，$\pi_r^n < \pi_r^c$；若 $h \in (h_1^n, h_2^n)$，$\pi_r^n > \pi_r^c$；（2）若 $h \in [h_1^n, h_r^{nd})$，$\pi_r^n < \pi_r^d$；若 $h \in (h_r^{nd}, h_2^n)$，$\pi_r^n > \pi_r^d$；（c）当 $h \geqslant h_2^n$ 时，$\pi_r^n = \pi_r^d < \pi_r^c$。

（ii）对于制造商来说，（a）当 $h < h_2^n$ 时，$\pi_m^n > \pi_m^d > \pi_m^c$；（b）当 $h \geqslant h_2^n$ 时，$\pi_m^n = \pi_m^d > \pi_m^c$。

（iii）对于整体供应链来说，（a）当 $h < h_2^n$ 时，$\pi_s^n > \pi_s^d > \pi_s^c$；（b）当 $h \geqslant h_2^n$ 时，$\pi_s^n = \pi_s^d > \pi_s^c$。

证明：见附录 C

命题 6 说明，当库存不可观测时，战略库存对供应链成员利润的影响与 Roy 等(2018)相类似。对于零售商来说，当库存持有成本 h 较低时（$h < h_1^n$），由于库存不可观测时的批发价水平相对较高，此时零售商的利润最低（$\pi_r^n < \max\{\pi_r^d, \pi_r^c\}$）；在库存持有成本处于中等水平时（$h_1^n \leqslant h < h_2^n$），随着库存持有成本的增加，库存不可观测下第一期的批发价锐减，特别地，当 h 相对较高时，库存不可观测下的第一期的批发价最低，因此会出现 $\pi_r^n > \pi_r^d$ 与 $\pi_r^n > \pi_r^c$ 的情形。对于制造商来说，若库存不可观测，当库存持有成本较低时（$h < h_2^n$），零售商会战略性地持有库存，制造商无法观测到零售商第一期的销量与库存水平，这为制造商带来了先动优势（Roy et al.，2018），因此制造商在库存不可观测下的利润总是最高。同样地，整体供应链在库存不可观测时的整体销量更高，具有更高的利润。当库存持有成本相对较高时（$h > h_2^n$），库存可（不可）观测下的零售商不会持有战略库存，动态定价合约在库存可观测时与库存不可观测时的均衡决策一致，由命题 4 可知，零售商在价格承诺合约下的利润较高，制造商及整体供应链在动态定价合约下的利润更高。

6. 结束语

在实际生活中，由于存在生产学习效应，许多制造商的生产成本会随着时间的推移递减，但生产学习效应会加剧双重边际化效应。传统观点认为，战略库存能够有效提高供应链效率、缓解双重边际化效应。基于此，本文在两阶段的销售周期下研究了生产学习效应与战略库存的交互影响。研究发现，动态定价合约并不能完全消除战略库存；制造商始终偏好动态定价合约；对于零售商来说，当且仅当生产学习效应与库存持有成本均较低时，战略库存能为零售商带来更多的利润；对于供应链来说，若生产学习效应较低，当且仅当库存持有成本相对较低或相对较高时，供应链在动态定价合约下的利润更高。若生产学习效应较高，战略库存能够为供应链带来更低的生产成本，从而提升了整体供应链效率。最后，本文考虑了库存的不可观测性对战略库存及供应链决策的影响，通过比较库存可观测、库存不可观测及价格承诺合约下供应链成员的利润，发现当零售商持有库存时，由于库存不可观测时的制造商利润总是最高，且库存不可观测时的整体供应链效率也是最高的。对于零售商来说，当库存持有成本相对较低(高)时，由于库存不可观测时的批发价相对较高(低)，零售商的利润在此情形下最低(高)。虽然动态定价合约始终是制造商的最优选择，但零售商和供应链对合约偏好受到库存的可观测性、生产学习效应、库存持有成本等因素的影响，因此企业在制定定价合约实现供应链效率最大化时应充分考虑以上因素。

本文是在两期的市场基本需求是确定的情形下研究战略库存，类似于文献(杨东升和许明辉，2019)，未来也可考虑市场需求不确定时的战略库存决策问题。本文考虑的供应链结构比较简单，因而在双渠道供应链、竞争性供应链结构等更一般的供应链结构下探讨生产学习效应下的战略库存问题同样值得进一步研究。

◎ 参考文献

[1] 柏庆国, 徐贤浩. 带学习效应的双渠道供应链库存策略研究[J]. 中国管理科学, 2015(2).

[2] 王先甲, 周亚平, 钱桂生. 生产商规模不经济的双渠道供应链协调策略选择[J]. 管理科学学报, 2017, 20(1).

[3] 徐伟, 刘阳, 张荣荣, 等. 高新技术企业技术多元化对探索式创新的影响研究[J]. 济南大学学报(社会科学版), 2018(4).

[4] 杨东升, 许明辉. 供应商竞争性广告下零售商的信息共享策略研究[J]. 珞珈管理评论, 2019, 22(2).

[5] 张蕴萍, 杨友才, 牛欢. 山东省金融效率、溢出效应与外商直接投资——基于空间动态面板 Durbin 模型的研究[J]. 管理评论, 2018(12).

[6] Anand, K., Anupindi, R., Bassok, Y. Strategic inventories in vertical contracts[J]. *Management Science*, 2008, 54(10).

[7] Arya, A., Mittendorf, B. Managing strategic inventories via manufacturer-to-consumer rebates [J]. *Management Science*, 2013, 59(4).

[8] Basu, A, Jain, T., Hazra, J. Supplier selection under production learning and process improvements[J]. *International Journal of Production Economics*, 2018, 204(10).

[9] Cachon, G.P. *Supply chain coordination with contracts*[M]. Amsterdam: Elsevier, 2003.

[10] Guan, H., Gurnani, H., Geng, X., et al. Strategic inventory and supplier encroachment [J]. *Manufacturing & Service Operations Management*, 2019, 21(3).

[11] Laffont, J.J., Tirole, J. *A theory of incentives in procurement and regulation* [M]. Cambridge: MIT Press, 1993.

[12] Li, T., Sethi, S.P., He, X. Dynamic pricing, production, and channel coordination with

stochastic learning[J]. *Production and Operations Management*, 2015, 24(6).

[13] Roy, A., Gilbert, S. M., Lai, G. The implications of visibility on the use of strategic inventory in a supply chain[J]. *Management Science*, forthcoming.

[14] Shum, S., Tong, S., Xiao, T. On the impact of uncertain cost reduction when selling to strategic customers[J]. *Management Science*, 2016, 63(3).

[15] Silbermayr, L., Minner, S. Dual sourcing under disruption risk and cost improvement through learning[J]. *European Journal of Operational Research*, 2016, 250(1).

[16] Spengler, J. J. Vertical integration and antitrust policy[J]. *Journal of political economy*, 1950, 58(4).

[17] Wei, Q., Zhang, J., Zhu, G., et al. Retailer vs. vendor managed inventory with considering stochastic learning effect[J]. *Journal of the Operational Research Society*, forthcoming.

[18] Wright, T.P. Factors affecting the cost of airplanes[J]. *Journal of the aeronautical sciences*, 1936, 3(4).

[19] Xu, K., Chiang, W. Y. K., Liang, L. Dynamic pricing and channel efficiency in the presence of the cost learning effect[J]. *International Transactions in Operational Research*, 2011, 18(5).

[20] Zhang, S., Zhang, J. Contract preference with stochastic cost learning in a two-period supply chain under asymmetric information [J]. *International Journal of Production Economics*, 2018, 196(2).

Strategic Inventories in a Supply Chain with Production Learning Effect

Sun Kangtai[1] Chen Zhiyuan[2]

(1, 2 Economics and Management School of Wuhan University, Wuhan, 430072)

Abstract: We consider a two-period demand model in which the manufacture's second-period production cost declines by production learning effect, and the retailer can hold inventory to increase bargaining power strategically. We derive the equilibrium strategic inventory decisions of the retailer under dynamic pricing and price commitment contracts, and obtain the supply chain members' preference for the contract. The results indicate that, under the dynamic pricing contract, when the inventory holding cost is low, the retailer holds the strategic inventory; when the holding cost is at the middle level, the retailer has a credible threat of strategic inventories; the manufacturer always prefers the dynamic pricing contract; the preference of retailer and the supply chain for contracts depends on production learning effect and inventory holding cost. Finally, we further analyze the impact of unobservability on strategic inventory behavior, the results show that strategic inventory level may increase monotonously with holding cost.

Key words: Production learning effect; Dynamic contract; Inventory holding cost; Strategic inventories

专业主编：许明辉

附录 A：命题 4 的证明。

当 $h < h_1^d$ 时，(i)令 $f_r(h) = \pi_r^d - \pi_r^c$，其中 $f_r(h)$ 是关于 h 的二次函数且开口向上，易证 $f_r(h_1^d) < 0$，$f_r(0) > 0 \Leftrightarrow \beta < \beta_r^d = 0.2398$。因此，若 $\beta < \beta_r^d$，由 $f_r(0) > 0$，$f_r(h_1^d) < 0$，存在唯一的 $h_r \in (0, h_1^d)$，满足 $f_r(h_r) = 0$，且 $h \in (0, h_r)$ 时，$f_r(h) > 0$；$h \in (h_r, h_1^d)$ 时，$f_r(h) < 0$。若 $\beta \geq \beta_r^d$，有 $f_r(h) < 0$。其中 $h_r = 2(-2\sqrt{-53\beta^6 + 958\beta^5 - 1742\beta^4 - 4720\beta^3 + 5720\beta^2 + 6784\beta + 256}(-15\beta^2 30\beta + 34) + 53\beta^5 - 424\beta^4 + 1198\beta^3 - 1676\beta^2 + 160\beta + 3776)(a - c)/[(953\beta^4 - 3490\beta^3 - 1782\beta^2 + 7968\beta + 9728)(4 - \beta)]$。

(ii)令 $f_m(h) = \pi_m^d - \pi_m^c$，其中 $f_m(h) \geq \min f_m(h) = f_m((4\beta^3 - 24\beta^2 - 32\beta + 256)/(2(-\beta^3 + 52\beta^2 - 320\beta + 512))) > 0$。

(iii)令 $f_{s1}(h) = \pi_s^d - \pi_s^c$，其中 $f_{s1}(h)$ 开口向上且其极小值点 $m_{s1} = 2(-23\beta^4 + 92\beta^3 - 778\beta^2 + 1372\beta + 2032)(a - c)/(923\beta^4 - 1990\beta^3 - 8434\beta^2 + 12384\beta + 18432) < h_1^d$，又 $f_{s1}(0) > 0$，$f_{s1}(h_1^d) > 0$，$f_{s1}(m_{s1}) > 0 \Leftrightarrow \beta > \beta_s^d = 0.0340$。若 $\beta > \beta_s^d$，$f_{s1}(h) > f_{s1}(m_{s1}) > 0$；若 $\beta < \beta_s^d$，有 $f_{s1}(m_{s1}) < 0$，$f_{s1}(h_1^d) > 0$，$f_{s1}(0) > 0$。因此，存在 $h_{s1, 2} \in (0, h_1^d)$ 满足 $f_{r1}(h_{s1, 2}) = 0$，且当 $h \in (0, h_{s1}) \cup (h_{s2}, h_1^d)$ 时，$f_{s1}(h) > 0$；当 $h \in (h_{s1}, h_{s2})$ 时，$f_{s1}(h) < 0$。其中

$$h_{s1, 2} = 2(a - c)((4 - \beta)(-23\beta^4 + 92\beta^3 - 778\beta^2 + 1372\beta + 2032) \mp 2(-15\beta^2 + 30\beta + 34)\sqrt{23\beta^6 - 132\beta^5 - 1482\beta^4 + 1820\beta^3 + 6696\beta^2 + 7296\beta - 256})/[(4 - \beta)(923\beta^4 - 1990\beta^3 - 8434\beta^2 + 12384\beta + 18432)].$$

同理可证，当 $h \geq h_1^d$ 时，有 $\pi_r^d < \pi_r^c$，$\pi_m^d > \pi_m^c$，$\pi_s^d > \pi_s^c$。综上，命题④得证。

附录 B：命题 5 的证明。

与 3.1 节类似，零售商与制造商在第二期的最优利润分别为

$$(\pi_{r2}^n, \pi_{m2}^n) = \begin{cases} ((a - w_2)^2/4 + w_2 I, (w_2 - c_2)(a - w_2 - 2I)/2) & \text{if } w_2 < a - 2I, \\ ((a - I)I, 0) & \text{if } w_2 \geq a - 2I. \end{cases}$$

在确定订购量 q_1 后，零售商的利润为 $\pi_{r1}^n(q_1, s_1, I, w_2) = (a - s_1)s_1 + \pi_{r2}^n(w_2, I) - hI$。最大化 $\pi_{m2}^n(w_2)$，由 $\partial \pi_{m2}^n/\partial w_2 = 0$ 可得第二期最优的批发价为 $w_2 = (a + c_2 - 2I)/2$。最大化 $\pi_{r1}^n(s_1, I)$，分两种情况讨论。(1) 当约束条件 $s_1 + I \leq q_1$ 具有约束力时，$s_1 = q_1 - I$，将其带入到 $\pi_{r1}^N(s_1, I)$ 中，由 $\partial \pi_{r1}^N/\partial I = 0$ 可得最优的库存水平为 $I^{BR}(w_2) = [(2q_1 - a - h + w_2)/2]^+$。(2) 当 $s_1 + I \leq q_1$ 不具有约束力时，s_1 和 I 相互独立，第一期最优的销量为 $s_1^{BR} = a/2$。在均衡条件下，有 $w_2^{BR} = (a + c_2 - 2I)/2 = h$，从而 $I^N = (a + c - \beta q_1 - 2h)/2$。因此，当 $s_1 + I \leq q_1$ 不具有约束力时，q_1 的下界 q_{n2} 满足 $q_{n2} = (a + c - \beta q_{N2} - 2h)/2 + a/2$，从而解得 $q_{n2} = (2(a - h) + c)/(2 + \beta)$。当 $q_1 < q_{n2}$ 时，$s_1 + I \leq q_1$ 具有约束

力，联立 $I^{BR}(w_2) = [(2q_1 - a - h + w_2)/2]^+$ 与 $w_2 = (a + c_2 - 2I)/2$ 即可解得第二期的批发价与库存水平分别为 $(w_2^n, I^n) = (((4 - \beta)q_1 - a + c - 2h)/6, (2a + c + h - (2 + \beta)q_1)/3)$。特别地，当 $q_1 < q_{n1} = (a - c + 2h)/(4 - \beta)$ 时，均衡条件下库存水平 $I^N = 0$，相应地，$w_2^n = (a + c - \beta q_1)/2$。

对于给定 w_1，当 $q_1 > q_{n2}$ 时，零售商无法再通过持有库存迫使制造商降价，可以推断出均衡状态下第一期的订购量 q_1 不会超过 q_{n2}，即 $q_1 \leq q_{n2}$。下面只讨论 $q_1 \leq q_{n2}$ 的情形，将 (I^n, s_1^n, w_2^n) 带入到零售商总利润 $\pi_r^n(w_1, q_1) = \pi_{r1}^n - w_1 q_1$ 中，当 $q_1 \in [0, q_{n1}]$ 时，易得若 $w_1 > w_{n1} = (2a + 2c - (4 + \beta)h)/4$，零售商最优的订购量为 $q_1^n = q_1^{n1} = ((8 + \beta)a - \beta c - 8w_1)/(16 - \beta^2)$；若 $w_1 \leq w_{n1}$，$q_1^n = q_{n1}$。同理，当 $q_1 \in [q_{n1}, q_{n2}]$ 时，若 $w_1 \leq w_{n2} = (4a + 2c - (6 + \beta)h)/6$，零售商最优的订购量为 $q_1^n = q_1^{n2} = (2(\beta + 8)a + 2(1 - \beta)c - (10 - \beta)h - 18w_1)/(2(-\beta^2 + 2\beta + 8))$；若 $w_1 > w_{n2}$，最优的订购量为 $q_1^n = q_{n1}$。比较两种情形下零售商的利润，存在 $w_n \in (w_{n1}, w_{n2})$，当 $w_1 < w_n$ 时，$q_1^n = q_1^{n2}$；当 $w_1 > w_n$ 时，$q_1^n = q_1^{n1}$；当 $w_1 = w_n$ 时，两种订购策略等价。其中 $w_n = [(32 + 4\beta - \sqrt{8(\beta^2 + 6\beta + 8)})a + (-2\beta + 8 + \sqrt{8(\beta^2 + 6\beta + 8)})c - (\sqrt{2\beta(\beta^2 + 6\beta + 8)} - \beta^2 + 6\beta + 40)h]/(2\beta + 40)$。

将 q_1^n 代入到制造商的利润方程 $\pi_m^n(w_1) = (w_1 - c)q_1 + \pi_{m2}^n$ 中，同理可证，当 $w_1 < w_n$ 时，若

$$h < h_1^n = \frac{2(\beta^4 - 46\beta^3 + 132\beta^2 + 680\beta + 448 - 54\beta(-\beta^2 + 2\beta + 2)\sqrt{2(\beta^2 + 6\beta + 8)})(a - c)}{53\beta^4 - 404\beta^3 - 780\beta^2 + 2560\beta + 4160 + 54\beta(-\beta^2 + 2\beta + 2)\sqrt{2(\beta^2 + 6\beta + 8)}},$$

第一期最优的批发价为 $w_1^n = \dfrac{2A_5 a + 2A_6 c - (\beta^3 - 48\beta^2 + 120\beta + 8)h}{108(-\beta^2 + 2\beta + 2)}$。若 $h \geq h_1^n$，$w_1^n = w_n$。当

$w_1 > w_n$ 时，若 $h > h_n = \dfrac{(\beta^4 - 20\beta^3 - 16\beta^2 + 704\beta + 1536 - (256 - 32\beta^2)\sqrt{2(\beta^2 + 6\beta + 8)})(a - c)}{16(8 - \beta^2)(-\beta^2 + 6\beta + 40 + \beta\sqrt{2(\beta^2 + 6\beta + 8)})}$，$w_1^n =$

$\dfrac{A_3 a + A_4 c}{32(8 - \beta^2)}$。若 $h \leq h_n$，$w_1^n = w_n$。最后，比较情形 1 与情形 2 下制造商的利润，即可得到第一期的批发价为

$$w_1^n = \begin{cases} \dfrac{2A_5 a + 2A_6 c - (\beta^3 - 48\beta^2 + 120\beta + 8)h}{108(-\beta^2 + 2\beta + 2)} & \text{if } 0 \leq h < h_1^n, \\[3mm] w_n & \text{if } h_1^n \leq h < h_1^n, \\[3mm] \dfrac{A_3 a + A_4 c}{32(8 - \beta^2)} & \text{if } h \geq h_1^n. \end{cases}$$

其中 $h_2^n = \dfrac{(N_1 + \sqrt{N_2})(a - c)}{4(8 - \beta^2)N_3}$，$N_1 = 4(8 - \beta^2)(-\beta^5 + 160\beta^4 - 252\beta^3 - 1112\beta^2 + 5216\beta + 7680 - \sqrt{2(\beta^2 + 6\beta + 8)}(-\beta^4 + 101\beta^3 - 738\beta^2 + 16\beta + 2080))$，$N_2 = (\beta + 2)(8 - \beta^2)(20 + \beta)^2(4 - \beta)^3(-32\beta^6 + 320\beta^5 + 860\beta^4 - 4960\beta^3 + 18688\beta^2 + 171520\beta + 242688 + \sqrt{2(\beta^2 + 6\beta + 8)}(21\beta^5 - 346\beta^4 + 232\beta^3 + 10560\beta^2 + 11008\beta - 22528))$，$N_3 = (\beta(53\beta^3 - 510\beta^2 + 240\beta + 2080)\sqrt{2(\beta^2 + 6\beta + 8)} - 80\beta^5 + 288\beta^4 - 388\beta^3 - 5776\beta^2 + 7680\beta +$

25600）。将 w_1^n 代入到制造商与零售商的最优决策中，即得命题 5。

附录 C：命题 6 的证明。

（i）首先比较 π_r^n 与 π_r^c 的大小。不妨令 $\varphi(h)=\pi_r^n-\pi_r^c$，显然 $\varphi(h)$ 是关于 h 的分段函数。同样地，分三种情况讨论。当 $h<h_1^n$ 时，不难发现 $\varphi(h)$ 是关于 h 的二次函数，且开口向上对称轴为正，又 $\varphi(0)<0$，$\lim\limits_{h\to h_{N1}}\varphi(h)<0$。因此，当 $h<h_1^n$ 时，$\pi_r^n<\pi_r^c$。当 $h_1^n\leqslant h<h_2^n$ 时，$\varphi(h)$ 关于 h 单调递增，且 $\varphi_r(h_1^n)<0$，$\varphi_r(h_2^n)>0$。那么存在唯一的 $h_r^{nc}\in[h_1^n,\ h_2^n)$，当 $h\in[h_1^n,\ h_r^{nc})$ 时，$\pi_r^n<\pi_r^c$；当 $h\in(h_r^{nc},\ h_2^n)$ 时，$\pi_r^n>\pi_r^c$。当 $h\geqslant h_2^n$ 时，$\pi_r^n\mid_{h\geqslant h_2^n}-\pi_r^c=\pi_r^d\mid_{h\geqslant h_2^n}-\pi_r^c<0$。

接下来，比较 π_r^n 与 π_r^d 的大小，令 $\phi(h)=\pi_r^n-\pi_r^d$。当 $h<h_1^n$ 时，可知 $\phi(h)$ 是关于 h 的一元二次函数，且开口向上对称轴为正，又 $\phi(0)<0$，$\phi(h_1^n)<0$，因此，当 $h\in(0,\ h_1^n)$ 时，有 $\phi(h)<0$。当 $h_1^n\leqslant h<h_1^d$ 时，$\phi(h)$ 关于 h 单调递增，且 $\phi(h_1^n)<0$，$\phi(h_1^d)>0$。因此，存在唯一的 $h_r^{nd}\in[h_1^n,\ h_1^d)$，当 $h\in[h_1^n,\ h_r^{nd})$ 时，$\pi_r^n<\pi_r^d$；当 $h\in(h_r^{nd},\ h_2^n)$ 时，$\pi_r^d>\pi_r^c$。当 $h_1^d<h<h_2^n$ 时，$(\pi_r^n-\pi_r^d)>(\pi_r^c-\pi_r^d)>0$。当 $h\geqslant h_2^n$ 时，$\pi_r^c>\pi_r^d=\pi_r^n$。类似可证命题 6(ii) 与 (iii)。

2019 年卷总目录

第1辑

第2辑

第3辑

第4辑

180